本书受中山大学"一带一路"研究院资助出版

中山大学国际问题研究文库

袁丁 主编

冷战与联盟

1947–1962年的美泰关系

Cold War and Alliance:
The US-Thai Relations during 1947-1962

朱寿清 著

中国社会科学出版社

图书在版编目（CIP）数据

冷战与联盟：1947—1962年的美泰关系／朱寿清著．—北京：
中国社会科学出版社，2019.8（2022.9重印）
ISBN 978 - 7 - 5203 - 4946 - 8

Ⅰ.①冷…　Ⅱ.①朱…　Ⅲ.①国际关系史—研究—美国、
泰国—1947 - 1962　Ⅳ.①D871.29②D833.69

中国版本图书馆 CIP 数据核字（2019）第 195956 号

出 版 人　赵剑英
责任编辑　宋燕鹏
责任校对　王　龙
责任印制　李寡寡

出　　　版　中国社会科学出版社
社　　　址　北京鼓楼西大街甲 158 号
邮　　　编　100720
网　　　址　http://www.csspw.cn
发 行 部　010 - 84083685
门 市 部　010 - 84029450
经　　　销　新华书店及其他书店

印　　　刷　北京明恒达印务有限公司
装　　　订　廊坊市广阳区广增装订厂
版　　　次　2019 年 8 月第 1 版
印　　　次　2022 年 9 月第 2 次印刷

开　　　本　710×1000　1/16
印　　　张　16.75
插　　　页　2
字　　　数　240 千字
定　　　价　85.00 元

凡购买中国社会科学出版社图书，如有质量问题请与本社营销中心联系调换
电话：010 - 84083683

序

近 20 年来，国内外学术界关于冷战的研究成为历史学、政治学特别是世界史学界的热点之一。一方面，由于全球冷战的结束，东西方各国大批绝密的冷战时期的政府档案陆续解密，给研究者带来前所未见的海量原始资料，推动了相关研究的迅猛发展；另一方面，随着冷战的结束和苏联及苏东集团的解体，学术界可以更深入地思考冷战时期以美苏为首的两强对抗所引发的冲突与缓和的进程，从而对 20世纪下半叶的全球史得出更加客观公正的评价。

在第二次世界大战结束前夕建立的雅尔塔体系基础上，20 世纪40 年代末爆发的冷战持续了将近半个世纪，形塑了今天的世界格局，甚至有可能演化出新的冷战。在美苏的尖锐对立下，全世界在冷战阴影下波诡云谲地明争暗斗数十年，终于在 20 世纪 90 年代摆脱了冷战，走向经济发展、科技飞跃的 21 世纪。然而，冷战思维在一些西方国家仍阴魂不散，在当下的国际关系中时不时可以看到其花样翻新的表现。这更让学界平添出对冷战进一步深入探索的动力：冷战研究不仅让人们总结过去，还可以让人们吸取教训、展望未来。

朱寿清博士在这本《冷战与联盟：1947—1962 年的美泰关系》书中，以美国接受 1947 年泰国陆军政变为开端，以 1962 年签署《美国和泰国的联合声明》，对《东南亚条约》作出新解释，标志着美泰联盟完全形成为节点，对该时段美泰联盟的形成过程进行梳理和分析，揭示出影响美泰联盟形成的因素。通过与泰国周边和其他亚洲国家进行比较，总结出美泰联盟关系的特点。

正如朱寿清博士在本书中研究的那样，冷战时期作为对峙的双方，美国和苏联都极力拉拢盟友，组建政治、军事和经济联盟，从而在广袤的第三世界演绎出种种悲喜剧，美泰关系便是其中一个典型例子，值得加以深入研究。

冷战初期到 20 世纪 60 年代，亚非国家的独立运动和反殖反帝运动风起云涌，强烈冲击了雅尔塔体系，使得美国对亚洲特别是东南亚政策发生急剧转变，美泰关系也由此打开新的一页。从 20 世纪 40 年代末开始，美泰关系的突变是美国与亚洲国家关系急剧变化的产物，是美国在东南亚乃至整个亚洲与苏联和中国为首的社会主义阵营尖锐的矛盾与冲突的结果。在亚洲，美苏的长期对峙不仅仅表现为冷战，也表现为朝鲜战争、越南战争、印巴战争、巴以战争、印度支那战争和阿富汗战争这类的热战。正如朱寿清博士所总结的，在冷战中，美国政府在考虑对外政策特别是对亚洲政策时，并不注重各国是否政治民主，而是强调美国与各当事国关系是否有利于美国全球和地区的冷战战略。其中一个重大的转折点，就是 1949 年中国革命的成功并加入苏联为首的社会主义阵营中，从而重挫了美国的亚洲战略。为了遏制共产主义的发展，美国开始逐渐介入东南亚事务，推动泰国支持美国的印度支那政策，并开始计划给泰国各类援助。随后爆发的朝鲜战争极大地改变了美国的亚洲政策，使得美泰关系得到了迅速的加强。《东南亚条约》的签署标志着美泰在多边的基础上结为联盟，但受到地缘因素及联盟水平与国内外因素的影响，泰国在继续追求加强东南亚条约组织和得到更多美援的同时，开始寻求与中国的缓和。而美国则从遏制战略的全局考虑，一直反对泰国对中国的缓和政策。美泰关系自那时起，一直都在起起伏伏中延续着，从未达到美日、美韩，甚至美菲关系的紧密程度，成为美国在东南亚的一个颇为特别的盟友关系。这其中的种种奥秘，非深入加以研究，不能得出系统全面的结论。

朱寿清是中山大学历史系优秀毕业生之一。本书是他在博士论文基础上修改完成的。作为他的博士导师，当年我曾经与他一起爬梳史料、解读文献。当读到海量的一手美国解密档案资料时，每每让我们兴奋不已。同时又为语言和资料的开放程度所限，无法使用泰国方面的政府档案加以对比研究，而深感遗憾，这也是历史学研究经常遇到的困境之一。我们唯有寄望于未来，弥补这些不足了。

衷心希望朱寿清博士今后能在学术事业上，百尺竿头，更进一步！

中山大学历史系教授

袁 丁

2018 年 7 月 29 日于广州

目　　录

前　　言

　　泰国①位于东南亚大陆②的中部，面积 51.35 万平方千米③，在东南亚大陆国家中面积居第二位，仅次于缅甸；在整个东南亚范围内，面积仅次于印度尼西亚和缅甸，居第三位。长期以来，泰国是亚洲重要的粮仓，与东南亚大陆的缅甸和越南一起，以盛产大米闻名，是亚洲主要的大米出口国。泰国以"微笑之国"著称，与中国关系源远流长。当今的泰国在中国与东南亚国家交往中扮演着重要角色，是中国与东盟合作中的重要伙伴。但在 19 世纪 60 年代至第二次世界大战（以下全书简称"二战"）结束的数十年间，由于近代西方殖民势力东来和日本侵略势力的南下，传统的中泰关系中断。直到第二次世界大战结束后的 1946 年 1 月 24 日，中泰才建立了正式的外交关系。

　　冷战蔓延到亚洲后，对中泰关系产生了深刻的影响。冷战时期的

---

　　①　20 世纪三四十年代，泰国多次变更国名。1939 年 6 月 24 日，披汶政府将国名由"暹罗"改为"泰国"；1945 年 9 月 7 日，自由泰政府将国名恢复为"暹罗"；披汶第二次上台后，又于 1948 年 8 月将国名改为"泰国"。本书为方便起见，统一使用"泰国"一称。

　　②　东南亚大陆（Mainland Southeast Asia），包括越南、老挝、柬埔寨、缅甸、泰国等国，过去西方将之称作印度支那半岛（Indo-China Peninsula），中国国内将其称为中南半岛、中印半岛，但当代国际上一般将其与东南亚海岛地区相对应，称为东南亚大陆地区。本书主要档案文献美国外交文件（FRUS）基本上都使用东南亚大陆地区的说法。近年我国学术界亦开始应用该中性的地理概念，如 2007 年北京大学吴春丽的博士学位论文《美国对大陆东南亚援助研究（1950—1968）》就采用此称谓。为了使用材料的方便和与国际习惯用法衔接，本书采用该称谓。

　　③　中国驻泰大使馆网站：http://www.chinaembassy.or.th/chn/ztgx/ljtg/t86120.htm。

中泰关系以 70 年代中期为界，前后两个时段截然不同。前期，中泰关系深受国际冷战和地区热战等不利因素的影响，泰国拒不承认中华人民共和国，中泰在印度支那政策上对立严重，中国支持胡志明领导的越南民主共和国，而泰国则与美国结盟反对中国和越南。后期，中美和解，在柬埔寨问题上，泰国与中国、美国结为某种形式的联盟关系，共同反对越南的柬埔寨政策。同样以 70 年代中期为界，冷战时期的美泰关系也分为前后两个阶段。前一阶段，美泰结成联盟，共同干涉印度支那和反对中国；后一阶段，随着美国在亚洲的战略收缩和退出越南战争，美泰联盟受到严重冲击，泰国与中、越等周边社会主义国家关系正常化，中泰于 1975 年 7 月 1 日正式建交。紧随而来的印度支那问题，尤其是柬埔寨问题，又促使泰国同时与美国和中国交好，反对苏联和越南。研究这段特殊的历史，对了解美国、泰国的外交关系史，了解东南亚大陆地缘政治的特殊性，实现中美关系的稳定发展和亚太地区的和平繁荣是有益的。本书将着重研究前一阶段的美泰联盟形成时期的美泰关系。

泰国是近代西方侵略浪潮下唯一没有沦为殖民地的东南亚国家，泰国人民以此为荣。同时，泰国也是第二次世界大战期间没有受到严重破坏的东南亚国家。珍珠港事件爆发后，日本侵入泰国，当时的披汶政府进行了象征性的抵抗后，随即转向与日本结盟，对美英宣战。战后在处置泰国的问题上，西方盟国发生了激烈的争论。英法要求恢复其在东南亚的殖民利益、追究泰国的责任，而美国则称其从未"接受"泰国的宣战、并承认摄政王比里在战争结束时发表的"和平宣言"，要求英法不要过度削弱泰国。[①]

泰国未沦为殖民地的经历，使其比其他东南亚国家更早地开始民族整合和现代国家治理。20 世纪上半叶以来，泰国政府推行了一系列民族同化政策，强化国家认同、加强中央集权、加强对边境地区的控制，使得第二次世界大战后的泰国，民族融合度较高，反西方的民

---

① 1945 年 8 月 16 日，即日本宣布无条件投降后的第二天，比里以摄政王的身份发表声明，宣布披汶政府 1942 年 1 月 25 日向英美的宣战无效，因为摄政王并未在其宣战声明上签字。

族主义情绪比其他东南亚国家要弱得多。同样，战后的泰国没有因抵抗外敌入侵和反对殖民统治而发展出强大的非政府武装，国内局势相对稳定。

泰国自然环境较为优越。中部是辽阔的湄南河平原，南部为半岛地区，北部和东北部有山，东北部地区自然条件较差，人口较多，季节性干旱缺水，但地形相对开阔。泰国人口在20世纪50年代初人口仅为1860万人，其中华人人口大约300万人，马来人人口60万人，另有5万越南人居住在湄公河流域①，全国超过90%的人口信仰佛教。佛教的熏陶和生活相对富足，使得激进的意识形态不易在此产生和传播。

位于东南亚大陆中部的泰国，西部、南部分别与缅甸、马来西亚（1963年以前为马来亚）相连，东北部与老挝相接，东部紧邻柬埔寨。泰国北部与中国之间隔着老挝，但相距不到200公里。泰国东北部隔着老挝与越南仅距100多公里。老族与泰族同源，其语言、信仰及生活习惯基本相同，柬埔寨紧邻泰国，历史上老挝和柬埔寨是泰国与越南争夺的主战场②。由于近代法国殖民者的入侵，泰国损失了东部大量领土，由此造成了泰国与老挝和柬埔寨的领土争端。

自19世纪中叶到20世纪中叶，法国殖民者是泰国最大的威胁，近代泰国屡遭法国殖民者的侵略，并爆发过法暹战争。所以长期以来，泰国同情和支持印度支那三国人民的反法斗争。

1945年9月2日，以胡志明领导的以越南共产党为核心的越南独立同盟宣布建立了越南民主共和国，并在1950年1月与中、苏、朝等国分别建立了外交关系。20世纪五六十年代，越南支持下的苏发努冯领导巴特寮日益壮大，控制了老挝的北部和东北地区。共产主义在印支独立过程中日益壮大，引起了美国的担忧，也引起了泰国军人政权的恐慌。

---

① Edwin F. Stanton：*Spotlight on Thailand. October* 1954 *Issue.* 见外交事务网站：http://www.foreignaffairs.com/articles/71145/edwin-f-stanton/spotlight-on-thailand#。

② ［美］大卫·钱德勒：《十七和十八世纪越南和泰国对柬埔寨的干涉》，周中坚译，《东南亚纵横》1996年第3期。

美国与泰国早在 19 世纪 30 年代就有官方关系①。但长期以来，泰国对美国来说并不重要，也未成为美国在亚洲，甚至是在东南亚外交和贸易的重点。但随着冷战的爆发，美苏开始加紧争夺对其他地区的影响和控制。冷战之初，美苏双方都将注意力集中在欧洲，亚洲并不被重视。但随着中国革命的发展，雅尔塔体系下的亚洲格局被打破，美国开始关注中国周边地区的战略价值。泰国与东南亚其他国家在美国的外交战略中的地位随之提升。美国对泰国的政策从二战后初期的鼓励泰国民主派文官执政，转向接受军人政变上台的事实，以确保泰国不被推到苏联阵营的怀抱中去，并希望泰国成为动荡的东南亚大陆的"稳定中心"。

1950 年初，继支持国民党的对华政策失败后，美国指望的离间中苏、使中国成为第二个"南斯拉夫"的计划又接着破产了。出于意识形态和国家地缘安全等方面的考虑，中、苏、越在 1950 年初结为事实上的同盟，使美国的亚洲政策进一步遭受重挫，美国加强了对亚洲的干涉，并加紧了在中国外围建立遏制圈的步伐。在承认保大问题上，美泰实现了首次重大外交合作。朝鲜战争爆发后，亚洲与世界的形势骤然紧张，美国彻底放弃了原来的对华政策、全面干预亚洲事务，加大力度支持法国在印度支那地区进行的战争。泰国则积极参加朝鲜战争，企图以此获得美国的援助和保护。美国极力渲染共产主义"威胁"，使泰国成为其亚洲政策的支持者。披汶政府对内需要美国的援助以维持其统治；对外则因对中国和越南疑惧重重，希望得到美国的保护。尤其是巴特寮在老挝的发展和越南在老挝的活动，使泰国十分惊恐，泰国积极与美国合作，参与美国对印度支那地区的干涉。

由于美泰在遏制中国和干涉印支等事务上找到了共同利益，逐渐形成了某种形式的同盟关系。在第一次印支战争结束后，美泰等国签署了《马尼拉条约》，建立了"东南亚条约组织"（SEATO），美泰在多边条约的基础上结为联盟。东南亚条约组织共 8 个成员国，但仅

---

① 1833 年 3 月 20 日，美泰签署了《在曼谷友好通商条约》（*Treaty of Amity and Commerce in Bangkok*）。美泰两国一般将之视为美泰官方关系的开始。见美国驻泰大使馆网站：http：//bangkok. usembassy. gov/relation/timeline. html#1946。

有三个是亚洲国家（泰国、菲律宾和巴基斯坦），而真正热心该组织事务的只有美国和泰国。该组织总部设在曼谷，第一任秘书长由泰国人朴·沙拉信①出任。美国以该条约作为干涉印支事务的"法律依据"，而泰国则宣称其倾向于对该条约作出"超过字面意义的理解"。

但事实上，美泰联盟又面临着困境。美国一方面需要对泰国重申美国将承担条约"义务"，以确保泰国对美国的信心；另一方面，美国又不愿为了泰国的利益独自承担过多义务，更不愿为了泰国利益进行冒险；英法等国对加强东南亚条约组织和以该组织名义进行军事行动不感兴趣，美国难以调和成员国之间的矛盾，东南亚条约组织面临着瓦解的危险。泰国则对东南亚条约组织在危机时期的软弱表现和美国不愿提升美泰联盟关系十分不满。

1959—1962 年的老挝危机使东南亚条约组织的软弱无力暴露无遗，使美国指望建立多国参与，尤其是有英法参与的东南亚集体安全体系事实上宣告失败了。为了向社会主义阵营施压，显示遏制的决心，并维持泰国对美国的信心，美国不得不同意与泰国签署联合声明，以书面形式向泰国作出保证，同意在泰国遭到入侵时，无须事先取得东南亚条约组织其他成员国的同意，美国即可对泰国承担条约责任。但应该注意的是，美泰联合声明并非是美泰双边条约，而是为安抚泰国对东南亚条约的信心而作出的"新解释"，是对原来多边条约义务的灵活变通。

当然，该声明标志着 20 世纪 40 年代末开始升温、50 年代初开始发展、50 年代中期初步形成的建立在多边条约基础上的美泰联盟在 60 年代初正式形成。这标志着美泰关系进入了冷战时代的蜜月期，反映了美国在东南亚事务干涉的加深，反映了中美对抗的加剧和东南

---

① 朴·沙拉信（Pote Sarasin，1905—2000），泰国政治家、外交家，中文名叫黄朴，祖籍中国海南文昌。沙拉信出身于泰国天主教家庭，其祖母、父亲曾受美国教会培养长期在美国留学和居住，其本人亦曾在美英留学，回国后从事律师工作。他是披汶的密友，在披汶第一次下台后沙拉信曾给其资助，并在 1948 年披汶第二次政变后任外交部副部长，1949 年任外交部部长，1950 年因反对承认越南保大政权而辞职。1952 年被披汶任命为驻美大使。1957 年沙立政变后被推举为临时政府总理；1957—1963 年任东南亚条约组织秘书长。1963—1969 年任建设部部长，1969—1979 年任副总理兼建设部部长。

亚紧张局势的升级，并为泰国之后卷入越战埋下了伏笔。

当然，可以看出，美国在干涉东南亚大陆的同时，又一直避免陷入该地区的泥潭。尽管泰国曾希望东南亚条约更加强大有力，泰国也曾极力追求与美国签订类似美日、美菲、美韩的双边条约，但均被美国以各种理由予以拒绝。美国之所以拒绝签订双边条约，最根本上说有两个主要的原因：首先，尽管美国一直公开声称东南亚大陆十分重要，但实际上美国认为其重要性远不如紧邻苏联的西欧和中东，也不如位于第一岛链的日本和菲律宾。美国为了保留与苏联全球战争的能力，不想在亚洲大陆过多陷入类似朝鲜战争的"边缘地带的战争"，而泰国所极力要求的武装干涉与中国接壤的老挝，将使美国陷入泥潭。其次，面对越南等东南亚大陆地区"灌木林火式"的游击战的发展，美国占优势的海空力量难以有效发挥作用；在可接受的代价内，美国对能否坚守东南亚大陆并没有充分的把握，甚至对是否值得死守该地区内部也有不同意见。基于这两点考虑，美国也有在必要时退出东南亚大陆而去扼守更易防守的克拉地峡，或退到美国占绝对海空优势的第一岛链的考虑。因此，可以这么说，美国对东南亚大陆的战略定位是"应争之地"，但并非是"必争之地"。在这种战略认识基础上，美国在东南亚大陆实际上是执行"能守则尽量守、实再守不住则体面地撤出"的政策。

正是基于这种认识和定位，20 世纪 40 年代末，美国无意介入东南亚大陆；第一次印支战争后期，美国计划干涉但又犹豫不定，其根本原因就在于此。50 年代中期，第一次印支战争结束后美国力主建立东南亚条约组织，却又坚决不答应泰、菲等国提出的缔结"北约式"军事集团的要求；60 年代初期，泰国多次要求缔结双边安全条约，美国一再拒绝；后来不得不向泰国作出某些特别的承诺时，美国又企图通过口头形式或私人信件形式代替正式文件，直至最后才同意以政府文件形式对泰作出保证，原因也在于此。甚至，后来美国从越战中退出也是基于这种对东南亚大陆的认识和定位。

1947—1962 年美泰关系的发展以及联盟的形成，说明国家利益（包括国家安全和经济利益等多方面）对国家外交政策的制定具有决定性的作用。无论是大国还是小国，是否建立联盟，建立何种程度的联盟，都是建立在对权利与义务、风险与收益的评估基础之上的。这也反映了冷战对抗背景下的"敌对与危机时代"人人自危的"安全困境"。在两大阵营的尖锐对立的背景下，彼此更倾向于对形势做最悲观的解读和做最坏的准备。

一 问题意识

当今，东南亚诸国与世界主要强国保持着密切的关系，东南亚国家联盟在世界区域合作中独树一帜，并在国际格局中发挥着重要的影响。但在冷战时期，却是完全不一样的景象，东南亚大陆是两大阵营的争夺对峙的地带，也是冷战时期持续时间最长、斗争强度最大的热战战场。冷战前期，横向观察东南亚大陆各国的外交政策，可看到该地区各国的外交政策差异极大，越南民主共和国选择与社会主义阵营结盟，缅甸和柬埔寨以及一段时间内的老挝谋求中立，泰国则积极与美国结盟。是什么原因使美泰能够结为同盟？泰国为何选择与美国结盟？美国为何愿与泰国结盟？又是什么原因使美国难与该地区其他国家结盟？为何美国援助其他中立主义国家，却坚决反对泰国走向中立主义？泰国在美国的东南亚大陆政策中具有什么样的地位？是什么原因使美国不愿将美泰关系置于美菲、美韩、美日联盟同样的地位？一系列问题是值得研究的。

同样，从纵向来看，美国各个时期对泰国的政策是不一样的。是什么原因使美国从20世纪50年代初开始援助泰国？是什么原因使泰国在老挝问题上态度强硬、与美国分歧严重？是什么原因使泰国在积极谋求与美国结盟的同时，又时不时地表现出中立主义的倾向？国内政治与对外政策有什么关系？援助在美泰关系中扮演了什么样的角色？这些问题也是十分值得研究的。本书正是基于以上问题而展开研究的。

二 研究现状

（一）中国国内研究概况

目前，国内对冷战时期的东南亚外交研究主要在越南战争、东南亚国家民族独立，以及中国与东南亚国家间的华人华侨问题等的几个热门议题上，对其他方面研究明显不足。对中泰关系研究也偏重于古代中泰交往源远流长和 1975 年双方建交后政治经贸文化交流的蓬勃发展，对近代以及冷战前期中泰关系特殊时期的研究则较为薄弱。

泰国是近代东南亚各国中唯一未沦为殖民地的国家。泰国位于东南亚大陆的中心，具有重要的战略地位。在冷战时期，泰国特殊的战略位置受到两大对立阵营的重视。泰国在亚洲冷战中表现活跃，参加了该时期最重要的两场战争（朝鲜战争和越南战争）。在冷战前期（越南战争结束以前），美国为了遏制共产主义向东南亚的"扩张"和干涉印度支那的事务，日益重视与泰国的关系。而中国则认为，美国试图从朝鲜、中国台湾和印度支那三个方向包围和威胁中国，积极支持亚非拉国家的反帝反美。为了争取建立有利的周边环境，中国积极支持越南革命，反对法国的殖民统治、反对美国的干涉和战争，并在 20 世纪 50 年代中期亚洲局势得以缓和时，与泰国进行了多种途径的接触。但由于中泰双方在印度支那问题上迥然不同的立场，双方最终未能建立起外交关系，反而在 20 世纪 50 年代末到 70 年代初完全处于敌对的状态。美泰关系则因印度支那地区局势的紧张和美国对该地区的干涉而加强了。

冷战时期美国的亚洲政策是国际冷战史研究的热门话题，但也多集中在几个热门议题上，如中美关系与台湾问题、朝鲜战争、越南战争、美菲关系问题。整体而言，学术界在美国对东南亚大陆的战略和政策方面研究不多，而且往往忽视了美国在东南亚大陆地区和东南亚海岛地区两者的战略和政策差别，甚至还因美国曾在越南进行了旷日持久的战争而产生一种美国在战略和政策上更重视东南亚大陆的错觉。

学术界对美泰关系的研究与泰国在冷战中所具有的重要地位很不相称。相当一段时期内，受制于档案资料的匮乏，国内在这方面的研究主要是通过转引国外论著、大量利用二手资料等方式进行。近年来，由于美国外交文件的解密和容易获取，中国在这方面研究取得了新的突破。比如，利用美国解密外交文件进行的冷战时期美国在泰心理战的研究已取得了一些成果。如张扬的《以宗教为冷战武器——
艾森豪威尔政府对东南亚佛教国家的心理战》①、计爽等的《冷战初
期美国对泰国的心理战策略初探》②、史澎海的《冷战初期美国对泰
国的心理战行动》③。

　　在学位论文方面，刘莲芬教授的博士学位论文《冷战时期的美
泰关系》④，是国内较早全面研究冷战时期美泰关系的学位论文。该
论文利用当时所能收集到的资料，追溯了近代泰国外交和美泰关系，
对整个冷战时期的美泰关系进行了梳理和分析，从宏观上总结出冷战
时期美泰关系的特点，这对了解美泰关系历史的全貌是很有价值的。
近年来，刘教授又在原来研究基础上发了数篇有关美泰关系的论文，
如《论杜鲁门时期的美国东南亚政策》⑤《论 1950—1970 年代的美泰
关系》⑥《美国与 1945 年英泰和谈》⑦《论亚非会议后中泰关系改善
对美泰关系的影响》⑧《肯尼迪政府与解决老挝危机的日内瓦会议》⑨
《1960—1962 年老挝危机与美泰关系》⑩ 等论文，取得了丰富的成
果，这些论文对本书的写作有重要的参考价值。但上述研究主要集中
在重大事件和特殊时段，就美泰关系发展脉络和内部决策过程尚有更
进一步系统研究的空间。本书将利用解密的美国外交文件等资料，将
研究的重点聚焦在 20 世纪 40 年代末到 20 世纪 60 年代初美泰联盟建
立并成形的十余年的时间段，通过对美国出台对泰政策前的内部讨论
过程进行更细致地剖析，找出美国对泰政策的根本动力和深层考虑。
同时，结合同一时期美国与其他国家，特别是与亚太地区国家的联盟
进行对比分析，找出美国区别对待不同盟国的原因，从而提出一些新

①　《历史研究》2010 年第 4 期。
②　《长春大学学报》2012 年第 7 期。
③　《西南大学学报》（社会科学版）2012 年第 3 期。
④　博士学位论文，云南大学，2005 年。
⑤　《史学月刊》2007 年第 12 期。
⑥　《世界历史》2006 年第 3 期。
⑦　《东南亚研究》2007 年第 3 期。
⑧　《历史教学》2008 年第 18 期。
⑨　《南洋问题研究》2011 年第 2 期。
⑩　《东南亚研究》2008 年第 1 期。

的观点。如本书认为泰国的地缘价值在美泰关系中既有重要地位，亦很大程度上制约了美泰关系的进一步发展，因此，冷战期间美国拒绝与泰国签署类似《美菲共同防御条约》那样的双边安全条约；再如，本书认为在东南亚条约组织时期美泰关系并不是准确意义上的双边同盟，虽然泰国极力要求，但美国是极力回避的。

方军祥的博士学位论文《论泰国的弹性外交》①，从国际关系学的角度，研究了泰国外交的特点。论文首先研究了小国外交的特点，指出所有国家外交的基本目的是自身的安全和利益，但由于小国自身力量弱小，安全形势脆弱，故更加灵活多变，注重现实利益。作者对现实主义外交中所强调的大国主宰小国，忽视小国主观能动性的做法提出了批评，指出大国和小国在交往过程中各有所需，大国重视小国是因为小国有其特殊的资源（含地缘）；小国也在运用自身的特殊资源（含地缘），与大国讨价还价，趋利避害，扬长避短，最大限度地维护自身利益。作者不认同之前对泰国外交特点进行的被动性地描述，将泰国外交特点界定为"弹性"，从而强调了泰国在外交活动中的主观能动性。这对本书的分析提供了一些思考，然而该论文是政治学方面的论文，作者重视理论上的分析，但一手史料较为欠缺。

吴春丽的博士学位论文《美国对大陆东南亚援助研究（1950—1968）》②一文认为，亚洲冷战开始后，美国对东南亚的战略地位日益重视，并逐渐加大对东南亚的援助。作者将美国对东南亚大陆的援助，包括技术援助、军事援助、经济援助和开发援助进行了分别的研究，注意到各个时期援助的不同特点。由于这一时期美国卷入越南战争，所以对南越的援助尤多，作者研究的重点也放在美国对南越的援助上，对援助泰国的研究并不多。但该论文对全面了解美国的东南亚大陆政策是有帮助的。

薛冬霞《1945—1954 年美国对泰国的政策》③一文，对了解美国自第二次世界大战结束到美泰在东南亚条约组织的基础上建立联盟

① 博士学位论文，北京大学，2006 年。
② 博士学位论文，北京大学，2007 年。
③ 硕士学位论文，陕西师范大学，2005 年。

的历史有一定的帮助。作者注意到冷战因素在美国对泰政策上的巨大影响。

此外，冷战初期美国亚洲政策的研究比较有代表性的有：吴群《评 1945—1949 年的美国对东南亚政策》①，该文注意到第二次世界大战结束到新中国建立这段时间美国对东南亚政策的变化；翁有利《中日战争终结处理与美国亚洲政策转变》②，该文注意到了冷战对美国改变亚洲政策的影响，20 世纪 40 年代末，美国开始将亚洲政策的重心向日本等岛链地区转移；崔丕《美国亚洲太平洋集体安全保障体系的形成与英国（1950—1954 年）》③，该文注意到美国的西方盟国尤其是英国对美国亚洲政策的影响；范丽萍《对 1951—1954 年西太平洋集体防务体系演变过程的历史考察》④《冷战初期美国建立西太平洋集体防务体系原因探析》⑤《整体史观视角下的美国"环岛屿防务链"》⑥《论美国西太平洋集体防务体系的整体性和矛盾性》⑦ 等论文对美国在西太平洋的防御特点进行了研究。尤其是最后一文，作者注意到 50 年代初美国曾企图建立类似"北约"的太平洋集体防御但遇到了难以克服的困难而作罢，还注意到美国从 40 年代末的杜鲁门政府开始，就对亚洲大陆和岛链地区有不同的战略定位。

关于 50 年代的中泰关系研究较具代表性的有：王阳林的《20 世纪 50 年代中泰关系中的西双版纳傣族自治区问题》⑧，该文运用中美双方的外交档案资料，对 20 世纪 50 年代泰国极为关注的西双版纳州问题的发端、影响和解决进行了研究。何志明的《因西双版

---

① 《世界历史》1998 年第 5 期。
② 《西南师范大学学报》（人文社会科学版）2003 年第 5 期。
③ 《冷战史研究》2004 年第 1 期。
④ 《广西师范大学学报》（哲学社会科学版）2005 年第 4 期。
⑤ 《烟台大学学报》（哲学社会科学版）2006 年第 4 期。
⑥ 《烟台大学学报》（哲学社会科学版）2008 年第 3 期。
⑦ 《广西师范大学学报》（哲学社会科学版）2008 年第 4 期。
⑧ 《当代中国史研究》2011 年第 5 期。

纳傣族自治区（州）成立而引起的中泰危机》① 也对该问题有一定
的研究。泰国黄瑞真《20 世纪 50 年代中期泰中关系从紧张走向缓
和的原因》② 运用了大量泰国档案和中国档案，对 20 世纪 50 年代
中期中泰两国在万隆会议后出现的缓和进行了分析，认为中泰缓和
是由于国际形势、中国外交政策变化，以及泰国内部政治斗争所促
成的。

关于国际体系与国际格局、地缘政治国际战略、意识形态、民族
主义，以及美国外交干涉的根源都有丰富的研究。

国际体系与国际格局方面比较有代表性的研究有：

美国戴维·莱克《国际关系中的等级制》③ 一书，明确地提出了
一个国际关系中的新概念"关系等级"。该书认为在国际社会中的无
政府状态下，国家间形成的社会契约将主导国与服从国联系在一起，
并最终形成等级制。这种等级制对各国外交政策、国际冲突与合作的
模式产生了重要的影响。作者将国际体系中客观存在的"等级"概
念重新带回了国际关系研究之中。该理论对理解非对称联盟内部关系
是有启发意义的。

周建明《美国国家安全战略的基本逻辑：遏制战略解析》④ 认
为，遏制战略是美国在历史上主动制定的第一个全球性战略，标志着
美国国家安全战略从地区性战略向全球性战略的质的转变。该书有专
门一节以美国与西欧、与日本为代表的结盟政策，但对美国联盟政策
的差异没有进一步展开分析和论证，这恰是笔者研究的重要视角
之一。

地缘政治与国际战略方面比较具备代表性的研究有：

冯建勇《联盟理论与地缘政治学关系述论》⑤ 一文认为，联盟的
核心内容是成员国在安全和军事领域内的合作与承诺，联盟通常针对

① 《文史天地》2012 年第 6 期。
② 《东南亚研究》2008 年第 6 期。
③ 高婉妮译，上海人民出版社 2013 年版。
④ 社会科学文献出版社 2009 年版。
⑤ 《长春市委党校学报》2009 年第 4 期。

其他某一或某些特定国家。地缘政治学从地理环境角度出发，研究国际政治理论和策略。地缘政治学与联盟理论在实践中存在着深刻的相互影响。作者还对面临威胁时，选择"制衡"还是"附势"中的地理因素进行了分析，对本书有参考意义。

吴征宇《霸权的逻辑：地理政治与战后美国大战略》①一书，展示了经典地理政治思想蕴含的权力政治逻辑（即地理政治逻辑），并从理论与历史双重角度探讨了地理政治逻辑与战后美国大战略的密切联系。该书认为，以马汉、麦金德和斯皮克曼的地理政治思想为代表的经典地理政治思想系统展示了历史上主导性海洋国家（即英国和美国）的安全乃至霸权与欧亚大陆主要强国间均势的内在联系。第二次世界大战后美国对欧亚大陆的大战略实际上并不受体系结构的主导，而是受经典地理政治思想中蕴含的权力政治逻辑的支配。吴征宇《地理战略论的分析范畴与核心命题》②一文认为，地理战略论是一种大战略思想形态，若按照地理位置及相关战略取向来划分，可分为主导性海洋强国、心脏地带大陆强国、边缘地带陆海复合型强国。地理战略论的核心范畴是三类不同性质的强国，即主导性海洋强国、心脏地带大陆强国、边缘地带陆海复合型强国，另有与边缘地带密切联系的较小范畴——滨外岛（国）。地理战略论作为一种大战略理论，其实质性内容是由这三类不同类型强国的一系列相关战略命题构成的。

肖正昱《美国地缘政治理论与实践初探——从"遏制"到"超越遏制"》③一文，对冷战时期美苏关系进行地缘政治角度的解读，得出美国政府制定的从"遏制"战略到"超越遏制"战略期间地缘政治发挥了巨大的影响。

以上著述对地缘政治，以及地缘政治与美国战略关系的分析，对理解美国对不同地理位置的国家和地区的战略定位和危机干预方式的差别是有帮助的。

----

① 中国人民大学出版社 2010 年版。
② 《太平洋学报》2017 年第 1 期。
③ 《湖北科技学院学报》2009 年第 S1 期。

此外，刘从德等《美国遏制战略的地缘政治思维》①，庄斌等《"多米诺骨牌"力量思想渊源探讨》② 《泰国——多米诺骨牌之一——的剖析》③ 等论文则对地缘政治在美国遏制中的作用，尤其是东南亚大陆及泰国在美国冷战中的地位进行了分析。虞群《论泰国战略文化》④ 虽不是专门研究冷战时期的地缘政治，但该文注意到了泰国在东南亚大陆特殊的地理位置对其外交方式和战略文化的影响。何跃《中国与中南半岛国家地缘关系分析》⑤ 对东南亚大陆（中南半岛）与中国安全与发展问题的地缘关系进行了有益的分析。苏浩《地缘重心与世界政治的支点》⑥，孙相东《地缘政治学的性质：思想史上的不同视角》⑦，鞠海龙《论地缘政治的"对抗性"思维》⑧，张江河《地缘政治理论与战略的学理辨析和历史定位》⑨ 等文中的地缘政治思想及地缘对战略问题的影响有启发意义。

联盟理论与联盟困境方面比较具备代表性的研究有：

汪伟民的《联盟理论与美国的联盟战略——以美日、美韩联盟研究为例》⑩《持久的不均衡战后美日、美韩联盟比较研究》⑪《冷战时期的美日韩安全三角：准联盟理论与联盟困境的视角》⑫ 等论著，注重对美国亚太联盟政策的差异比较。作者注意到长期以来美日联盟是美国亚太战略的核心，具有更高的战略和政治价值，而美韩联盟则更多的是一种军事联盟，主要目的是对付直接的军事威胁。并且，在后冷战时代，美日联盟继续深化扩展，而美韩联盟则表现出越来越漂

---

① 《江汉论坛》2003 年第 12 期。

② 《人民论坛》2011 年第 20 期。

③ 原文载于美国《新闻周刊》1966 年 1 月第 5 期，转引自许华的《泰国——多米诺骨牌之一——的剖析》，《南洋资料译丛》1966 年第 1 期。

④ 《东南亚之窗》2012 年第 3 期。

⑤ 《上海师范大学学报》（哲学社会科学版）2008 年第 6 期。

⑥ 《现代国际关系》2004 年第 4 期。

⑦ 《当代世界与社会主义》2005 年第 5 期。

⑧ 《世界经济与政治论坛》2009 年第 5 期。

⑨ 《吉林大学社会科学学报》2007 年第 6 期。

⑩ 世界知识出版社 2007 年版。

⑪ 《史学集刊》2006 年第 5 期。

⑫ 《国际政治研究》2005 年第 6 期。

移不定的状态，对本书有启发意义。

苏若林、唐世平《相互制约：联盟管理的核心机制》①一文，探讨联盟管理过程中盟友之间互动的动态机制。该文发现联盟维持和管理的机制是相互制约的，两个变量——盟友之间的权力对比和意图匹配程度——通过相互制约的核心机制影响着联盟的命运。作者注意到在非对称性联盟中，只有当强国为防御性现实主义国家而弱国为进攻性现实主义国家时，相互制约才相对困难，联盟才较难管理。该观点对本书有启发，但作者相对忽略了威胁减弱时，同盟意愿减低的情况。

王帆《联盟管理理论与联盟管理困境》②一文认为，联盟主导国与辅助国之间的相互依存又相互竞争的矛盾贯穿联盟管理的始终。联盟面临着扶持与抑制、依存与自主、平等与协从、竞争与协调、抛弃与逃避、责任与收益等矛盾。由于成员国均谋求其自身利益的最大化，因此收益与成本不符、责任与义务失衡成为联盟成员间无法克服的心理障碍。对这一问题认识的承受程度则是联盟能否持续的关键。该研究对分析美泰关系有启发意义。

张景全、刘丽莉《成本与困境：同盟理论的新探索》③一文认为，同盟的功能发挥与同盟成本、同盟困境存在紧密联系。同盟成本包括同盟硬成本与同盟软成本，前者指同盟的组织成本及同盟行动成本，后者指同盟的声誉与可信性。同盟困境包括传统同盟困境与新同盟困境，前者指的是传统的牵连与抛弃困境，后者包括同盟针对对象与同盟经济伙伴的同一性困境，联盟体系内各个成员国之间存在猜疑与纷争的同盟间困境。同盟成本与同盟困境相互作用，对同盟运行构成影响。该研究对理解美泰同盟内部矛盾有启发。

田野《国际关系中的制度选择：一种交易成本的视角》④一书，将交易成本的概念引入国际关系领域，借鉴交易成本经济学路径来分

---

① 《当代亚太》2012 年第 3 期。
② 《欧洲研究》2006 年第 4 期。
③ 《东北亚论坛》2016 年第 2 期。
④ 上海人民出版社 2006 年版。

析国家如何在不同的制度形式之间进行选择。从复杂多变的外交折冲中展示了有关缔约国制度选择行为的基本动力。尹继武《社会认知与联盟信任形成》① 一书，结合心理学理论与国际关系研究，结合理性选择理论与社会认知理论，解释联盟形成过程中的联盟信任是如何形成、何时形成，以及形成何种联盟信任。两书的理论和方法对本书有重要的启发和借鉴。

在曹筱阳的《美泰同盟的合作形式、机制及其前景》② 一文中，作者注意到美泰同盟是非对称性同盟，美国的实力远超泰国，美国为进攻性现实主义国家，泰国为防御性现实主义国家。在同盟的存续中，对"被抛弃"和"被牵连"的恐惧贯穿始终。作为弱小的一方的泰国基于自身的安全考虑，一直高度关注美国承诺的可靠性。

陈效卫《美国联盟战略研究》③ 一书对美国联盟战略的演变，对美国战略的作用与影响，以及美国联盟战略的特点局限性，和影响美国联盟战略的主要因素进行了梳理。赵嵘《美国联盟战略研究》④ 一文则将美国不同时期的联盟进一步分为"等级制联盟""伙伴关系联盟""复合联盟"等类型。这些研究对了解美国联盟战略的全貌是有帮助的。于铁军《美国同盟战略》⑤ 一文则重点分析了冷战时期美国分别在欧亚倚重北约和美日同盟遏制对手，并注意到即便在美国特别重视的同盟内部，美国仍极力避免单独承担责任。这对了解美国的联盟困境和研究美国与其他较低级别的盟友的关系时有启发意义。

关于老挝危机方面：

代兵《挫败中立：1954—1964 年的老挝与冷战》⑥ 一书认为，在是否允许老挝中立问题上，东西方有关国家的政策受到三个层次因素的影响：美苏全球冷战战略、在东南亚地区层次上发挥作用的力量、老挝本国国内的力量变化。冷战时期老挝成为各相关国家争夺的

---

① 上海人民出版社 2009 年版。

② 《东南亚研究》2015 年第 5 期。

③ 国防大学出版社 2002 年版。

④ 博士学位论文，武汉大学，2003 年。

⑤ 载王缉思等编《缔造霸权》，上海人民出版社 2013 年版。

⑥ 江苏人民出版社 2017 年版。

焦点的根本原因是老挝的地缘价值。老挝地处印支地区东西方冲突的第一线，东西方大国、以及分别与东西方结盟的地区大国如越南和泰国，在印支冷战舞台上对老挝这个具有突出地缘价值的国家展开了争夺和控制。东西方都分别推行过老挝中立的政策，但它们的政策却因为种种原因未能在特定时间内发生交集，其结果是老挝中立的失败。该书分析了美国对老政策从反对中立到接受中立的过程，并指出泰国积极支持老挝右翼的原因主要是因为地缘政治因素的考虑。该书对了解美泰关系中的老挝问题是有帮助的。另外，刘雄《老挝危机与东南亚条约组织的衰落》① 一文，对了解老挝危机期间，东南亚条约的缺陷和美泰联盟的变化亦是有帮助的。

意识形态方面主要有：崔丕《乔治·凯南的"遏制"战略散论》②，霍世亮《美国理想主义与东亚》③，高健《试论 1960 年代美国现代化外交理论的理想主义色彩与现实主义困境》④。

王天韵《对绥靖政策的再认识——兼论"慕尼黑类比"》⑤ 一文，对机械利用"历史教训"为现实外交服务提出了批判。该文认为，自 20 世纪 30 年代英法对德绥靖政策失败后，"慕尼黑类比"随之盛行并流毒至今。这种盲目排斥一切妥协、鼓吹遏制和预防性战争的论调，多次影响了美国外交决策和对外关系。该文认为，"慕尼黑类比"根据一个失败案例否定所有绥靖政策，以偏概全的错误做法损害了国际关系的健康发展。该文对理解 20 世纪五六十年代美国盲目相信和坚持"多米诺骨牌理论"有启发意义。

研究中国外交政策的有章百家《从"一边倒"到"全方位"——对 50 年来中国外交格局演进的思考》⑥，牛军《新中国外交的形成及主要特征》⑦，张郁慧《"一边倒"的外交战略与中国对外

---

① 《世界历史》2014 年第 5 期。
② 《东北师大学报》（哲学社会科学版）1998 年第 2 期。
③ 《美国研究》1992 年第 2 期。
④ 《河南师范大学学报》（哲学社会科学版）2010 年第 1 期。
⑤ 《国际论坛》2008 年第 6 期。
⑥ 《中共党史研究》2000 年第 1 期。
⑦ 《历史研究》1999 年第 10 期。

援助》①，杨奎松《新中国的革命外交思想与实践》② 等论文，对了解冷战初期中国的外交政策和与周边国家的关系有参考意义。

越南的印度支那政策、越南和老挝共产党关系、越南在老挝开辟胡志明小道等问题，是理解越南战争、理解泰国等东南亚国家对越南战争的态度的重要基础。游览《统一战争视野下北越在印度支那地区的政策演变（1945—1975）》③《冷战背景下越寮"特殊"关系的发展和演变（1959—1965）》④，刘子义《从"印支共"到"印支联邦"——试析越南在印支地区的扩张政策》⑤，舒全智《越老特殊关系研究》⑥，庞卫东《冷战时期的印支形势与胡志明小道的兴起》⑦，徐蒙《老挝的"中立"与胡志明小道》⑧ 等论著对上述问题做了较好的研究。

（二）泰国学者的研究概况

泰国林金珊的博士学位论文《泰中建交问题研究：论影响泰中重大因素与敏感问题》⑨，研究了从 1949 年中华人民共和国建立到1975 年中泰建交的二十多年间两国的矛盾与冲突，以及两国如何在70 年代中期建立正式的外交关系的历史。作者运用了大量的泰国资料，从泰国的视角对泰中关系进行了分析，得出 1949 年至 1975 年中泰两国之所以难以建立外交关系的原因是两国内部因素和当时的国际形势共同造成的。

泰国黄瑞真的博士学位论文《泰中关系发展史上的重大波折及其成因：侧重泰国对华政策的考量》⑩，作者使用了大量的泰文、中文资料，尤其是使用了大量的泰文档案资料。作者站在泰国的角度对

① 《国际关系学院学报》2011 年第 3 期。
② 《史学月刊》2010 年第 2 期。
③ 博士学位论文，华东师范大学，2015 年。
④ 《冷战国际史研究》2017 年第 2 期。
⑤ 硕士学位论文，上海师范大学，2014 年。
⑥ 硕士学位论文，广西民族大学，2014 年。
⑦ 《史学月刊》2015 年第 7 期。
⑧ 《韶关学院学报》（社会科学版）2015 年第 3 期。
⑨ 博士学位论文，南京大学，2006 年。
⑩ 博士学位论文，北京大学，2009 年。

泰中关系进行了分析，认为很多中国史学界对近代以来的两国关系史中的许多事件认识存在偏差。作者把近代中泰关系恶化的开端回溯到1910年泰国拉玛六世即位。作者认为1853年拉玛四世时泰国就停止了对中国的朝贡，但是泰国境内的华人并未受到歧视和排挤，直至拉玛六世即位后，开始积极推行民族主义，泰国才出现排华浪潮。之后，无论是民党还是披汶政府，都继承和发展了拉玛六世的极端民族主义思想。作者认为，二战期间，泰国与日本合作并不仅仅是出于被迫；冷战开始后，泰国与美国合作，同样也是披汶等人的选择，这些都与狭隘的民族主义和统治集团利益有关。作者重视威权主义国家领导人的心理分析，认为威权国家领导人在外交决策上举足轻重，国家的外交政策很大程度上受其领导人的认识、喜恶和利益所影响。与习惯的划分方式不同，作者把这段不正常的中泰关系划分为"逐渐恶化阶段（1910—1949）""短暂起伏阶段（1949—1958）""对抗阶段（1958—1975）"三个时期。作者认为，冷战只是加重了中泰的对立（意识形态与安全因素），但这种对立早在20世纪上半叶中泰两国的民族主义冲突时就已经开始。作者独特的分析视角为我们了解泰国学者如何认识这段特殊时期的中泰关系提供了启发。但作者过于注重泰国民族主义的影响，相对忽视了国际体系与地缘政治的影响，忽视了冷战对各国外交的影响，尤其是对处于东西方对抗前沿的小国的外交影响，难以解释为何1946年泰国与当时的中华民国建交、1975年泰国与中华人民共和国建交等问题。

　　泰国学者纳塔坡·差清（Nattapoll Chaiching）的博士学位论文《世界秩序下泰国披汶政府的政治》［*Thai politics in Phibun's government under the U. S. world order*（1948—1957）］[1] 一文，站在泰国的视角，对20世纪40年代末到50年代中后期美国与披汶政府的关系对泰国政治发展的影响进行了研究。该论文指出，美国对披汶政府的支持使得泰国政治保持了相对稳定，但也加强了王室和军人政权的地位，并为之后的军人政府长期保持与美国的联盟关系奠定了基础。该

---

① 　Nattapoll Chaiching, D. PH. , Chulalongkorn University. 2009.

论文对了解美泰联盟与泰国政治发展之间的关系很有启发。但笔者的研究认为，相对于披汶政府，美国对沙立建立专制政权发挥了更为重要的作用，并与沙立政权建立了更紧密的联盟。

泰国学者丹纳沙立·史塔威丁（Dhanasarit Satawedin）的博士学位论文《老挝危机（1959—1962）中的泰美联盟：一个小国与大国讨价还价的案例研究》①，改变了长期以来人们忽视小国在联盟中的地位和作用的做法，对了解泰国在老挝危机中，如何利用自己的特殊位置，最大限度地争取美国的援助和安全保证有参考价值。

泰国的努耶·安·泰（Nguyen Anh Tai）的硕士学位《第一次印度支那战争时期的泰越关系（1946—1954）》② 一文，把第一次印支战争时期的泰越关系划分为比里时期和披汶时期两个阶段。在研究第二个阶段时，作者认为虽然披汶对越南人在泰国的活动进行严格控制，但在泰国东北的越南人、当地泰人，特别是自由泰组织对越南人民的战争和革命进行了宝贵的支援。该文的研究主题是泰越友谊，对了解泰国在第一次印度支那战争期间泰国民众对越南的态度有一定的参考价值。

（三）其他国家的研究概况

相对而言，西方对冷战时期的美泰关系研究成果较多，比较有代表性的是：

美国耶鲁大学丹尼尔·菲曼（Daniel Fineman）的博士学位论文《美国和泰国的军人政府（1947—1958）》③，以及在此基础上于 1997 年出版的《一种特殊的关系：美国和泰国军人政府（1947—1958）》④，以披汶第二次执政时期以及沙立第一次政变后的他侬政府

---

① Dhanasarit Satawedin, *Thai-American Alliance During the Laotian Crisis*, *1959 - 1962*: *A Case Study of the Bargaining Power of a Small State*. D. PH. , Northern Ilinois University. 1984.

② Nguyen Anh Tai, *Thai-Vietnamese Relation During The First Indochina War* (*1946 - 1954*), D. M. , Chulalongkorn Universty. 2009.

③ Fineman Daniel, *The United States and military government in Thailand*, *1947 - 1958*. D. PH. , Yalu University. 1993.

④ Fineman Daniel, *A Special relationship*: *the United States and military government in Thailand*, *1947 - 1958*. Honolulu: University of Hawaii Press. 1997.

时期为研究时段，引用大量泰国的档案资料，认为泰国之所以选择美国的保护，很大程度上是出于国内政治的考虑。这一定程度上能解释泰国军人政府在冷战中选择亲美政策的原因，给本书提供了一些参考。但本书认为，冷战时期的美泰关系深受当时国际格局和地缘政治的影响。冷战时期，泰国对美政策充分地考虑了两大集团在东南亚争夺的因素，而美国对泰政策则更加明显地反映了美国在亚洲冷战的需要。也是由于冷战的原因，美国才越来越多地介入泰国的内部政治斗争中去，并扶持亲美的实权人物建立专制统治，以阻止泰国国内的中立主义和左翼力量的发展，维持美泰联盟关系。

加拿大多伦多大学的安·基斯林括（Arne Kislenko）的博士学位论文《风中之竹：肯尼迪和约翰逊政府时期的美国外交政策和泰国（1961—1969）》①，对20世纪60年代美泰关系的发展做了详细的研究。该文指出泰国作为"多米诺骨牌"中的一张，在美国东南亚政策中具有重要地位。该文认为，相比美国在印度支那的失败，美国对泰政策是该时期美国东南亚政策中相对较成功的一例。虽然该论文的研究时段与本书的研究时段有一定的差异，但也能为本书的写作提供一些参考。

美国南密西西比大学约翰·华兹（John W. Watts）的硕士论文《越南战争时期美国在泰国的反暴乱政策》②，详细研究了越南战争期间美国如何维护美泰联盟关系，帮助泰国平定国内的游击武装，从中可看出泰国在美国东南亚大陆中的地位，以及巩固泰国政府与美国在越南进行战争之间的重要联系。该论文虽与本书同样存在研究时段的差异，但仍有一定参考价值。

马来西亚的库夸·苏万那差平（Kobkua Suwannathat-pian）的《泰国最长的总理：披汶的三个时代》③ 对了解披汶时代，尤其是披

---

① Arne Kislenko, *Bamboo in the wind*: *United States foreign policy and Thailand during the Kennedy and Johnson administrations*, *1961 – 1969*, D. PH. , University of Toronto, 2000.

② Watts, John W. , Jr. , *The U. S. counterinsurgency doctrine in Thailand during the Vietnam War*, M. A. , University of Louisville, 1988.

③ Kobkua Suwannathat-pian, *Thailand's Durable Premier*: *Pibun through Three Decades 1932 – 1957*, Kuala Lumpur: Oxford University Press. 1995.

汶40年代后期再次执政之后的内政与外交政策有一定的价值。

三　研究方法和理论

本书运用传统的材料分析法，通过系统收集和整理历史档案和文献，特别是较为系统地解读美国外交文件（FRUS）资料，分析这一时期影响美泰关系发展的原因和美泰结为联盟的根本动力。

本书通过历史比较法，纵向地研究美泰关系的发展，分析美泰关系及联盟在不同时期的不同特点，研究美泰关系的发展以及美泰联盟的形成过程。同时，把美泰关系置于更广阔的视野来考察，与周边国家和地区进行横向比较，得出美泰联盟与美菲联盟、美韩联盟、美日联盟是不同层级的联盟的结论。

本书还通过借鉴和吸收国际关系理论，对美泰关系的特点进行了解释。关于国际关系理论方面，斯蒂芬·沃尔特（Stephen M. Walt）的联盟理论与传统的均势理论和制衡理论不同，认为结盟的主要原因不是制衡权力，而是制衡威胁。而且，受综合实力、地缘毗邻度、进攻实力和进攻意图的影响，制衡的对象并不一定是传统均势理论中的强者，也可能追随强者制衡更有威胁性的弱者。沃尔特的联盟理论认为，意识形态、对外援助、跨国渗透等因素对结盟并不能发挥关键性的作用。沃尔特的观点对理解冷战时期的美国和一些亚洲国家的关系是很有启发意义的。

沃尔特的联盟理论能较好地解释该时段内美泰关系的发展。20世纪40年代末，美国认为中国不是其亚洲的主要威胁，甚至还是美国可以争取的对象时，泰国向美国寻求援助遭到了美国的拒绝。50年代初，印度支那和朝鲜半岛的战事使亚洲局势紧张。美泰认为，社会主义阵营的建立和扩大威胁到它们的利益，美泰联盟逐渐建立起来。50年代中期，国际和地区形势缓和，美泰关系受到中立主义的冲击。然而，到了50年代末60年代初，由于中苏分歧严重、中美对抗加剧和印度支那地区趋于热战，美泰认为"威胁"增加了，美泰联盟最终得以建立起来。但由于地缘毗邻度、国家综合实力的不同，美泰对老挝危机的认识和对威胁的感知度也不同，使得美泰两国在如何处理老挝危机的问题上产生了非常严重的分歧。

沃尔特的理论还认为，援助、渗透和意识形态都不是影响联盟的主要因素。这对解释美国的援助和心理战未能有效阻止泰国的中立主义倾向是有用的，并能帮助读者理解美国一面自称"自由世界"的领袖，一面却支持泰国军人建立独裁政权的原因。

另外，同盟困境理论，也是本书借鉴的理论之一。尤其是利用同盟困境理论分析关于订立何种同盟、如何应对因形势变化引起的同盟内部分歧等问题。

此外，安全困境理论对理解冷战中双方的竞争和相互防御有重要的意义。国际政治中的无政府状态下，一国加强自身安全的防卫行为往往会被另一国理解为威胁。这样一来，"双方增强自己的实力和确保自身安全的独立行为都会使双方都不安全"①，双方都处于对另一方实力增强所导致的恐惧中，虽然冷战中双方有诸多矛盾和分歧，并各自都有全球意义上的抱负，但不得不承认的是双方都认为自己不安全，并宣称自己的行为是防御性的。美泰认为受到了社会主义阵营的威胁；同时，中国和越南则认为，美泰的联合是为了包围和遏制中国，阻止越南的独立和统一。安全困境理论对理解这段历史提供了有益的启发。

最后，国家战略与联盟以及战略克制也是研究国际关系史应该注意的问题。对于任何国家来说，一定时期内的国家资源总是有限的，国家如何分配和使用有限资源以取得最大限度的战略目标，对国家的外交政策，包括是否缔结联盟、缔结什么样的联盟有着决定性的作用。尽管美国后来还是陷入了越南的泥潭，但在梳理美国冷战时期的东南亚政策时，可以看到，美国应对老挝危机时还是保持了相当的战略克制。在老挝危机期间，美国在老挝形势不断恶化、盟国不断施压的情况下，极力避免陷入对美国十分不利的老挝泥潭。不得不说，肯尼迪政府在该问题上还是保持了一定的冷静和战略克制。国家实力的

---

① ［美］小约瑟夫·奈：《理解国际冲突：理论与历史》，张小明译，上海人民出版社 2005 年版，第 19 页。

过度使用和战略的过度扩张将会使国家力量受损，后来美国陷入越战泥潭正是如此。

四　学术意义和现实意义

（一）学术意义

随着各国档案资料的不断开放，近年来，冷战的研究得到了很大的发展。冷战时期中国周边国家和地区的外交关系以及美国与中国周边国家关系的研究也取得了诸多成果。相比欧洲而言，亚洲并不是美苏冷战的主战场，但亚洲却爆发了两次规模和强度都很大的热战——朝鲜战争和越南战争。东南亚大陆上的印度支那战争更是冷战中持续时间最长的热战，该地区的战争与冲突为何使数个大国相继卷入、战争为何能持续数十年以及战争和冲突对世界主要大国与周边国家的关系产生了什么样的影响，是值得深入研究的。

冷战时期，泰国被美国视为在东南亚大陆最重要的盟国，泰国深深地卷入亚洲的冷战和热战中去，研究这一时期的美泰关系和泰国的政治外交是十分必要的。冷战时期美泰关系的变化、美泰联盟形成的过程、推动联盟形成的主要原因是什么？冷战时期，美国在亚太地区与多个国家缔结了联盟，为何会能结为联盟，这些联盟有何差异，结盟的各方有何考虑，联盟内部有些什么合作与分歧，这些也是值得研究的。

事实上，今天仍能看到冷战时期东南亚大陆各国不同的外交选择、不同的发展模式投下的影子。研究该时期的美泰联盟和美国对泰国发展模式的影响，也能更好地理解东南亚大陆地缘政治的特殊性和复杂性。

（二）现实意义

地缘因素是影响一个国家安全与发展的重要因素。因此，周边外交历来是中国外交工作的重点之一。东南亚大陆与中国地缘相接，事关中国的安全与发展。冷战时期，两大阵营在该地区持续了数十年的对抗。研究冷战时期东南亚的战争与冲突，对避免大国对抗的悲剧再次发生有重要的现实价值。

了解冷战时期的美泰关系，有助于找到化解"中国威胁论"的方法。尤其是在近年美国提出"重返亚洲""印太战略"的背景下，了解亚洲国家，尤其是周边国家的安全关切，了解美国在亚洲外交活动的动力及特点、避免大国对抗、摆脱"安全困境"、实现"共同安全"是有益的。

此外，美泰关系是大国与中小国家关系的重要案例，其成败得失，对中国外交应有一定的启发。

五　创新

（一）材料创新

美国外交文件（FRUS）是研究美国外交史的重要基本材料，在研究美国与大国关系和美国与热点地区的关系时已被广泛使用。但在美国与很多小国关系史的研究方面，FRUS 尚未被充分地利用。在中国国内，关于 FRUS 材料中的泰国部分多被零星使用，但并不系统，所以在分析美国的决策过程时常常不连贯。本书较系统地使用 FRUS 中关于泰国部分的材料，通过对该部分档案材料的系统解读，较为细致地观察美泰关系发展的过程，发现了限制美泰关系发展的"瓶颈"和"天花板"，修正了原来对美泰联盟地位和美国东南亚大陆政策定位认识上的偏差。

本书同时参考和部分使用了解密文件参考系统（DDRS）数据库、解密后的数字化美国国家安全档案数据库（DNSA）、中国外交部档案馆、《人民日报》数据库等。本书还利用和参考了陶文钊主编的《美国对华政策文件集（1949—1972）》（共三卷）、外交部档案馆编的《中华人民共和国外交部档案选编（第一集）：1954 年日内瓦会议》、《中华人民共和国外交部档案选编（第二集）：中国代表团出席1955 年亚非会议》、笔者在中国外交部档案馆所抄写的部分文件，以及相关国家领导人的回忆录、文选和传记。

（二）观点创新

1. 泰国是冷战时期美国在亚洲的重要盟国，也是美国在东南亚大陆上的主要盟友，但美泰联盟的研究尚不充分。而且，目前的研究忽视了冷战时期的美泰联盟与美国在该地区的其他联盟，如与美菲联盟、美韩联盟、美日联盟的差异。本书通过系统地发掘史料，通过对美泰交涉细节的分析，找出美国不愿意与泰国缔结双边安全条约的原因，得出美泰联盟和美菲、美韩、美日等联盟不是同一层次联盟的结论。本书认为，地缘因素和建立在此基础上的美国对东南亚大陆、东南亚海岛地区及第一岛链地区的战略定位差异是联盟差异的主要原因。

2. 泰国与中立主义的研究。目前的学术界注意到 20 世纪 50 年代中期泰国的中立主义倾向。但本书通过系统解读档案发现，40 年代末至 60 年代初，即便是老挝危机期间，泰国中立主义倾向几乎一直存在，只是表现得时强时弱罢了。美国也一直担心泰国的中立主义的倾向，因此适时对泰国做出援助、承诺等措施。目前对泰国中立主义倾向的解释还局限在国际局势缓和、泰国历史上的外交传统和泰国内部政治斗争的范围内。但本书认为，除了上述原因之外，泰国特殊的地缘条件、美国对东南亚大陆战略定位、美泰联盟相比于美国与其他亚洲国家双边联盟的差异，以及东南亚条约组织的致命缺陷都是泰国中立主义倾向的重要原因。

3. 对沙立两次政变和沙立执政时期的美国对泰政策和美泰关系研究十分薄弱。之前的研究笼统地认为，美国对沙立政变一直是支持和肯定的态度。但档案显示，沙立政变后的相当长的时间内，美国对沙立集团仍不放心，尤其是第一次政变后，美国认为他侬政府并未有效地打击左翼和中立主义势力。美国与沙立集团真正结盟应该是在沙立赴美就医和第二次政变之后。

4. 在冷战时期，美国与许多军事独裁政权结盟，这与美国一直宣称的支持民主事业的论调相悖。50 年代末，沙立发动了两次政变，当时的美国政府接受并鼓励泰国建立威权主义政权。美国是如何解释这种结盟，以前尚未有说服力的史料支撑。本书通过对当时美国档案文献的发掘，找到了美国当时就该问题的考虑，进一步明晰了冷战时期美国支持独裁政权的原因。

5. 以前在研究美泰关系时，注意到了美国对泰国的军事援助和经济援助，并非从肯尼迪政府开始，而是从艾森豪威尔政府就对援泰政策作出了新的调整。对泰经济援助由以赠款为主转向以贷款为主，并极力推动泰国发展私营经济，增强泰国的"自我发展能力"，以减轻美国的援助负担，并希望泰国在经济上的成功能对其他东南亚国家的发展产生示范作用。这种调整对泰国后来的经济发展产生了较大的影响。

6. "多米诺骨牌理论"是美国在冷战前期的一个重要理论，美国将此奉为东南亚政策的圭臬。但应该澄清的是，该理论并非起源于冷战中的东南亚，也不是只适用于东南亚。冷战时期类似"多米诺骨牌理论"的推理可追溯到美苏在希腊、土耳其的争夺，东南亚只是由于战争和危机持续时间长而使该理论被正式提出和被人们所熟知而已。事实上，该理论适用于两大阵营之间的全球争夺，反映了两极格局下"零和博弈理论"、二元安全观的困境。并且，该理论也不仅是指地理相邻的国家一个接一个地被对方阵营"控制和征服"，还包括一国的"丢失"导致盟国怀疑美国的决心和能力，从而走向中立主义，引起美国建立的联盟发生分裂和瓦解等含义。

7. 美国在冷战中往往主张建立某种条约体系，或支持建立某种区域集团。这在东南亚有较为明显的表现，美国自 20 世纪 40 年代末就开始注意到区域合作以及建立亲西方的地区集团对美国遏制战略的重要性。冷战时期，美国提出，或在幕后支持东南亚国家发起建立区域的政治集团、军事集团、经济集团、文化（包括宗教）集团等一系列区域集团主张，这对后来的东南亚区域集团的形成有一定的影响。

（三）不足和有待加强之处

本书在美国方面有较为详细和系统的档案文献作为支撑，但关于泰国的一手资料较为欠缺。本书对泰国信息的获取主要通过间接途径，如美国档案中泰方致美国的电报信函，或美方外交机构对泰国的报告，以及转引前人研究中所使用的泰国档案、泰国论著。此外，对国际关系理论的理解和掌握尚需进一步提高。这些也是今后需要继续加强的地方。

第一章 冷战初期的美国亚洲政策及美泰关系

第二次世界大战结束后，美国支持泰国的自由泰①文官政府，支持自由泰政府对第二次世界大战战犯的审判，防止军人势力卷土重来。当然，当时的美国并不重视东南亚大陆地区，对泰国并没有太多的关注。美国对战后泰国政府的支持局限在不让英法过度削弱泰国，维持泰国的独立地位，使其保持作为东南亚独立国家象征的范围内。但随着冷战的爆发，美国的对泰政策也因亚洲局势的变化而作出了调整。

第一节 泰国政变与美国承认披汶政府

早在19世纪30年代，美国和泰国就建立了官方关系。第二次世界大战期间，披汶抓住法国在欧洲被德国重创的时机，要求收复部分在20世纪初被法国割让的领土。英美力图维持现状，反对泰国的要求。在遭到法国的拒绝后，泰国采取武力行动。1940年12月至1941年1月，泰法在泰国与法属印度支那边界爆发了军事冲突，但双方都

---

① 自由泰运动（Seri Thai，Free Thai Movement），是第二次世界大战期间泰国的一个抗日爱国组织，也泛指该组织所领导的抗日爱国运动。1942年1月，泰国披汶政府在日本的威逼利诱下向英美宣战，泰国驻美大使社尼·巴莫拒绝递交战书，并宣布组织自由泰运动，许多在美泰国留学生和泰驻美大使馆官员纷纷参加该组织。后来，泰驻英大使馆和泰在英留学生也组织了自由泰运动。在盟军的帮助下，在美英的自由泰运动成员辗转潜回泰国进行反日运动。泰国国内的自由泰运动则由比里·帕侬荣领导。

无法占据绝对优势。此时，日本正加紧准备南下入侵东南亚，遂积极介入泰法冲突。在日本的调停下，泰法双方于 1941 年 5 月 9 日签署协定，泰国收复了湄公河西岸巴塞、马德望和暹粒等地区。

1941 年 12 月 7 日晚至 8 日凌晨，几乎是珍珠港事件的同一时间，日本侵入泰国南部地区。泰国军队进行了短暂的抵抗后，披汶下令停止抵抗，允许日本借道泰国入侵马来亚。1941 年 12 月 11 日，在日本的压力下，泰国披汶政府与日本签订《日泰同盟条约》，同意向英美宣战。1942 年 1 月 25 日，泰国向英美正式宣战。但是，泰国驻美大使社尼·巴莫拒绝向美国政府递交战书，并立即在华盛顿宣布组织自由泰运动。因此，美国没有把泰国视为对敌国家，而视之为敌占区。①

1944 年 7 月，受日本在太平洋战场上节节败退的影响，披汶在提出迁都的议案被否决后被迫下台。1944 年 8 月 1 日，由宽·阿派旺②接任总理，自由泰力量实际上控制了政权。日本投降后的第二天，即 1945 年 8 月 16 日，比里以摄政王的身份发表《和平宣言》，宣布因摄政王未签字，披汶的宣战无效。8 月 21 日，美国国务卿詹姆斯·伯恩斯宣布接受泰国的和平宣言，并称泰国将不被视为敌对国家来对待。之后，美国阻止了英法因追究战争责任而过度削弱泰国的要求，并帮助泰国与分别英国和法国签订了和平条约。

1946 年 12 月 16 日，在美国的帮助下，泰国成为联合国成员，取得了作为正常国家的全部国际权利。1947 年 3 月 26 日，美泰两国

---

① 参见朱大伟《二战时期美国未接受泰国宣战的原因》，《淮北师范大学学报》（哲学社会科学）2012 年第 4 期。

② 宽·阿派旺（Khuang Abhaiwongse，1902—1968 年）出生在马德望（今属柬埔寨），父亲是马德望地方长官。宽曾赴法国里昂留学，回国后在通信机电部门任职。第二次世界大战时，他进入近卫军服役，获少校军衔，后任政府部长。宽曾三次出任泰国总理。披汶第一次下台后，宽于 1944 年 8 月成为总理。1946 年，宽创建泰国民主党，为该党党首。1946 年 1 月，泰国大选中民主党获胜，宽第二次出任总理。但因在议会中失势而于同年 3 月下台。1947 年 11 月，屏·春哈旺发动政变，宽第三次出任总理，但因与军人矛盾于 1948 年 4 月辞职。辞职后，宽继续任泰国民主党领导人。

将关系升格为大使级外交关系。泰国任命旺亲王①为驻美大使，旺亲王于同年的 4 月 18 日向杜鲁门递交了国书。5 月 9 日，美国任命前部长埃德温·斯坦顿为驻泰大使；斯坦顿向泰国的摄政王递交了国书。②斯坦顿是美泰建交一百余年来，美国派驻泰国的第一位大使级官员。至此，美国与取代军人集团的自由泰政府建立起了正式的外交关系。

　　但这一时期的泰国政治并不稳定，政治上有军人集团、王室和文官集团等几大势力。军人集团中有在政治上暂时失势的陆军、有支持文官集团的海军，还有自由泰武装。由于英国制裁泰国，要求泰国向英国殖民地无偿提供（后改为低价提供）150 万吨大米，使得泰国的大米走私严重。国家财政困难加上因走私加剧的严重腐败引发了社会的不满，加剧了政治的动荡。1946 年 6 月 9 日，长期在欧洲留学的国王阿南塔·玛希敦③在即将返回欧洲学习前夕突然意外死亡，引爆了泰国的政治局势。面对反对派群起进攻，1946 年 3 月上台的比里·帕侬荣④不得不于当年 8 月辞去总理职务，由海军退役军官探

---

①　旺亲王，全名旺·威泰耶康亲王（Prince Wan Waithyakon，1891—1976 年），泰国曼谷王朝拉玛四世蒙固国王之孙，曾在英国牛津大学和法国巴黎政治学院留学。1926—1930 年任泰国驻英、荷、比公使，兼任泰国驻国际联盟代表。第二次世界大战时在披汶政府中任职。1947—1952 年任泰国驻美大使，泰国驻联合国代表。1952—1958 年任泰国外交部部长，在万隆会议期间曾与周恩来会晤。1956—1957 年任第 11 届联合国大会主席。
②　FRUS. 1947, Volume Ⅵ, The Far East, p. 1127.
③　阿南塔·玛希敦国王（1925—1946 年），即拉玛八世王，生于德国，长期在瑞士学习。1932 年泰国发生资产阶级革命，1935 年拉玛七世被迫退位，阿南塔·玛希敦继位。1946 年 6 月 9 日，在回瑞士洛桑大学完成法学博士前四天，在王宫寝室里中弹身亡。
④　比里·帕侬荣（Pridi Phanomyong，中文名陈家乐，1900—1983 年），泰国前总理，政治家。1900 年生于泰国，1920 年公费赴法留学，后获得巴黎大学法学博士学位。由于受西方民主思想的影响，于 1927 年在巴黎与其他 6 名泰国留学生创建了暹罗人民党（又称民党），该组织后发展成为泰国资产阶级民主革命的领导核心。1932 年，民党成员披耶帕凤发动政变，建立君主立宪政体，比里任内阁部长。但其提出的将土地、资本收归国有的经济计划草案未能在内阁会议通过，遂辞职。后又出任内政部部长。1942 年 1 月，泰国对同盟国宣战。比里在国内领导"自由泰运动"。日本投降后，比里曾出任泰国总理（1946 年 3—8 月）。1947 年 11 月，銮披汶军人集团发动政变，比里·帕侬荣经新加坡到中国政治避难。1949 年 2 月 26 日，他回国领导的政变失败后，侨居中国 21 年。1970 年移居巴黎。1983 年 5 月在巴黎逝世。

隆·那瓦沙瓦①接任。

但是，泰国的政治危机并未结束。1947 年 11 月 28 日，泰国陆军发动政变，推翻了自由泰政府。政变后，军人集团极力寻求西方的认可和支持，改善了与法国的关系。披汶明确向法国保证，他已经接受了泰国与印度支那领土争端的解决，并愿意采取措施减少在泰国的印度支那人对法国的敌对活动。②

美国对泰国发生推翻自由泰的政变表示关注，但表示不反对政变集团，只是反对曾有反西方记录的披汶重新上台。美国的犹豫态度不能阻止政变集团更大胆的行动，1946 年 4 月 6 日，宽·阿派旺被政变集团逼迫辞职。7 日，披汶被摄政委员会任命为总理。当时美苏在战时的合作已经破裂，两国在欧洲和中东等一系列问题上矛盾尖锐，世界局势正在滑向冷战。当时的亚洲局势也动荡不安，中国内战重燃，印度支那爆发了争取独立的战争，缅甸正在开展争取摆脱英国人的殖民统治而独立，各派政治势力活跃。美国对泰政策从之前的声明中逐步后退回来。美国试图在东南亚动荡的形势下，在泰国维持一个对美国稳定和友好的非共政府。

为了进入联合国，第二次世界大战后，泰国与苏联建立了外交关系。1948 年 3 月，苏联在泰国建立大使馆。当地报纸报道苏联提出帮助泰国训练士兵，成为促使美国接受披汶上台统治的又一个因素。负责东南亚事务的肯尼思·兰登对美国政策的改变解释道："同披汶打交道，才是与真正的力量打交道。"③ 尽管美国倾向于文官主导的民主政治，尽管美国对披汶仍有疑虑，但美国还是选择以现实主义的态度承认了披汶重新掌权的事实。1948 年 4 月 30 日，披汶政府获得

---

① 探隆·那瓦沙瓦（Thawan Thamrongnawasawat，1901—1988 年），泰国第 8 任总理（1946.8—1947.11）。中文名郑良淡，祖籍中国广东汕头，生于泰国。从政前是一名海军军官，上将军衔。第二次世界大战期间是自由泰运动的领导成员之一。1946 年 8 月 23 日担任泰国总理。1947 年 11 月 8 日，披汶·颂堪在幕后策划指挥副总理屏·春哈旺中将发动政变，自由泰政府被推翻，宽·阿派旺出任总理。

② FRUS. 1948, Volume Ⅵ, The Far East and Australasia, p. 48.

③ Daniel Fineman, *A Special Relationship: the United States and military government in-Thailand, 1947 - 1958*, p. 56.

议会的信任投票后，美国随即承认了披汶政府。[①]

美国从之前支持自由泰政府，到接受军人政变集团，再到接受曾向西方国家宣战的披汶上台，反映了冷战爆发后，美国在对泰政策中关注的首要问题已有变化。美国已从关注泰国是否"民主"，变为关注其是否"稳定"。纵然美国希望泰国维持文官主导的民主政权，但是在冷战爆发的新形势面前，确保泰国不被推向苏联阵营、不被左翼运动所控制才是首要问题。在此情况下，美国对泰国采取了现实主义的外交政策。这说明美苏冷战爆发之初，美苏争夺的重点虽在欧洲和中东，但冷战已迅速影响到了美苏两国在全世界各地的外交政策。

第二节　冷战开始后美国对亚洲政策的调整

冷战是美苏两个有着全球性影响的超级大国之间的争夺和对抗。冷战爆发后，美苏在调整相互政策的同时，也迅速调整了对其他地区和国家的政策。亚洲虽不是冷战爆发之初美苏争夺的重点，但冷战开始后，美国还是对亚洲政策进行了调整。

一　冷战开始后美国重审亚洲政策

由于全球冷战的爆发和中国战后形势的迅速变化，美国的远东政策也相应地作出了调整。1947 年，参谋长联席会议在"美国基于国家安全立场对其他国家提供援助"的文件中，以"重要性"和"紧迫性"为标准，把对远东国家的援助次序排列为：日本、中国、韩国、菲律宾。有"冷战设计师"之称的乔治·凯南则一直把远东政策的中心定位在日本。1948 年 2 月，凯南指出美国在亚洲的战线拉得太长，应该收缩，将日本和菲律宾作为太平洋安全体制的基石。

1948 年秋，国民党在内战中不断失败的预势迫使美国考虑从中国内战中"脱身"。9 月 18 日，国务院政策设计司提出《重审并制定

---

① 刘莲芬：《冷战时期的美泰关系》，博士学位论文，云南大学，2005 年，第 41—42 页。

美国对华政策》的文件。文件指出，中国革命的胜利并非因苏联援助，而是中国自身的原因，中国的胜利也未必如莫斯科所愿。如果国民党政府被消灭，美国应根据实际情况决定承认哪一方。该文件认为，中国共产党胜利后不会立即对亚洲产生"军事威胁"，美国要做的是阻止中国成为苏联的"附庸"和被苏联利用。由于国民党在三大战役中惨败，该建议在 1949 年 2 月得到总统杜鲁门的肯定。①

进入 1949 年之后，美国与国民党政权这艘"沉船"拉开距离的政策进一步实施。凯南主张进一步加强对日本和菲律宾的重视，加强与英国在东南亚的合作，防止共产主义在东南亚的扩张。为降低中国革命的影响，国务院情报分析处的报告指出，共产党统治中国后，将会使远东国家内部的政治发生分化，使中间党派的影响力下降，共产主义运动将会与独立运动相结合，并会使一般政治、经济和社会组织处于共产党的控制之下。报告认为共产主义对远东的影响中，以日本和菲律宾最小，印度支那和南朝鲜最大，其他东南亚国家则居中。②司徒雷登也建议美国吸取在中国的教训，与英、荷、法一道努力恢复东南亚的独立。

1949 年初，中国革命胜利在望，美国认为，中国局势的变化将在东南亚产生影响。1949 年 2 月 23 日，美国国务院远东事务部主任巴特威尔斯在与英国驻美大使里德会谈时表示，东南亚面临共产主义"扩张"的威胁，美、英、法等国应与东南亚国家合作。但同时指出，应在鼓励亚洲"自助"的基础上对其进行援助，以防止刺激亚洲国家向美英，尤其是向美国提出更多援助的胃口。美国认为，印度支那面临着共产主义的威胁，如果共产主义控制了该地区，那么"一贯有机会主义传统的泰国将倒向共产主义强邻"③。所以，英、

---

① 资中筠：《追根溯源：战后美国对华政策的缘起和发展（1945—1950）》，重庆出版社 1987 年版，第 193 页；汪小平：《构想同盟：1950 年前后远东"太平洋公约"问题与美国对台政策》，《中国社会科学院近代史研究所青年学术论坛（2010 年卷）》，社会科学文献出版社 2011 年版，第 386 页。

② ［英］理查德·克罗卡特：《50 年战争》，王振西译，新华出版社 2003 年版，第 113 页。

③ FRUS, 1949, Volume Ⅶ, Part 2, p. 1119.

美、法三国应加强在印支的合作。这可看作美国所宣称的东南亚"多米诺骨牌理论"的重要起源。

二　《美国对东南亚的政策》（即 PPS51 文件）的出台

1949 年 3 月 19 日，凯南领导的政策规划司制定出《美国对东南亚的政策》（即 PPS51 文件）。该文件是冷战初期美国第一次将东南亚单独作为一个地区，系统提出对东南亚政策的文件。该文件认为，东南亚主要问题不是外部威胁，而是共产党对其内部的威胁，美国应与西方殖民宗主国协降减低中国共产党的影响，避免单边主义，在联合国框架下达成联盟，促进各国独立，并让菲律宾作为核心来发挥作用。①

PPS51 文件强调应将东南亚作为一个整体来看待，指出应从地区经济、地区政治层面来考虑"东南亚和我们（美国）与苏维埃世界的斗争"，并从地区层面制定美国对东南亚的政策。文件指出，继续主动鼓励东南亚地区与大西洋共同体和"自由世界"其他地区关系的和谐发展，主动遏制和减少克里姆林宫在该地区的影响。文件称，通过分别与东南亚各国发展双边关系，以获得广泛多边合作的基础，首先是与英联邦国家和菲律宾合作，将逐步走向作为一个地区的东南亚纳入非共产主义世界，使之成为印度半岛、澳大利亚和日本新月地带的组成部分②。

PPS51 文件认为，当前东南亚最为重要和紧迫的问题是印度尼西亚和印度支那好战的民族主义。文件指出，美国不能完全支持荷兰和法国的帝国主义，不能无限制地支持好战的民族主义，也不能逃避问题。关于印度支那，文件认为美国无力以单边行动去解决爆炸性的局势。关于缅甸，文件称，局势混乱使得引入外部解决方案的可行性丧失，只能等到形势明朗化，再与英国和印度在该问题上进行合作。关

① 汪小平：《构想同盟：1950 年前后远东"太平洋公约"问题与美国对台政策》，《中国社会科学院近代史研究所青年学术论坛（2010 年卷）》，社会科学文献出版社 2011 年版，第 388—389 页。

② FRUS. 1949. Volume Ⅶ, Part 2, p. 1129.

于马来亚，文件称，在马来人掌握政权之前，美国应与英国当局合作。该文件指出，应该努力引导菲律宾反对共产主义在东南亚发展，以及美国实现亚洲目标方面扮演积极的和建设性的角色。

从 PPS51 文件可以看出，在全球冷战和中国革命日益发展的背景下，美国对东南亚政策开始被纳入冷战，尤其是亚洲冷战的整体战略考虑之中。这一时期，美国将亚洲的防御重点较为节制地定位在沿海岛链上，所以菲律宾在美国的东南亚防御战略中处于中心地位。这一时期，美国避免过度卷入复杂的印度支那事务，居于东南亚大陆中心的泰国对美国来说战略价值还不突出。虽然该文件也指出，泰国有抵抗"苏中侵犯"的可能，应该得到美国的特别支持，但并未有实质性的援助和支持，只是泛泛地指出应该加强与泰国的合作，帮助其维持现政府已经取得的稳定，使泰国成为该地区战略稳定的中心。①

三 美国与亚洲反共集团构想

由于东南亚国家数目众多，各国实力弱小，因此美国非常注意该地区的联合问题。从 PPS51 文件开始，美国的东南亚政策几乎都会提到加强该地区内部联系或建立某种地区集团的主张。1949 年 9 月 8 日，由助理国务卿帮办腊斯克准备的文件草案中提出，美国支持亚洲国家共同体的出现，并推动亚洲与美国及西方世界的贸易。美国认为，以此方式来阻止苏联在亚洲的扩张是必要的，也是可行的。而且，腊斯克认为，因为亚洲共产主义和苏联的强大，所以美国应推动该地区非共力量的合作。②

而一些亚洲国家也希望通过某种条约形式与美国建立联系，以获得美国的保护及援助。菲律宾总统季里诺曾极力推动美国支持并签订反共性质的太平洋协定。1949 年 3 月 22 日，在与美国驻菲大使洛克谈话时，季里诺强调建立太平洋协定的重要性，主张将东亚国家所担心的日本纳入该协定，并对该地区的发展承担责任。季里诺还认为，

---

① FRUS. 1949. Volume Ⅶ, Part 2, p. 1132.
② Ibid., pp. 1196 – 1197.

美国应在该协定中起领导作用。在随后的就职典礼和新闻发布会上，季里诺再次强调太平洋协定的重要性，并希望仿照北约的模式建立太平洋协定。①

为此，季里诺筹划了1949年7月的碧瑶会议，邀请蒋介石及荷兰官员等前往参加。韩国的李承晚则发表声明表示支持联合反共。在碧瑶会议上，达成由国民党政权接触泰国，菲律宾接触印尼，拉它们加入联盟，并试探澳洲和南亚国家的反应。② 但英国认为，由蒋介石、季里诺和李承晚三人发起使该协定"沦为荒谬"，不相信印度和泰国会合作。受英国的影响，澳大利亚和新西兰对该建议反应冷淡。

7月11日，韩国驻美特别代表询问美国对太平洋协定的看法时，美国公开称不打算进一步扩大大西洋条约。泰国官员则告诉美国大使，泰国不参加拟议中的军事联盟。③ 8月17日，美国国务院东南亚事务部主任里德在华盛顿与泰国驻美大使旺亲王进行会谈，泰国询问美国对太平洋协定的意见时，里德没有明确表示美国的官方意见，但以个人名义表示，"一个发展文化、经济和社会事务共同利益的联盟能成为一个建设强大远东共同体的有效力量"④。

8月底，泰国总理披汶在曼谷宣布有意召开一次特别会议，与东南亚国家代表一起讨论共产主义"威胁"。泰国外交部为此试探其他国家，尤其是美英的态度。美国国务院对此十分兴奋，指出这是"泰国近代历史上在面临可能的外部威胁时第一次做出强硬姿态"，明显区别于之前两面讨好的习惯。⑤

但美国国务院不确定披汶此举的目的，认为披汶的建议是在当地公布的，可能是基于国内政治原因，以打击比里和其他反对派势力。但国务院又认为，如果披汶召开会议是因为共产主义威胁而不是国内政治原因，那么美国将准备考虑给予支持。

---

① FRUS. 1949. Volume Ⅶ, Part 2, p. 1127.
② Ibid., p. 1168.
③ Ibid., p. 1177.
④ Ibid., p. 1189.
⑤ Ibid., p. 1195.

美驻泰大使斯坦顿认为，披汶不是因为国内政治原因才有如此表态的。斯坦顿称，在东南亚如此关键的时期，美国至少也应该给予泰国悄悄地鼓励，但要避免引起混乱和刺激到一直声称要组织太平洋协议的菲律宾。若菲律宾对召集会议不再感兴趣，美国则应该对披汶的建议给予明确的支持。① 由于菲律宾表示有意继续召集会议，美国对披汶召开国际会议的支持也就不了了之。

美英两国在亚洲的合作方面有诸多分歧。英国认为建立一个包括南亚和东南亚的"东南亚联盟"（Southeast Asian Alliance）的关键在印度，因为印度实行不结盟政策与英国实行非政治、非军事的地区主义一致，并认为目前只有经济是能抵御共产主义的可行政策。美国则认为，经济并不是灵丹妙药，在印度支那和印度尼西亚政治问题没解决之前，经济无法发挥作用，经济手段只是在泰国及马来西亚这些没有太大政治问题的地区才能发挥作用。但美英双方都认为，不能向该地区国家表达西方国家会提供经济和财政援助的意愿，应阻止亚洲国家提出在亚洲实行马歇尔计划的要求。美英还认为，援助应该通过进出口银行和世界银行进行②。

关于泰国在地区中的作用方面，美英也有不同的看法。美国对披汶提出的召开东南亚地区反共会议的建议感兴趣；英国则认为，印度会对此感到愤怒。美国认为，印度缺乏领导地区的动力，并受到克什米尔问题的牵制，南亚国家对印度感到恐惧也不利于它发挥作用。在东南亚的遏制战略中，美国虽希望印度发挥作用，但更希望菲律宾和该地区亲美国家扮演更重要的角色。

在如何看待东南亚华侨华人在西方遏制共产主义战略中的作用的

---

① FRUS. 1949. Volume Ⅶ, Part 2，pp. 1195 – 1196.

② 美国进出口银行（The Export-Import Bank of the United States）是一家独立的美国政府机构，通过提供一般商业渠道难以获得的信贷促进美国商品及服务的出口，促进美国外交。其领导机构由美国总统任命。世界银行（World Bank）又称国际复兴开发银行（International Bank for Reconstruction and Development，IBRD）。该行于 1945 年 12 月 27 日宣布成立，1946 年 6 月 25 日开始营业，1947 年 11 月 5 日起成为联合国专门机构之一，总部设在美国华盛顿。1960 年又成立世界银行附属机构国际开发协会（IDA）。在 FRUS 文件中，"世界银行"和"国际复兴开发银行"经常混用，为行文方便，本书统称为"世界银行"。

问题上，英国认为，东南亚因存在着大量的华侨华人，故对中国保持警惕；而美国认为，华侨华人问题仅在该地区的部分国家存在，在华侨华人问题不突出的国家，该因素并不重要。

当然，美英都认为东南亚国家之间经济上缺乏横向联系，政治上缺乏凝聚力，美英应该保持在东南亚的舞台之外。但同时又都认为，无论如何美英都必须保持在该地区的"幕后操纵"。

1949 年夏，为了撇清美国与国民党政权失败的关系，美国计划发表《中国政策白皮书》。为防止这对亚洲国家产生不利影响，美国认为应该采取相应行动重振人们对美国亚洲政策的信心。为此，美国计划公开邀请季里诺访美；三四个月内改变对日本的政策；如果印尼与荷兰的谈判取得进展，计划给印尼援助。对泰国方面，美国计划采取一系列措施加强泰国政府：（1）加快第二次世界大战时期日本以"特别日元"为由头迫使泰国保存在东京的黄金过户。（2）组织技术代表团在农业和工业重建项目上援助泰国。（3）迅速同意作为紧急措施的部分军援，对泰国在美国采购军事设备提供一切可能的便利。（4）海军周期性的访问泰国，如果可能，海军飞机也将进入泰国。此外，还计划让杜鲁门总统就白皮书问题做一次演讲，以坚定和自信的语气指出美国的政策不仅只有中国，还包括东亚和东南亚。①

文件计划在白皮书公布之后，安排季晓普巡回大使访问东南亚、南亚国家，与这些国家统治当局讨论共同利益问题。若季里诺访美，将向其承诺经济和军事援助，并加强美菲防御计划。宣布在马尼拉建立地区性的大学为该地区培训技术人才，发展多边合作精神，并使之与莫斯科劳动者大学②相抗衡，通过地区合作以增强与大西洋共同体合作的吸引力。③

文件还提出，创建美国与澳大利亚、菲律宾防务协定并发表一个

---

①　FRUS. 1949. Volume Ⅶ, Part 2, p. 1149.

②　莫斯科东方劳动者共产主义大学（简称"东方大学"）成立于 1921 年，是 20 世纪二三十年代俄共（布）开办的一所专门培养革命干部的政治大学。1938 年，该校在欧洲爆发第二次世界大战前夕停办。该校的主要任务是为苏联东部地区培养民族干部和为东方各国培养革命骨干。

③　FRUS. 1949. Volume Ⅶ, Part 2, pp. 1149 - 1150.

公开声明，与日本缔结一个和平条约，保持在日本的基地。在此基础上，邀请日本、加拿大和新西兰签订和平协议。此外，文件认为，应该让印度在亚洲地缘政治和南亚问题上扮演建设性的角色。

四　冷战初期美国对东南亚政策的特点

第二次世界大战结束后，亚洲爆发了广泛的反殖民统治的民族解放战争。随着殖民统治体系的崩溃，亚洲出现了巨大权力真空，刺激着美苏等大国去填补。由于与西欧千丝万缕的联系，美国既要与殖民宗主国合作，又要与当地民族主义者联系，使得美国的亚洲政策时常处于矛盾之中。东南亚地处亚洲大陆边缘，是亚洲、大洋洲、太平洋和印度洋的接合部，本地区缺乏强国，因此，美国主张建立某种形式的联盟。与此同时，美国又极力避免给人留下"美帝国主义干涉"的印象。美国主张培养和扶持该地区的亲美国家，由它们提出和建立区域共同体，然后美国再给予支持或再参与进来。美国所设想的这些共同体并不一定是政治军事共同体，可以是以文化、经济、社会联盟或组织之名。当然，美国并不会全盘接受这些国家的计划，而是根据自己的需要进行引导或选择。

当然，亚洲、特别是东南亚在美国的战略中的重要性无法与欧洲和中东相比，英国也不希望美国把注意力从欧洲转移到远东，故美英都极力避免亚洲一些国家提出"亚洲版马歇尔计划"的主张，而是强调亚洲非社会主义国家实行自助与联合。面对该地区的民族独立斗争，美国一面在东印度群岛促使荷兰、印尼双方达成妥协，并力图将印尼民族主义者拉入自己的阵营；另一面又在印度支那支持法国对越盟的战争，并推动法国将政权交给亲西方的民族主义者。

20世纪40年代末，美国对东南亚的介入是间接的和有限的。美国当然希望整个地区都免于受到共产主义革命的影响，但此时美国并不想承担过多的责任。当时，中国南方大片地区尚未解放，美国杜鲁门、艾奇逊等外交决策者正谋求与即将建立的新中国政府取得某种联系和谅解，美国在亚洲的政策尚且以遏制苏联为主要目标。美国认为，法国、英国和印度应在该地区发挥更多的影响。这明显区别于进入 50 年代之后美国顽固地遏制中国，大力援助法国镇压越盟，甚至有直接冲到一线进行军事干涉的政策。

20 世纪 40 年代末，美国提出的防御构想是从印度半岛、菲律宾、澳大利亚、新西兰到日本的新月地带遏制圈。美国计划由美菲澳三国签订条约，完善第一岛链的防御。对东南亚大陆虽然提到给予经济援助和军事援助，但还没有建立军事联盟的计划。因为干预印支事务还未成为美国东南亚政策的重点，所以泰国对美国来说重要性并不突出；美国只是泛泛地提到，希望泰国成为动荡的东南亚大陆的一个"稳定中心"。

美国在亚洲这种广泛而松散的、重视岛链的防御政策是与美国当时的全球冷战战略有关的。这一时期，美国的亚洲政策重点是防止苏联在亚洲的扩张。当时，美国对华政策的逻辑是从中国内战中"脱身"，等待"尘埃落定"，试图与新中国政府建立某种联系，并企图离间中苏两国关系，使中国不进入苏联的战略轨道，成为苏联在亚洲扩张的"工具"。因此，美国避免树敌于即将掌握政权的中国共产党。这就是美国这一时期不站到前台，而是在"幕后操纵"，类似离岸制衡的隐身防御的原因。

第三节　披汶寻求美国支持与美国的态度

第二次世界大战结束后，泰国面临着一系列的困难，无论是自由泰政府，还是军人集团执政，都向美国提出过援助的请求。20 世纪 40 年代末，披汶上台后，更是积极寻求西方的支持，尤其是寻求美国的支持。但是，这一时期美国在东南亚大陆的利益有限，泰国在美国的外交战略中地位并不突出，因此美国并未对泰国的援助请求予以积极回应。

一　披汶寻求美国的支持
早在比里派文官集团掌握政权期间，泰国政府就向美国提出过军事援助的请求。1947 年 10 月，自由泰政府外长在访问美国时，就美国向泰国提供军事援助的可能性与美国进行了探讨。但当时泰国在美国的外交战略中并不重要，因此，美国国务院在回复中称，美国不能承担这方面的责任。

1948 年披汶第二次执政后，把获得美国和西方国家的支持和援助作为外交的主要目标。披汶上台之初，在国内外面临着一系列的困难。在国内，比里还有很大的影响，尤其是亲自由泰的海军不满陆军军官独裁统治，并试图推翻陆军政权；亲王室的民主党等保守派文官也不满军人重新上台，披汶政权基础并不稳固。国际上，泰国周边地区局势动荡，尤其是印度支那处于战争之中，披汶担心周边地区的左翼力量与泰国国内反陆军统治的势力结合，危及政权的安全。

在此背景下，披汶上台不久便主动改善与西方的关系，而冷战的环境又使得披汶可以把反共作为与西方交好的重要手段。披汶为改善与法国关系，派人出席了在西贡召开的印度支那反共会议。披汶满足英国在泰国的利益需要，利用英国在征剿马来亚共产党时需要泰国配合的情况，向英国提出军事援助的要求。但披汶把获取援助的最大希望寄托在美国身上，并多次向美国提出给予援助的要求。

二 美国对披汶援助要求的态度

1948 年 4 月，也就是披汶上台的当月，泰国政府就向美国提出援助的请求。但直到 9 月，国务卿马歇尔在给斯坦顿的电报中才予以回应。国务院的电报表示，美国没有给泰国的军事援助计划，也没有给泰国的经济合作署（ECA）项目。美国只是重申把泰国政府视为友好政府给予"普通的支持"，希望看到泰国政府政治稳定和经济良好。1948 年 11 月，泰国政府为泰马边界的五个营购买武器和设备，泰国向美国提出的贷款，美国给予了考虑。英国出于马来亚安全的考虑，也满足了泰国提出的类似要求。这一时期，美国没有给泰国赠款援助，只是考虑数目较小的贷款，美国的消极态度反映出泰国在美国当时的全球战略中处于很低的位置。[1]

---

① Anuson Chinvanno, *Thailand's Policies toward China 1949 – 1954*, Macmillan in association with St Antony's College, Oxford, 1992, p. 53.

进入 1949 年后，国民党在中国大陆的统治已经开始崩溃，美国大使斯坦顿改变了对原来泰国军援的冷淡态度，认为应该给泰国援助，以鼓励泰国支持美国的政策。1949 年中期，斯坦顿提出给泰国 1000 万美元或 1200 万美元的援助建议。但由于美国这一时期继续执行防止新中国进入苏联轨道的政策，国务院在东南亚大陆还没有太多的兴趣，于 9 月初驳回了斯坦顿的建议。[①]

三　披汶在对华政策上与美国的态度

1949 年，中国局势的发展成为泰国对外关系中的重要议题。披汶对华政策有两个方面的顾虑。一方面，由于受极端民族主义的影响，披汶对华侨持有根深蒂固的偏见，担心承认新中国会动摇泰国华人的效忠问题；另一方面，披汶担心华人受到共产主义思想的影响，威胁到自己的统治。

由于受到近代国际政治体系变动的冲击，自 19 世纪中叶泰国与中国官方关系中断后，双方关系迟迟未能恢复。20 世纪初以来，泰国极端民族主义盛行，无论是专制王权，还是君主立宪后的文官政权和军人政权，都一直实行限制和同化华人的政策。为此，泰国一直避免与中国建立官方关系。披汶政府第一次执政时期，就拒绝与当时的中华民国政府建交。第二次上台后，由于中国已是第二次世界大战中的战胜国又是联合国安理会常任理事国，所以披汶接受了此前自由泰政府与中国建交的既成事实。

但是，进入 1949 年以后，中国的革命形势使泰国政府面临着新的外交选择。这一时期，泰国华人分裂为两大群体，支持共产党的势力迅猛增长，而国民党的影响力迅速衰落。披汶担心泰国华人受到共产主义的影响，威胁到自身政权的安全。但由于美国的对华政策正处于"等待尘埃落定"时期，所以披汶一面向美国暗示泰国对反共计划感兴趣，一面又在对华政策和对印支政策上选持"等等看"（wait

---

① USNA, DS892. 20/9 - 249 Acheson to Stanton No. 498, 2 September 1949; and 892. 20/9 - 1249 Stanton to S. D. No. 798, 12 September 1949. 转引自 Anuson Chinvanno, *Thailand's Policies toward China 1949 - 1954*, p. 53。

and see）的态度。

南京的国民党政权崩溃后，美国更加关注泰国对即将成立的新中国政府的态度。1949 年 6 月，泰国前教育部部长帕耶·萨拉拍披帕（Phraya Sarapaipipat）在报纸中发表文章，认为中国共产党即将胜利，建议泰国政府将来采取独立的政策，而不是跟随英美。美国大使斯坦顿获悉此事之后，专门就此事询问了当时的外交部副部长朴·沙拉信。[①]

第四节　新中国成立之初的美泰关系

1949 年 10 月 1 日，中华人民共和国成立。但此时的中国还有大片领土尚未解放，特别是华南和西南地区仍处于国民党政权的控制之下。而且，这一时期美国认为亚洲的主要威胁是苏联。美国在组建承认中华人民共和国的共同阵线的同时，继续执行防止新中国进入苏联轨道的政策，避免与新中国发生直接冲突。因此，这一时期美国基本上延续了此前的东南亚政策，虽然美国增加了与泰国的交往，但美泰关系并未发生重大的变化。

一　新中国成立初期美国的亚洲政策

1949 年 11 月 14 日，美国出台了《远东和亚洲政策大纲》的文件。该文件将亚洲（除中东地区及苏联的亚洲部分之外）视为一个整体，认为亚洲被一场根本的革命所扫荡，这场革命"一方面是民族主义者反对殖民帝国主义，另一方面是（由于当地民众）对现存的经济和社会状况的不满"导致的。亚洲的这场革命"被战争以及战争的后果所加速和增强了"。文件认为，这场革命"是由长期的本土问题造成的，将继续导致亚洲数十年的不稳定，并且没有什么灵丹妙药可以解决"[②]。

---

① Anuson Chinvanno, *Thailand's Policies toward China 1949 – 1954*, p. 59.
② FRUS. 1949. Volume Ⅶ, Part 2, p. 1210.

该文件把中国和印度支那看作苏联在这场革命运动中的"战利品"，把中国视为苏联在远东的工具。文件判断中国共产党政权将得到东亚的其他大国或是在东亚有重大利益的国家所承认，这些国家还将与中国进行贸易。文件称印度以及将来的日本，将会成为东亚稳定的两个中心。①

该文件称，东南亚是脆弱的和易受攻击的，应该得到道义上的支持和一定程度上的物质援助，以解决远东革命带来的问题，并防止其边境地区的革命运动被共产主义者利用。该文件强调，"美国在亚洲的一个基本的目标是抑制苏联共产主义向其已经控制的国家之外传播"。因此，应加强该地区军事力量薄弱的国家，并部署必要的美国军队。

值得注意的是，该文件认为，对已经被共产主义牢固控制的地区应该"现实地予以承认，而不是去徒劳地尝试推翻它"。并且，文件认为，美国应选择与之打交道、直接对它们发挥美国的影响，而不是试图公开地去推翻它们，从而导致它们联合起来。②

该文件反映了军方的观点，指出美国的战略利益建立在沿海第一岛链，如日本、冲绳和菲律宾。为了不受到"丢失"中国的影响，美国应继续控制第一岛链。文件称，美国对东南亚的战略定位是"在中东和中国之间，不被完整地排除在外"。③

该文件声称，应通过联合国组织来反对亚洲的任何"直接侵略"；并通过扩大对亚洲国家政府的援助，援助其购买武器加强国内安全，从而防止共产主义通过内部颠覆来控制亚洲国家的"间接侵略"。该文件指出，最好的武器不是大量的军火，也不是大量的美元，而是与英联邦国家实施良好的合作计划，并充分地运用当地的资源和技术。

经济援助方面。美国认为，对东南亚的经济计划应该由解决战争的需要所决定，并应与其他的经济计划相协调。与美国"重欧轻亚"

---

①　FRUS. 1949. Volume Ⅶ, Part 2, pp. 1210 - 1211.

②　Ibid. , p. 1211.

③　Ibid. , p. 1212.

的传统一致，美国强调，在远东和亚洲的经济计划应首先建立在第四点计划和联合国的基础之上。

该文件认为，美国应与苏联在该地区进行宣传上的竞争。该文件指出，美国应"在共产主义国家和非共产主义国家发起一个明显扩大的信息计划，证明美国理解和同情亚洲人民的民族主义愿望，并揭露苏联帝国主义对这些愿望的危害"。文件要求，应"不失时机地引用历史记录，对比美国和苏联（对亚洲的）目标和态度"[1]。

关于中国方面。该文件指出，不再给中国非共力量进一步的军事援助，除了在战略物资方面执行对苏联和东欧国家实施的许可制度外，允许同中国进行现金贸易。该文件认为，应继续在中国进行教育、传教和商业活动，尽可能地保持和发展与中国人民的联系。该文件声称，如果"铁幕"要降下，应让共产主义者去做。但该文件又同时指出，当共产党实际上控制了中国的全部领土，并表明愿意承担国际责任时，美国最终将准备承认新中国政府。

二 新中国成立后泰国对华政策的考虑

1949 年 10 月 1 日，中华人民共和国成立的当晚，披汶发表广播讲话，要求在泰华人"遵守泰国法律，（与政府）充分合作以保卫和平与秩序"。披汶警告在泰华人不得发表政治观点，声称"国共斗争是纯粹的中国内部事务，泰国居民不应干预"。披汶以泰国政府还没有承认新中国政府为由，禁止泰国境内悬挂五星红旗。[2] 11 月，外长沙拉信声明，因为国民党政权仍在台湾存在，并且还保留着安理会的席位，因此"泰国政府将等等看，如果联合国的最重要的几个大国承认中华人民共和国，泰国也将如此行事"。12 月 3 日，在国会回答议员问询时，沙拉信也给予了同样的回答。[3]

---

① FRUS. 1949. Volume Ⅶ, Part 2, p. 1212.

② USNA, DS892. 00/10 – 449 Stanton to S. D. No. A – 451, 4 October 1949. 转引自 Anuson Chinvanno, *Thailand's Policies toward China 1949 – 1954*, p. 58。

③ Siam Nikorn, 15 November 1949；Thani, Sino-Thai Relation, p. 53. 转引自 Anuson Chinvanno, *Thailand's Policies toward China 1949 – 1954*, p. 58。

10 月下旬，斯坦顿在给国务院的报告中评论道，"尽管泰国意识到承认和给共产主义的外交和领事代表时，有打开国门的危险。但如果许多外部强国承认中共政府，将使得泰国沿着同样的路走下去"。

11 月底，沙拉信告诉英国驻泰大使汤姆森，英美一国或两国承认新中国政府，将使得在旁边的泰国不可避免地面临着更大的困难。1949 年 12 月，英国和一些英联邦国家宣布承认新中国政府后，泰国内阁于 1950 年 1 月 9 日召开特别会议讨论承认新中国的问题。但会议结果认为，承认对泰国来说不是紧急事务，并决定进一步观察形势的发展后再作考虑。

但是，这一时期发生的一些事情加深了泰国的犹豫。自 20 世纪初以来，泰国民族主义情绪高涨，当局执行对华侨华人的压制和同化政策。泰国华侨华人社会中的不满情绪在新中国成立前后爆发出来。泰国华社的民族主义意识和对新中国的支持使得披汶当局感到恐惧，当局加紧了对华社的控制，但这却加剧了华社与泰国政府的冲突。新中国成立后，同样面临着缺乏处理与非社会主义阵营国家交往的经验，再加上受"一边倒"外交政策的影响，加剧了周边国家的疑惧。在诸多因素的作用下，1949 年底到 1950 年初的中泰双方在外交上发生了多次摩擦。1949 年 11 月 11 日，《人民日报》头版刊登了泰共就中华人民共和国成立致毛泽东主席的贺电。[1] 1950 年 1 月下旬，《人民日报》数日刊登了关于泰国虐待华侨，以及中国官方和民间对泰国披汶当局的强烈谴责和声讨。21 日，《人民日报》刊登了泰国华侨代表呼吁中国政府营救被泰国政府拘押的华侨。[2] 26 日，中国外交部副部长李克农就泰国虐待和杀害华侨问题向泰国外交部提出严重抗议。[3]

中泰在华侨华人问题上的冲突，使得泰国在承认新中国问题的态度上发生了变化，逐渐改变了原来"等等看"的政策，并逐渐向美国对华政策靠拢。1 月 28 日，披汶政府否认了中国的指责。2 月 4

---

① 《人民日报》1949 年 11 月 11 日，第 1 版。
② 《人民日报》1950 年 1 月 21 日，第 2 版。
③ 《人民日报》1950 年 1 月 28 日，第 2 版。

日，披汶告诉合众社，称泰国无意承认新中国。4 月 4 日，披汶政府将在押华人的记录送交联合国秘书长。①

在 1950 年初之前，披汶与中国的主要矛盾在于华侨华人问题，共产主义并不是披汶的主要担忧。美国驻泰大使斯坦顿在 1948 年与披汶会谈后的备忘录中写道，"尽管（披汶）总理知道泰国周围国家的游击战运动和在他的国家的一些共产主义活动，但他那时并不认为是严重的威胁……他认为更严重的是庞大的在泰华人少数民族人口对泰国经济和民众生活的威胁"②。但进入 1950 年之后，披汶将华侨华人和共产主义两者联系起来，随着冷战的加剧和泰国与西方结盟，披汶最终选择了加入西方遏制共产主义阵营的政策。

① Anuson Chinvanno, *Thailand's Policies toward China 1949 – 1954*, pp. 60 – 61.
② Ibid. , p. 62.

第二章 亚洲冷战的加剧与美泰联盟的起源

进入 1950 年以后，由于在印度支那和朝鲜半岛等地发生的冲突，亚洲局势变得日趋紧张。在美国的推动下，泰国卷入到亚洲的冷战中来。披汶通过参与美国在亚洲的行动，从美国得到了援助和支持。经过承认越南的保大政权和参加朝鲜战争，美泰两国初步建立了联盟关系。

第一节 泰国承认保大政权及其对美泰关系的影响

中华人民共和国成立后，胡志明等越南民主共和国领导人积极前往中苏寻求社会主义阵营的支持。与此同时，美国也积极行动起来，要求法国改变印度支那政策，扶持当地的反共和亲西方的民族主义者，并加快了承认保大政权的步伐。两大阵营开始正式介入印度支那事务，东南亚开始正式进入冷战时代。在美国的极力推动下，泰国承认了保大政权，从而卷入东南亚的冷战对抗中去。

一 美国推动泰国承认保大政权

19 世纪中期，法国殖民者在东南亚大陆地区大肆扩张。1858 年，法国开始侵略越南南方。1883—1885 中法战争后，双方于 1885 年签订《中法新约》，清政府放弃对越南的宗主权，越南遂完全沦为法国殖民地。1887 年，法国殖民当局正式建立法属印度支那联邦。1893 年法暹战争后，法国将老挝强行纳入印度支那联邦。1904—1907 年，法国殖民当局又两度迫使泰国割让湄公河沿岸领土给法国。

越南沦为法国殖民地后，越南人民为国家独立进行了长期的斗争。20 世纪 30 年代初，以胡志明为首的越南共产主义者投身到越南独立运动后，越南独立运动进入了一个新的历史时期。1930 年 2 月，在共产国际的直接帮助下，胡志明在香港召开会议，将印度支那共产党、安南共产党和印度支那共产主义联盟三个组织合并，建立越南共产党。同年 10 月，将越南共产党改名为印度支那共产党。1931 年 4 月，印度支那共产党成为共产国际的一个预备支部，1935 年 7 月转为正式支部。1940 年 9 月日本入侵越南后，越南人民又掀起抗日反法斗争。1941 年 6 月，越南独立同盟（简称越盟）成立，提出"团结全民，抗日抗法，争取独立"的口号，开始进行武装斗争，在北部农村建立了根据地和游击区。1944 年 12 月，越南正式建立人民武装部队。1945 年 3 月 9 日，盟军在欧洲战场获胜在即，日本在太平洋和东南亚战场节节败退之际，印度支那的日本驻屯军将约五万名法军包围缴械，将法国官员逮捕，日本取代法国的殖民统治，并推出傀儡皇帝保大组建"越南国"。

1945 年 8 月 13 日，在日本宣布投降前夕，越南共产党召开会议，决定趁日军即将投降、法军还在集中营之机，发动全国总起义，在中国国民党军队及法、英、美军队进入印度支那之前夺取政权。①

1945 年 8 月 15 日，日本投降。8 月 16 日至 17 日，越南独立同盟在越南北部的宣光省新潮举行国民大会，提出夺取政权、在完全独立的基础上建立越南民主共和国、武装人民和实行民主改革等十大政策，选出以胡志明为主席的越南民族解放委员会和以武元甲为主席的起义委员会，决定在盟军开进越南之前从日军手里夺取全国政权。同年 8 月 16 日越南解放军攻克太原，揭开起义序幕。紧接着，河内、顺化、西贡等地相继爆发起义并取得了胜利。27 日，越南国民大会

---

① ［越］越南外文出版社：《八月革命史》，越南外文出版社 1972 年版，第 87 页。

决定成立越南民主共和国临时政府，推举胡志明为主席。30 日，阮朝末代皇帝保大在顺化宣布退位。八月革命取得胜利。

1945 年 9 月 2 日，胡志明在河内巴亭广场宣读《独立宣言》，宣告越南独立和越南民主共和国成立。美国曾对越南的独立持同情态度①，但第二次世界大战后的美国面临着苏联军队控制着辽阔的东欧的形势，美国迫切需要法国的支持。因此，美国对法国重返殖民地的政策持纵容态度，法国在英国的帮助下卷土重来。但法国殖民军队很快便陷入越南人民的独立斗争之中。随着法国殖民军在越南陷入困境，法国决定靠扶植本地傀儡政府的方式改善局面。最终法国挑选了当时流亡香港的保大来领导新政府。1947 年 7 月，美国驻法国大使威廉·普立德前往西贡与法殖民当局会谈，接着又前往香港拉拢保大。12 月，法国驻印度支那高级专员波拉埃在香港会见保大后，保大前往日内瓦与法国谈判。1948 年 6 月 5 日，保大与波拉埃签订"下龙湾协定"，规定保大以"立宪君主"名义在越南复辟。但当时的法国政府认为协定中给予保大的权力太大，迟迟未予批准。后在美国劝说催逼下，法国的奥里奥尔总统终于在 1949 年 3 月 8 日和保大签订了《法越协定》，规定"越南在法兰西联邦内保持独立和统一"。1949 年 6 月 14 日，留在法兰西联盟内的保大傀儡政权"越南国"正式成立②。但是，保大政权仍旧没有获得多少实权，也没有牢固的社会基础，不被国际社会看好。

面对亚洲局势的快速改变，英美逐渐调整其对保大政权的态度。1949 年底，美英加快了承认法国扶植下的保大政权的步伐，鼓动菲律宾、印度、印尼、泰国等国承认保大政权。为了不引起新中国政府的反应，美国希望英国和英联邦国家，以及泰国等亚洲国家先于美国之前承认保大。

作为东南亚唯一没有沦为殖民地的国家，且又是印度支那的邻

---

① 刘东明：《富兰克林·罗斯福的非殖民化思想和印度支那托管计划》，《首都师范大学学报》（社会科学版）2005 年第 4 期。

② 世界知识手册编辑委员会编：《世界知识手册（1955）》，世界知识出版社 1955 年版，第 218 页。

国，美国对泰国早日承认保大政权寄予厚望。但由于泰国与法国殖民者的历史恩怨以及保大政权的脆弱性，泰国在承认保大政权方面表现并不积极。1949年12月28日，美国驻泰大使斯坦顿在给国务卿的电报中指出，在美英与披汶的接触后发现，泰国虽对在泰境内的4万名支持胡志明的越南难民感到担忧，但仍不愿承认保大政权，除非保大得到真正的实权和受到民众的广泛支持。斯坦顿认为美国不能指望泰国首先承认保大。①

1950年1月12日，驻泰大使斯坦顿与泰国外长沙拉信就印支局势和承认保大问题进行了会谈。斯坦顿告诉沙拉信，美国将在法国国民议会正式批准法国与越南之间的协议后承认保大政权。沙拉信承认印支局势严峻，但坚持认为保大是法国的傀儡政权，难以持久。沙拉信称，泰国"不能承认保大政权，除非法国给予越南自由和独立，且保大获得普遍的支持"。沙拉信指出："若法国有诚意的话，没有理由不像荷兰人在印尼那样，与胡志明和其他越南领袖达成协议。"②沙拉信指出，联合国的委员会在解决荷兰与印尼的争端中做了有益的工作，认为联合国也许能解决印支问题。沙拉信称，如果法国只给保大独立的外衣的话，承认"并不能实质性地增强保大"。沙拉信还强调，泰国的政策是经过政府认真考虑过的。美国大使斯坦顿认为，沙拉信在承认保大问题上与原来持一样的态度，并没有受到美英即将承认保大的影响。③

国务卿艾奇逊收到驻泰大使的汇报后大为不满。1月17日，即中国宣布承认越南民主共和国的前一天，艾奇逊在给斯坦顿的电报中指出，美国最为关心的是"泰国外长缺乏对胡志明不是爱国的民族主义者而是意味着各种危险的共产党人的认识"。艾奇逊称，胡志明是东南亚可能成功的最强大的共产党领袖之一，但泰国显然对此"无动于衷"。艾奇逊称，如果泰国"对此缺乏认识或对即将到来的危险漠不关心"，美国不禁要对"增强泰国抵御共产主义的愿望"产

---

① FRUS. 1949. Volume Ⅶ, Part 2, p. 115.
② FRUS. 1950. Volume Ⅵ, p. 693.
③ Ibid. .

生怀疑了。①

在承认保大问题上，美国得到印度、缅甸、印尼和菲律宾的回复也多与泰国类似。艾奇逊感到情况严重，认为亚洲国家"总体上漠不关心或缺乏认识，那将在共产党武装进攻面前给这些国家带来灾难"。艾奇逊在给斯坦顿的回电中称，"如果他们没有做好自助准备，美国帮助他们反对共产主义将是不可能的"。

1950年1月18日和30日，中苏先后承认越南民主共和国并与之建立外交关系。1月31日，朝鲜和越南民主共和国也建立了外交关系。艾奇逊对苏联承认越南民主共和国感到震惊，认为这是苏联势力向东南亚扩张的信号。之后，美国加快了承认保大政权的步伐。2月8日，美国宣布正式承认保大政权，并积极敦促其他国家迅速采取类似的行动。同一天，驻泰大使斯坦顿拜会了泰国总理披汶和外长沙拉信。斯坦顿向他们介绍了印支局势，并特别指出，印度支那被与中苏结盟的共产党完全控制将是"危险的"。披汶回应称，泰国可能将承认保大政权，但法国并未给予保大真正的独立，因此，看情况的发展推迟承认最符合泰国的利益。披汶称，法国应该给越南完全的独立，或发表明确的声明表示将进一步把权力移交给保大。为了加快泰国承认保大的步伐，斯坦顿向披汶指出，老挝和柬埔寨没有强大的反政府势力，如果泰国承认这两个与其接壤的国家，将对这两个国家产生极大的鼓舞。斯坦顿声称如果共产主义被排除在这两个国家之外，它们将起到缓冲国的作用。披汶对此很感兴趣，答应将进一步考虑该问题。②

但斯坦顿与沙拉信的会谈并没有取得进展。沙拉信指出，美英承认保大政权是错误的，因为承认保大政权并不能有效地增强它，除非美国准备给予它足够的军事和经济援助并打败胡志明，才能真正地扭转局势。沙拉信重申，如果保大政权得到真正的独立，泰国会乐于

① FRUS. 1950. Volume Ⅵ, p. 697.
② Ibid. , p. 724.

承认。①

面对美英法的压力，披汶对待保大政权的态度正在发生着变化。2 月 9 日，披汶在未与沙拉信商议的情况下，告诉《曼谷邮报》记者，称他倾向于承认保大政权，并将在 13 日的内阁会议上讨论。泰国政府内部在该问题上分歧严重。军方认为，迅速承认保大决定着美国对泰援助的规模和速度。而外交部和其他文官则反对立即承认的冒险行为，认为应该继续"等等看"。最后，披汶在军方成员的支持下，于 1950 年 2 月 28 日宣布承认法国控制下的越南、柬埔寨和老挝政府。沙拉信坚持反对承认保大，愤而辞职。②

在 1950 年头两个月，两大阵营分别承认和支持越南对立的两派，说明冷战中的两大阵营公开卷入东南亚事务，也标志着东南亚的冷战正式展开。在美国的大力推动下，泰国在美国承认的 20 天后也宣布承认保大政权，成为第一个承认保大政权的亚洲国家，标志着泰国正式卷入冷战。

承认保大政权对泰国外交产生了深刻的影响。一年之后，美国驻泰大使斯坦顿称："承认保大有利于建立目前泰国的外交基础。"但斯坦顿也认为："承认是在披汶个人的坚持下做出的……这是披汶及其派系的决定。"斯坦顿称："真实情况是，泰国民众甚至泰国政府人员都认为承认一个靠法国维持着的政权是一个巨大的错误……泰国民众，包括许多政府人员感到特别同情越南，不是因为任何对共产主义事业的认识，而是因为胡志明的政治目标是驱逐法国，泰国人民认为那是一个令人满意的目标。"斯坦顿称，一些泰国人倾向于"指责美国'迫使'胡志明投向共产主义阵营中去"，并认为此事给泰国埋下了仇恨，可能使泰国面临着越南胜利后被清算的危险。③

二 美国对泰国承认保大的回应

中苏两国于 1950 年 1 月先后承认越南民主共和国后，美国反应

---

① FRUS. 1950. Volume Ⅵ, pp. 724 – 725.
② Anuson Chinvanno, *Thailand's Policies toward China 1949 – 1954*, pp. 54 – 55.
③ FRSU. 1951. Volume Ⅵ, Part 2, p. 1599.

强烈。2 月 8 日，美国宣布承认法国控制下的印度支那三国。紧接着，美国又于 2 月 27 日出台了《国家安全委员会关于美国对印度支那问题立场的报告》（NSC64）。这是冷战开始后美国对印度支那地区作出的首个专门的指导性文件。NSC64 号文件宣称，共产党对印度支那的"侵略"只是"共产主义控制东南亚计划的一个步骤"。该文件认为，缅甸非常虚弱，若遭到侵略不会进行强有力的抵抗。文件认为，中共在印度支那边界的出现，使得向胡志明控制地区"运送武器、物资和军队成为可能"。越盟军队在外部共产党的援助下得到了加强，使得"当地印度支那人和法军联合起来能否遏制胡志明的军队成了很大的问题"。该文件宣称，在印度支那的 14 万名法国军队是该地区"反对内外共产主义侵略蔓延的唯一军事屏障"。因此，该文件得出结论：印度支那是东南亚的关键地区，应采取一切可行的措施阻止共产主义在东南亚的进一步"扩张"；如果印度支那被共产党所控制，相邻的泰国和缅甸也会落入共产党的控制之下。为此，文件指出，应该准备采取保卫美国在印度支那安全利益的一切可行措施。①

披汶政府承认保大政权后，美国一面敦促泰国配合法国严格管理边界，以防止武器被走私到印度支那反法武装的手中；② 一面加快对泰援助进程、加大对泰援助规模。1950 年 3 月 9 日，在给泰国军事援助文件的附件中，美国务院建议立即给泰国军事援助，因为泰国"已经公开宣布反对共产主义并已寻求与其他反共国家结盟"，而泰国周边的环境十分严峻，"胡志明领导的越南共产党力量被中国实质性地加强了"，西部边界临近缅共，南部临近马共。美国国务院认为周边共产主义力量"使泰国面临着更大的压力，并将可能与泰国境内的共产主义者取得联系"。

1950 年上半年，由于冷战在亚洲的迅速蔓延，特别是中美在印度支那的逐步走向对抗，泰国在美国外交战略中的地位被迅速地拔高

---

① 陶文钊主编：《美国对华政策文件集》（第二卷），世界知识出版社 2004 年版，第 734—736 页。

② FRUS. 1950. Volume Ⅵ, pp. 92 - 97, 102.

了。NSC64 号文件称："如果泰国被丢给了共产主义，接下来马来亚将保不住，这将意味着从韩国到印度的亚洲大陆上，没有一个公开的朋友和盟国……在这些地区将没有一个地方能像现在这样自由的表达美国政策……美国将失去这一地区的最后一个独立的倾听场所"，并将失去泰国的钨、锑、橡胶等战略资源。该文件最后总结道，支持泰国反共有充分的政治和经济重要性。

1950 年 3 月 9 日，艾奇逊在给杜鲁门总统的备忘录中建议，根据《共同防御援助法案》① 的 303 条款给泰国 1000 万美元的军事援助。在美国给亚洲国家的同一批次军事援助中，规模仅次于给印尼的3000 万美元、给印支三国的 1500 万美元，但远高于给缅甸的 350 万美元，也高于给韩国的 980 万美元，给日本的 652 万美元（以改善机场名义）。②

中国曾是泰国大米的重要市场。1949 年，美国经济合作署为中国向泰国购买了 3300 万美元的大米，使泰国保持了贸易平衡。由于国民党政权在大陆的统治的终结，1950 年上半年，美国经济合作署停止向泰国购买运往中国的大米，泰国大米严重滞销。当时，泰国官方估计仅能获得 1200 万美元的收入，而开支将达 3200 万美元。尽管美国大使自己估计泰国的收支应分别为 1400 万美元和 2600 万美元，但无论哪一种估计，都表明泰国财政将出现着严重的赤字。

1950 年 4 月 4 日至 12 日，美国派往东南亚诸国考察的格里芬代表团③在泰国访问。访问结束后，代表团在给国务院的报告中称，泰国局势尚且稳定，尚无较大的亲共反美集团，泰国政府急切地想与西方合作，尤其是与美国合作。格里芬报告认为，300 万的华人很容易被中国利用，中国急切地想得到泰国的大米。该报告指出，不能忽视

---

① 《共同防御援助法案》是杜鲁门于 1949 年 10 月 6 日签署的冷战时期的第一个美国军事外援立法。最初针对欧洲，后扩大到其他地区。该法案经修订演变为 1951 年的《共同安全法案》。

② FRUS. 1950. Volume Ⅵ, pp. 40 – 41.

③ 艾伦·格里芬是加利福尼亚出版商，共和党人，担任过美国经济合作署中国处副处长。考察团此次主要任务是考察第四点计划实施前景、地区合作及东南亚与日本贸易等问题。参见刘莲芬的《论杜鲁门时期的美国东南亚政策》（《史学月刊》2007 年第 12 期）。

泰国的经济困难，如果西方的支持太少和太晚的话，泰国人可能会"机会主义地倒向"共产主义一边。该报告甚至危言耸听地声称，"共产主义可能会绕开缅甸、印度支那先控制泰国"①。

格里芬报告认为，大米是当时泰国经济最重要的基础。而且，泰国大米事关新马、香港、日本的生计。因此，"稳定和增加泰国的大米出口对亚洲的政治稳定至关重要"。报告称，中国会关注泰国，将会对东南亚进行"经济奖赏"。因此，代表团要求美国应关注泰国的大米和经济问题，并援助泰国解决因大米滞销造成的外汇短缺的问题。

格里芬报告认为，尽管泰国的局势不如印支和缅甸那么紧张，但立即实施援助是必要的。报告称，应通过立即给泰国经济援助以实现美国的政治目标：即提高人民的生活条件，使其不易受到共产主义宣传的影响，并使他们确信美国的利益是建立在真诚和友好的基础上的；鼓励非共华侨华人抵抗亲共华侨华人的压力来增强泰国的地位；增强泰国的经济，防止共产主义先于缅甸和印支之前控制泰国。报告称，援助将使泰国相信它不会被西方抛弃，从而"减少泰国机会主义"的可能性。报告要求美国派遣技术顾问赴泰，使泰国相信美国对泰国是认真的。②

由于访问时期的经济援助计划并不具体，许多泰国人认为所谓的经济援助只是"说说而已"。为此，格里芬报告指出："当前的政治形势需要实际的援助去满足他们的期望……如果大量的美国和西方援助不能减轻泰国的严重衰退，将在东南亚形成失败主义的浪潮。"③

格里芬使团是在 1950 年上半年的东南亚局势发生显著变化的背景下派出的，有明显的应急特征，报告要求第一批派赴东南亚的援助人员应在 90 天内到达。但代表团的报告特别强调，第一批到达的人员要能胜任后续计划，帮助谈判项目协议，并准备好剩下的工作。可见，出于亚洲冷战的考虑，美国已经开始准备对泰国进行后续的长期

---

① FRUS. 1950. Volume Ⅵ, p. 79.

② Ibid. , p. 80.

③ Ibid. .

援助了。

1950 年上半年，东西方两大阵营分别承认越南对立的两个政府，标志着两大阵营在东南亚的冷战正式展开。泰国曾一度持"等等看"的观望政策，但在美国的推动下，泰国承认了保大政权，标志着泰国在两大阵营对抗中公开地选边站到美国阵营一边，开始卷入东南亚的冷战。泰国承认保大政权后，美国开始给予泰国援助。之后，美泰关系在亚洲冷战的背景下得到了迅速的发展。

第二节　朝鲜战争对美泰关系的影响

泰国承认保大政权可视为是其迈向与西方结盟的第一个重要步骤。[①] 接下来发生的朝鲜战争对亚洲乃至世界的局势产生了更为强烈的冲击，对美泰关系也产生了更大的影响。朝鲜战争爆发后，美国迅速完成了对亚洲政策的调整，加大了对泰国的援助力度，泰国外交也开始完全倒向美国，在亚洲国家中率先宣布参加朝鲜战争。朝鲜战争使美泰两国在军事领域的合作得以实质性地展开，并将合作迅速扩展到其他重要领域中去。

一　泰国参加朝鲜战争

1950 年 6 月爆发的朝鲜战争，使美国正在转变中的对亚洲的政策发生了急剧的变化。在 1950 年 1 月 12 日艾奇逊的声明中，美国为了拉拢中国，离间中苏，并未将朝鲜半岛和台湾地区划入其防御线。但是，1950 年 6 月 25 日朝鲜战争爆发后，美国认为朝鲜的进攻是苏联阵营进一步扩张的最新试探，随即作出强烈反应。美国于战争爆发当日要求安理会开会讨论朝鲜事宜，并在苏联缺席的情况下，通过联合国安理会第 82 号决议。6 月 27 日，美国再次操纵安理会通过 83 号决议[②]，并在同一天宣布派兵侵入台湾海峡、反对新中国进入联合

---

① Anuson Chinvanno, *Thailand's Policies toward China 1949 – 1954*, p. 55.

② http：//www. un. org/zh/documents/view_ doc. asp？symbol = S/RES/82（1950）.

国等措施。朝鲜战争的爆发促使美国从根本上放弃了之前的在中苏之间打入楔子、避免与中国发生正面冲突的政策，中美进入了全面敌对的状态。随着中美在朝鲜半岛和印度支那对抗的展开，美国加紧了在中国周边的遏制，东南亚大陆在美国的遏制战略中的地位也被相应地迅速提高了。

美国认为，披汶政府参加联合国在朝鲜的军事行动，是为了获得联合国对泰国强烈的道义责任，从而使美国将来愿意帮助泰国抵御共产主义的"入侵"。英国公使惠灵顿也认为，泰国此举是为了获取更多的武器和在泰国遭受入侵时得到美英的援助。①

泰国支持美国操纵通过的联合国安理会 6 月 25 日、27 日的决议，呼吁联合国各成员国支持韩国。6 月 29 日，杜鲁门正式签署艾奇逊于 3 月 9 日建议给泰国的 1000 万美元军援。7 月 1 日，泰国外交部部长威拉康·班差（Warakan Bancha）在给联合国秘书长的电报中声明，泰国坚决支持安理会的决议并支持联合国将采取的一切行动，并表示"如果需要，泰国乐意给韩国提供大米援助"②。

7 月 14 日，联合国秘书长询问泰国能否提供战斗部队，特别是能否提供地面部队。7 月 21 日，泰国作出回应，宣布派遣 4000 人的部队参加"联合国军"。泰国因此成为亚洲第一个宣布参加赴朝鲜半岛联合国军的国家。

当中国人民志愿军进入朝鲜后，美国决定在联合国谴责中国在朝鲜的"侵略"行为。印度、缅甸等亚洲中立主义国家对此表示反对，但泰国外长在给泰驻美大使及驻联合国代表旺亲王的指示中称，"我们（泰国）的态度与美国一致"。

1950 年 12 月底，披汶要求外交部长起草关于泰国外交政策纲要，以便使泰国官员准确地理解政府的外交政策。披汶对此作出指示："泰国将与美国合作，以此作为泰国与联合国的其他亚洲成员国关系的基本准则。在涉及苏联的事务中，泰国将与美国和英国保持一

---

① Anuson Chinvanno, *Thailand's Policies toward China 1949 – 1954*, p. 55.

② TMFA, L&A File 10. 37. 8/1, Warakan Bancha to Trygve lie No11569/2493, 1 July 1950. 转引自 Anuson Chinvanno, *Thailand's Policies toward China 1949 – 1954*, pp. 55 – 56。

致；而在涉及中国的事务中，泰国将与美国保持一致。"①

可见，泰国的对外政策在 1950 年完成了从观望到完全紧跟美国的大幅转变。由于苏联地理上远离东南亚，以及这一时期苏联对东南亚事务介入有限，所以，泰国的对苏政策较有弹性，既可和美国一致，也可与英国一致。而在对华政策方面，美英有不少分歧，英国由于实力衰弱，对亚洲事务的兴趣日减，其亚洲政策也更为保守，因顾及在香港的利益，英国对华政策较为温和，泰国选择与对华政策更为强硬的美国一致。

二　美国对泰国参加朝鲜战争的回应

针对泰国在亚洲国家中率先参加"联合国军"的行动，美国采取一系列措施对泰国支持予以回应。美国国务院认为，"泰国的积极反共行动，使得在军事援助上给予泰国高度优先的地位变得重要，因为那是泰国在韩国和东南亚支持美国反共的酬谢证明"。美国对泰国追随美国政策的行为给予了高度肯定，国务院称，"泰国支持联合国行动反对共产主义的政策决定，对泰美关系有着十分深远的意义，表明它信任美国通过提供军事援助来实现（泰国）自助的承诺，这个态度在心理战略上是十分重要的"。国务院认为，美国应给予泰国积极地回应，指出"如果泰国直率地支持美国——联合国的目标，却比其他东南亚国家更慢地得到军事援助，会对泰国的感情产生极大的破坏作用"②。

而 1950 年 9 月中旬，中国支持越南发起打击法国殖民军队的边界战役，使得美国和泰国对中越意图感到紧张。战役发起前夕，美国夸张地认为中国可能会派出 10 万大军参战，并控制印支北部，从而使共产主义势力达到老泰边界。③

①　TNA. Ministry of Foreign Affairs Files, File 90/6 Chamnan-akson to Warakan Bancha No. 11249/2493, 20 December 1950. 转引自 Anuson Chinvanno, *Thailand's Policies toward China 1949 – 1954*, p. 57。

②　FRUS, 1950. Volume Ⅵ, pp. 134 – 135.

③　Ibid., p. 878.

战役开始后，规模显然没有美国原来想象的那么大。但是，美国也预感到要在印度支那完全消灭共产主义似乎也不可能了。10 月底，在美国国防部援助东南亚政策会议上，美国对失去整个或部分印支地区的情况下如何调整对泰国、缅甸和马来亚的政策进行了讨论。① 会议认为，泰国安全与印度支那局势密切相关，如果共产主义赢得对老挝和越南北部的控制，将使泰国北部暴露在共产主义"威胁"的面前，并将成为中国南方向泰国运送武器的通道。会议认为，泰国没有能力来面对这种"威胁"。会议指出，作为一个长期的政策，美国将对泰国作出更多的关注和努力。②

除了印度支那外，由于缅甸也与泰国有漫长的边界线，美国在承认缅甸首先是英国的利益范围的同时，也认为从军事角度考虑，应推动建立紧密的泰缅关系、美缅关系。该会议还指出，由于马来亚在英国外汇收入中的重要地位，在印支、缅、泰防御共产主义对英国和马来亚十分重要。③

1950 年秋，随着美国在东亚的遏制政策基本确定下来，美国对泰政策也基本成型。美国在亚洲冷战，尤其是在东南亚冷战中给予了泰国特殊的地位，并开始卷入泰国的政治、经济和文化教育等各方面事务中去。

1950 年 10 月 15 日，即中国人民志愿军入朝参战前夕，在美国国务院准备的对各国的政策声明文件中可以看出，美国对泰政策已经发生了根本性的转变，泰国在美国外交政策中的地位被极大地提高了。在该文件的泰国部分规定，美国对泰政策的首要目标是："增强泰国与美国的友谊、联系和信任，包括（确保）泰国在联合国各组织中支持美国的政策。"该声明称，应通过各种可能的鼓励手段，帮助泰国建立反对远东共产主义的力量，以实现以下目标："（1）稳定的国内政治；（2）强大且有支付能力的经济；（3）普通泰人拥有从

---

① FRUS, 1950. Volume Ⅵ, p. 154.
② Ibid. .
③ Ibid. .

现代先进技术中获得最大限度利益的环境。"①

　　该文件对泰国披汶政府的外交政策评论道，"泰国已经离开了它平衡政治势力的传统政策"，泰国承认法国控制下的印度支那三国傀儡政府、不承认新中国和早早宣布参加"联合国军"使其"已经不可逆转地断绝了它与共产主义国家的联系，并坚定和积极地参加到自由国家的事业中来"②。

　　与此同时，美国对泰国的政策也发生了变化。美国国务院在1950 年 10 月 15 日的政策文件中声称："美国已经试图巩固泰国在非共产主义国家中的地位，并反对其他国家对泰国的政治和经济主权的侵犯。已采取各种措施来促进泰国的繁荣，使之成为与美国关系良好的东南亚新兴国家能从中获益的案例，即（西方）民主胜于共产主义的优势。"③ 美国对披汶的评价反映了这种转变，美国一笔勾销了披汶历史上的反美记录。该文件写道："过去频繁的政府更迭削弱了泰国防御共产主义的力量，自二战开始以来泰国已经历了九个政府，而目前的政府已比其任何前任都要长，并有希望维持到1952 年 12 月举行的下一次大选……尽管（披汶）在二战期间积极与敌人合作，向英美宣战，但他已经带领其政府以一种友好的方式对待美国和公开宣布反对共产主义了。"④ 该文件指出，美国将采取以下对泰政策：

　　（一）政治上支持披汶政府

　　由于披汶对美国冷战政策的支持，使得巩固披汶政府与美国的亚洲政策，尤其是东南亚政策有着重大关系。因此，帮助披汶巩固统治成为美国对泰政策的重要部分。尽管斯坦顿大使认为，美国国务院10 月 15 日对泰政策声明中所称的"泰国已经不可逆转地断绝了与共产主义的关系，并坚定地承诺它对自由国家事业负有责任"的表述不妥，认为其过于乐观了。但斯坦顿也承认，扭转披汶及其政府的立场对他们来说"将是不可能的了"，只要披汶继续控制着泰国外交政

---

① FRUS, 1950. Volume Ⅵ, p. 1529.
② Ibid. , pp. 1529 – 1530.
③ Ibid. , p. 1530.
④ Ibid. .

策，他将继续"忠于美国和联合国的可能性是极大的"。而其他一些集团则"在特定的环境下将倒向强国或将可能完全改变和修正目前的外交政策"。因此，只要当时的披汶政府继续保持统治，泰国将承担对美国的承诺。斯坦顿还指出，美国应特别关注泰国国内政权更迭导致外交政策改变的可能性。

美国因冷战的需要对披汶既往不咎，并准备将其扶持为美国的盟友。美国驻泰大使斯坦顿频繁地向泰国表达"美国的利益在于泰国的稳定"，极力说服泰国官员及其他持不同意见的集团与披汶保持一致，"谨慎地避免支持任何政治集团反对另一个政治集团"。斯坦顿指出，美国的军事援助不应成为国内政治的不安定因素，武器以平衡的比例分配给不同的武装派别，称美国的援助"应该是增加政府对付中国和胡志明越南的效率，而不是减少政府的主导地位并导致政变。因此，军援不仅仅是用于反对外部共产主义保证泰国的独立地位，还应有助于内部政治局势的稳定"①。1951 年 6 月 29 日至 7 月 1 日，泰国发生了海军扣押披汶的"曼哈顿号"未遂政变②。之后，美国更加注意援助物资在泰国军队内部的分配问题了，强调应"充分地认识到（泰国）政府的稳定建立在陆军和警察对海军的优势力量基础之上"③。

（二）对泰国的军事支持

朝鲜战争爆发后，促使美国迅速划拨 1950 年 3 月通过的给泰国 1000 万美元的军事援助。由于泰国参加"联合国军"在朝鲜的行动，美国决定在 1951 年继续增加给泰国的军事援助，并打算帮助泰国改

---

① FRUS. 1950. Volume Ⅵ, pp. 1530 – 1531.

② 披汶 1948 年 4 月第二次上台后，政权根基并不稳固，军队内部派系斗争严重，多次爆发未遂政变。20 世纪 40 年代末、50 年代初，泰国海军政治上倾向支持比里，于 1949 年 2 月发动政变，后被陆军镇压。文中"曼哈顿号"未遂政变指的是 1951 年 6 月 29 日爆发的泰国海军劫持披汶，企图推翻陆军军人政权的事件。是日，披汶在曼谷出席美国"曼哈顿号"挖泥船的交接仪式，被海军劫持并被囚禁在旗舰"塞利·阿育陀耶号"上。在谈判破裂后，陆军、空军和警察与海军爆发战斗，海军旗舰被击沉，披汶泅水逃脱。该事件造成严重伤亡，泰国海军被大幅裁减。

③ FRUS. 1950. Volume Ⅵ, pp. 1623 – 1624.

编陆、海、空三军。美国计划派出一个技术性的军事代表团，去指导泰国军队按照美军方式进行训练。此外，美国空军希望与泰国谈判，以获取在泰国飞行的权力。①

1950 年 10 月 17 日，美泰签署了一个军事协议，规定在三个月内向泰国提供一批军事装备。美国将对泰国的军事援助目标规定为：（1）鼓励泰国继续与"自由世界"结盟的政治路线，并使之成为保持东南亚稳定的力量；（2）协助泰国武装力量改善内部安全，增加防御能力和阻止外部的侵略；（3）加强内部政治稳定和增强泰国政府以反对共产主义。②

（三）对泰国外交上的支持

由于泰国走上了一条完全追随美国的外交道路，使其与亚洲国家的关系受到了影响。美国国务院认为，泰国是一个"特别易受共产主义内外攻击的孤单存在的国家"，作为对泰国亲美政策的补偿，美国应积极帮助泰国提高国际地位。美国鼓励航空公司开辟经过泰国的航线。至 1950 年秋，泰国已经成为远东航空交通的十字路口，16 条航线利用曼谷作为运输站。美国鼓励其所能影响的国际组织在曼谷建立地区性的办公机构，如联合国组织中的世界粮农组织、国际大米委员会、亚洲和远东经济委员会都在泰国建立了地区办公机构。③

（四）文教及宣传方面

美国利用新闻广播、图书馆、教育性质的电影和研究材料，分发小册子和杂志的手段，扩大美国在泰国社会中的影响力，使泰国民众支持美国的政策。美泰两国还签订了《富布莱特协定》，鼓励交换学生和技术专家。在宣传上，美国注意到华人反共团体的作用，支持利用这些团体在华人社会中进行反共宣传。④

（五）经济方面

50 年代初，泰国披汶政府在一些经济领域执行国家主义政策，

① FRUS. 1950. Volume VI, p. 1531.
② Ibid. , p. 1623.
③ Ibid. , p. 1531.
④ Ibid. , p. 1532.

在稻米出口和石油贸易方面实行国有公司垄断政策，不愿参加关税和贸易总协定谈判、反对地区经济合作计划。美国对泰国的这些经济政策感到不满。但美国又认为，泰国的经济发展对巩固泰国有特殊的意义。由于日本、马来亚、中国香港、印度等国家和地区需要进口粮食，而泰国是亚洲重要的大米出口国。因此，美国特别关注泰国增加稻米产量问题，并认为应该通过经济合作委员会、第四点计划和国际组织，帮助泰国发展农业技术、改善水利和运输、勘察资源以发展经济，并鼓励美国私人赴泰投资。①

除了以上详尽的政策之外，美国在此之前的 1950 年 9 月 19 日，还与泰国签署经济援助协议。该协议旨在"提高泰国的国家经济地位和泰人的收入水平，以增强抵制共产主义诱惑的能力"。该协议指出，美国应援助泰国建设港口、铁路、灌溉工程和公共卫生事业。美国大使馆认为，经济合作署在公共卫生（尤其是防治疟疾）和农业项目取得了较好的效果，这些援助"给泰国民众心理上留下了与美国值得友好的印象"②。

三　急剧转变的美国亚洲政策及美泰关系

1949 年，杜鲁门和艾奇逊等美国的主要外交决策者认为，应该对中国采取"现实的"政策，与新中国政府取得联系并进而促使中国不进入苏联的战略轨道，把中国变成"第二个南斯拉夫"。但随着 1950 年最初的两个月，中苏先后承认胡志明领导的越南民主共和国政府，中苏签署《中苏友好同盟互助条约》，美国杜鲁门政府的中国政策全盘失败。此时，在亚洲局势的助推下，美国国内麦卡锡主义甚嚣尘上，民主党政府遭到空前猛烈的攻击。1950 年 2 月以后，杜鲁门政府改变了之前的对华政策，逐步从 1 月初杜鲁门和艾奇逊的声明中退了回来。③

① FRUS. 1950. Volume Ⅵ, pp. 1533－1534.
② Ibid. , p. 1625.
③ 章其真：《〈中苏友好同盟互助条约〉与美国对华政策》，《浙江海洋学院学报》1999 年第 3 期。

1950 年由于两大阵营在印度支那和朝鲜半岛发生冲突，美国的亚洲政策发生了急剧的转变。年初，艾奇逊公开声明从阿留申群岛，经日本、冲绳到菲律宾的防御线，并未把朝鲜半岛和台湾划入美国的防御线。中苏承认胡志明政府后，美国宣布承认保大政权、推动泰国卷入印支事务、加强对泰国等中国周边国家的军事和经济援助，遏制中国的步伐正在加快。1950 年 6 月朝鲜战争爆发后，美国的亚洲政策发生了根本性的转变，美国改变了之前通过给亚洲非共国家经济和军事援助来遏制共产主义的政策，而是直接派出武装干涉朝鲜战事，阻止中国统一台湾，同时大幅增加对亚洲亲美反共国家的援助和控制。

在此背景下，泰国的外交政策也随着美国发生了巨大的转变。1950 年初，泰国在对华政策和对印度支那政策上都持"等等看"的态度。在美国的推动下，泰国转向不承认中华人民共和国、承认法国控制下的越南保大政权、积极参加朝鲜战争，完全倒向了美国阵营。作为回馈，美国开始给予泰国军事和经济援助，与泰国签署一系列涉及政治、经济、军事、文教的协定，并开始酝酿冷战条件下的长期对泰政策，美泰两国开始向联盟的方向迈进。

当时的美国驻泰大使斯坦顿认为，披汶采取完全跟随西方的"赌博"行为是建立在这样的假设基础上的，即西方国家会赢得胜利。披汶对西方承担的"责任"是为自己买一份保险，即在泰国被侵略时，联合国和美国将会出面制止，并以武力帮助泰国。[1] 斯坦顿认为，披汶是"一个现实主义者，也一个十足的赌徒"。斯坦顿分析称，披汶认为采取温和的手段无法对付"缓慢侵入"的共产主义，试图实行公开的反共政策。斯坦顿称，披汶可能错误地认为，在一个"零和游戏"的国际冲突中，共产主义视"中立"和公开的敌人为相差无几的对手。因此，披汶认为，他选择投靠西方，即便失败了，不会比他扮演一个中立者的地位更糟；如果他赢了，他将得到胜利者更多的赏识。如果他选对了，他国内的政治地位将无人能及；如果他暂时被共产主义逐出泰国，他也将会在美国那里找到庇护所，并在共产

---

[1] FRUS. 1951. Volume Ⅵ, Part 2, p. 1600.

主义被打败后以胜利者的姿态返回泰国。①

1951 年 3 月，斯坦顿在对 1950 年 10 月 15 日的美国对泰政策的评估进行重审时，斯坦顿对美国给泰国的援助不够优先提出了批评。斯坦顿指出，对泰国的政策声明应该包括，若泰国遭受公开的或间接的"侵略"，美国将支持联合国满足泰国的请求，并要求联合国协助泰国保持独立。②

援助在美国对泰政策中扮演着重要的角色。为争取经济合作署建议的 1952 年给泰国 1250 万美元的初步计划不被削减，斯坦顿于 1951 年 3 月 23 日致电国务院，泰国现在的稳定很大程度上是因为有美国的军事和经济援助，任何急剧削减美国承诺给泰国的援助，都将会"很大程度上影响到东南亚最稳定的亲美政府"。斯坦顿称，非但不该削减援助，就是政府计划用贷款取代部分赠款的做法也不合适，因为在东南亚整体形势继续恶化的情况下，那将会增加泰国外交政策变化的可能性。斯坦顿指出，"经济合作署项目主要的政治目的应牢记在心"，即便在经济角度上认为适合贷款，也不能用贷款来替代原计划的赠款援助。斯坦顿称，美国改变援助计划将导致严重的问题，将使泰国怀疑美国是否知道他们需要的援助。③

副国务卿韦伯给预算局局长洛顿去信时，批评削减 1951 年泛指中国地区的拨款计划，认为此举将影响到包括泰国在内的亚洲国家和地区。韦伯指出，"在泰经济项目是东南亚安全的关键，与其说它是经济性的（项目），倒不如说是政治性的（项目）"。韦伯称："建议中的项目旨在通过给予（泰国）政府坚定的支持来加强其与西方联盟的信心，而给予泰国农村直接的利益将加强民众对政府的信心，并使美国处于一个可影响泰国政府政策的地位，让其利用自身资源获得发展以加强内部控制的能力。"④

关于具体援助项目方面，副国务卿韦伯指出，"除非增加资金，

---

① FRUS. 1951. Volume Ⅵ, Part 2, p. 1600.
② Ibid., p. 1603.
③ Ibid., p. 1064.
④ Ibid., p. 1068.

不然将减少农业和村级公共卫生项目；除非将农业和农村卫生部分完全砍掉，不然将削减计划中的道路建设"。韦伯指出，削减计划是十分不明智的，"如果项目被减少，将会影响到泰国对美国援助项目领导管理能力的信心，将增加泰国对与西方和美国紧密结盟是否明智的怀疑。特别是泰国政府对因加入联盟导致风险的顾虑，将极大地减少美国影响泰国政府的能力"。韦伯还引用了驻泰大使馆与特别技术和经济委员会的联合电报来提出警告，称"数量的减少和主要类别的削除，显示了美国政策不稳定和不可靠，这对泰国将是一个很大的打击，并将导致泰国失去对美国的信任，并危及美国政治目标优先的政策"。最后，韦伯特别指出，"应该记住泰国是整个亚洲大陆上唯一在联合国和其他地方坚定地支持美国外交政策的国家。比如，泰国已经派部队到朝鲜半岛和已经承认了越南（保大政权）"①。

1950 年是亚洲局势转折的一年，也是美国对泰政策和美泰关系转折的一年。这一年，美国开始极力拉拢泰国支持美国的亚洲政策，尤其是支持美国的印支政策。为此，美国开始给泰国大规模的援助，并与泰国签署了涉及军事、技术、科教文化等多个协议。1950 年上半年，在美国的反复游说和施压下，泰国逐渐转向支持美国的印支政策，承认越南的保大政权。1950 年 6 月之后，随着朝鲜战争的爆发和美国亚洲冷战政策的明朗和确定，泰国一改之前半推半就的态度，转而追随美国积极参与朝鲜的战事，拒不承认中华人民共和国，积极干预印度支那事务。1950 年下半年，随着亚洲局势的剧变，美泰两国在亚洲的冷战和对抗中找到了共同利益，美泰关系开始迅速向联盟的方向发展。

朝鲜战争本是朝鲜半岛的内战。北纬 38°线作为第二次世界大战结束时美苏在朝鲜半岛接受日本投降的临时分界线，在美苏战时合作结束后成为朝鲜南北两个政权对立冲突的火线。在第二次世界大战刚刚结束和冷战爆发的背景下，尤其是苏联军事实力获得极大进展和美国的中国政策全盘失败的背景下，朝鲜战争被过度地解读和严重地夸

---

① FRUS. 1951. Volume Ⅵ, Part 2, pp. 1609 – 1610.

大了。① 因此，朝鲜战争爆发后，美国对外交政策进行了巨大的调整，冷战的紧张形势被极大地加剧了。

朝鲜战争爆发之前，北大西洋公约组织还处于传统的政治军事联盟阶段，还并非是一个军事实体，没有国家提出美国派出作战部队协助欧洲防务以及任命北约组织最高军事指挥官的问题。1950 年 6 月，在讨论 1951 财年预算时，政府要求的开支比前一年的实际开支减少约 15%。朝鲜战争爆发后，美国和西欧认为这只是苏联扩张的前奏。美国的欧洲盟国迫切希望美国直接派遣地面部队进驻欧洲。1950 年 7 月，国会同意增拨 40 亿美元军费，并迅速进行扩军。第二次世界大战结束后，美军进行大规模复员，美军规模从最多时的 1200 万人缩小到朝鲜战争爆发时的 146 万人。但随着朝鲜战争的爆发，美军规模急剧扩大，到朝鲜停战时已超过 350 万人。之后虽有减少，但 1960 年年中仍达 250 万人。② 朝鲜战争期间，"联合国军"参加国的军费有大幅增长。美国的直接军费从 1949 年的 133 亿美元骤增至 518.6 亿美元；同一时期，英国直接军费从 21.8 亿美元增加至 49.57 亿美元；法国直接军费从 13.7 亿美元增至 40.86 亿美元（含美国援助的 1.17 亿美元）；加拿大直接军费从 3.38 亿美元增至 21.71 亿美元。③

朝鲜战争还极大地推动了美国国家安全战略的转变。随着苏联原子弹的研制成功和中国革命的胜利，美国总统责成国务卿和国防部长协调两部门对美国的国家安全战略进行一次全面的评估。评估报告由国务院政策设计室主任保罗·尼采主持起草，成为国安会第 68 号文件（NSC68）呈交国安会审议。该文件一改乔治·凯南以西欧和日本为主要战略支点的"重点遏制"，鼓吹对苏联和共产主义阵营"全面遏制"。但该文件遭到国防部部长路易斯·约翰逊和国务院顾问乔治·凯南的反对，杜鲁门举棋不定。但两个月之后爆发的朝鲜战争似

---

① ［美］查尔斯·波伦：《历史的见证（1929—1969）》，刘裳、金胡译，商务印书馆 1975 年版，第 364 页。

② 张昆生：《朝鲜战争的影响》，《观察与思考》2004 年第 7 期。

③ 世界知识手册编辑委员会编：《世界知识手册（1955）》，世界知识出版社 1955 年版，第 1257 页。

乎证实了 NSC68 号文件的一些假设和论点，推动了杜鲁门于 1950 年
9 月批准 NSC68 号文件。①

　　朝鲜战争爆发后，美国大幅改变对华政策，干涉中国内政，深度
介入朝鲜半岛和印度支那的战事中去。美国放弃了之前艾奇逊宣布的
除北约外美国不准备参加新的地区性安排的声明。杜鲁门政府与澳大
利亚和新西兰签订了《澳新美同盟条约》（1951 年），与菲律宾签订
了《美菲共同防御条约》（1951 年），与日本签订了《日美安全保障
条约》（1951 年）。朝鲜战争之后，艾森豪威尔政府在结盟路上走得
更远，美国分别与韩国（1953 年）、与"台湾当局"（1954 年）签订
"共同防御条约"，又拼凑了《马尼拉条约》（1954 年）和《巴格达
条约》（1954 年）。到 1955 年，美国在 36 个国家拥有 450 个军事基
地，同拉美以外约 20 个国家结为政治和军事联盟。以至于美国资深
外交家查尔斯·波伦认为："是朝鲜战争而不是第二次世界大战把美
国变成一个世界范围的军事—政治大国。"②

　　正是在朝鲜战争和国际与地区局势紧张的刺激下，泰国在美国的
战略中的价值得到了迅速提升，泰国为寻求安全和获得援助，抛弃了
之前的观望态度，加入美国在亚洲的冷战和遏制战略中去，泰国和美
国关系得到迅速提升。

---

　　① 于铁军：《美国的同盟战略》，王辑思等编《缔造霸权：冷战时期的美国战略与决
策》，上海人民出版社 2013 年版，第 312—313 页。

　　② ［美］查尔斯·波伦：《历史的见证（1929—1969）》，刘裘、金胡译，商务印书馆
1975 年版，第 379 页。

第三章　美泰联盟的初步建立

20 世纪 50 年代初，东西方两大阵营在印度支那和朝鲜战争的冲突，使美国和泰国因各自的利益需求而走到了一起。朝鲜战争极大地改变了亚洲局势，使美国的亚洲政策发生了巨大的变化，并导致中美两国在朝鲜半岛发生直接的军事对撞。与此同时，美国加大了对印度支那事务的干涉。因地理上毗邻，泰国对印度支那局势特别关心。法国从印度支那撤出后，美国出于在亚洲冷战遏制的需要，组建了东南亚条约组织（SEATO）。美泰两国在多边条约的基础上，初步建立了联盟关系。

第一节　中美发生直接冲突后美国对
亚洲政策的修订

朝鲜战争之前，美国把苏联视为其在亚洲的主要对手。朝鲜战争爆发后，美国不再把苏联而是把中国当作东南亚威胁的主要来源。1952 年的 NSC124/2 号文件极力渲染中国的"威胁"，并进一步加大了对法国的援助规模。美国认为增加对法援助可以维持法国对印度支那的控制。同时，美国吸取朝鲜战争的教训，力求避免在亚洲再次爆发类似朝鲜战争的大规模局部战争。美国认为，只有发生中国公开"入侵"东南亚的情况，美国才应该派兵参战。

1952 年 2 月 13 日，美国国家安全委员会提出《美国针对共产党在东南亚侵略所采取的行动目标与方针》的文件。该文件对所谓的共产主义"侵略"作了极为详细的假设和阐释，认为"共产党无论采取公开侵略、颠覆，还是对当地政府的改造来控制东南亚，对美国安全利益来说都是十分重大的（威胁）"。

该文件尤其注意心理影响，称共产党在这一地区的成功，将会使其他面临着威胁的非共产党国家"对美国及联合国阻止共产主义在其他地区侵略的能力产生怀疑和忧虑；将会使共产主义的增长是不可抗拒的说法得到加强；并使得易受苏联压力影响的国家采取中立或妥协的政策"。该文件强调，"中共在该地区成功的公开侵略，尤其是没有遇到美国或联合国哪怕象征性的抵抗就获得成功，将会在心理和政治上产生严重的影响，很可能会使亚洲的其他国家，其次是中东国家迅速地与共产党合作，从而危及欧洲的稳定和安全"。这将使得"自由世界"在朝鲜作出反应而产生的"心理优势"丧失殆尽。[1]

该文件认为，东南亚的矿产资源在西方与社会主义阵营对抗中具有重要地位。该文件称，东南亚的丧失将会对日本产生严重的影响，将会使得"阻止日本与苏联集团和解变得十分困难"。该文件称，确保西方获得而不让苏联阵营获得东南亚的橡胶和锡，"在任何时候都是重要的，尤其是在爆发全球战争时更是如此"。共产党对盛产大米的东南亚大陆的控制，将会使苏联在与远东国家的交往中握有"强有力的经济武器"。印尼的石油将会因中东拒绝向西方国家提供石油变得更为重要。马来亚则是英国在殖民地中盈利的最大来源。

该文件称，共产党控制整个东南亚将会使美国在太平洋近海岛屿链上的地位受到威胁，将会严重危及美国在远东的基本安全利益。共产党控制东南亚大陆将会使西方丧失西太平洋与印度及中东之间最直接和最发达的海空航线。一旦爆发全球战争，苏联对该地区的控制将迫使美国和盟国的运输路线大幅南移。而且，苏联对东南亚大陆的军事设施，尤其是对新加坡基地的控制，将会对现有交通线造成威胁，并迫使美国去使用更外围的基地。文件认为，如果发生上述情况，将

---

[1] 陶文钊主编：《美国对华政策文件集》（第二卷·下），世界知识出版社，第740页。

会阻碍美军的战略调动，使美国本土美军面临着西太平洋岛链、澳大利亚的基地与中东及印度次大陆的潜在基地被隔离开来的危险。①

该文件强调，东南亚各个国家完整地"保存"下来，很大程度上依赖于整个地区政治和经济措施的成功协调。因此，为防止这些国家被纳入苏联的轨道，必须承认这种相互依赖性，并为整个地区找到行动的方向。文件承认，东南亚地区内部缺乏共同性。政治方面，除了民族主义和反殖民主义外，没有多少共同之处，对待东西方斗争的态度也分歧严重。该文件称，该地区除了国民党当局和泰国外，没有其他亚洲国家（地区）承认印支三国政府。经济上，东南亚国家间的竞争性大于互补性，地区内各国矛盾重重，缺乏信任。

在提到泰国的战略位置时，该文件认为泰国与中国没有共同边界，内部没有强大的共产党力量，与印支相邻的地区非常偏僻和条件恶劣，因此，除非缅甸或印支先陷落，泰国不会为共产党所控制。但共产党无论控制了印支还是缅甸都会使泰国遭到渗透、严重的政治压力和直接的进攻威胁。除非得到大量的外部援助，否则仅政治压力，就可能足以使泰国在一年内向共产主义妥协。但只要没有公开地进攻，无论出现什么形式的压力，通过大量的援助以及美英支持的承诺就能使泰国保持非共产主义政府。该文件称，泰国很难抵挡来自东方经柬埔寨的传统入侵路线的公开进攻。泰缅边界多山的地形和恶劣的交通使得泰国更容易抵御来自缅甸的进攻。但文件认为，无论哪种情况，保卫以曼谷为中心的泰国南部地区是可能的。该文件称，对泰国的任何进攻都必然是在共产党控制印支或缅甸之后，所以保卫泰国将是更大规模战争的一部分。②

该文件称，如果先失去缅甸，然后再失去泰国，那么印支的防御将失败。并且，从长远来看，以泰国为基地的大批共产党军队的存在将使法兰西联邦的军队在印支的地位不能维持。如果失去印支、泰国，那么由于心理上和政治上的影响，将会加速缅甸形势的恶化。那

① 陶文钊主编：《美国对华政策文件集》（第二卷·下），第740—741页。
② 同上书，第742页。

时，泰缅边界的恶劣地形将可能不会对军事产生直接的影响。

按照美国以上的分析，泰国不仅是美国防御印支和缅甸的后方，还可能是防御印支和缅甸的前沿阵地。当时美国对泰政策很大程度上是据此形势设计的，援助泰国既可增强政府对内的控制，还有助于改善法国在印度支那的处境。

该文件还推测，如果共产党控制了泰国，将使得泰马边界的形势更加恶化。但文件又认为，克拉地峡将成为西方在该地区的第二道防线。[1]

该文件以"多米诺理论"式的推理得出结论，称由于"东南亚国家战略上的相互依赖，以及共产主义在一个地区的成功渗透将引起连锁反应，说明采取行动阻止中共侵略的重要性"。该文件认为，最有效可行的办法是由美国联合其他国家对中国发出警告，并暗示要对中国进行报复。但这种方法的风险是在不确定的情况下提前作出了承诺。第二种办法是，把全世界的注意力都集中在中国对东南亚"侵略"的持久威胁上，并向苏联和中国表明美国对东南亚给予了极大的关注。但文件承认，第二种方法也不一定奏效，认为可采取组织和平观察委员会、美国官员公开讲话以及美国海空军部队进行显示武力的访问，甚至把国民党军队作为后备军。

与此同时，该文件还认为，美军在印支的直接卷入将增加在远东爆发全面战争的威胁，包括因《中苏友好同盟互助条约》使得苏联直接参战，使美军卷入亚洲的另一场"外围行动"，从而削弱美国在不久的将来进行全球战争的能力，并引起公众对"另一场朝鲜战争"的反对。因此，该文件又认为，可向社会主义阵营暗示，当其他关键地区遭到共产党"侵略"时，美国愿意使用本国军队。当然，该文件也承认，如果到时候不采取行动，将会造成这样的影响，即美国接受共产党付出很小代价或根本不用付出代价就可在世界上获得胜利。

该文件在 1952 年 6 月 25 日的美国国家安全委员会第 120 次会议被通过。同一天，国安会通过了《美国在东南亚的行动目标和方针》

---

[1]　陶文钊主编：《美国对华政策文件集》（第二卷·下），第 743 页。

的政策说明。该政策说明文件认为,"公开侵略"的可能性比"通过颠覆手段"控制东南亚的可能性要小。文件称东南亚的基本威胁在于印支形势的可能恶化,并认为这种威胁可能是由于法国和印支国家没有决心和没有能力继续反对越盟造成的。该文件在强调越南北部(东京)在防御东南亚的重要性的同时,认为如果缅甸、泰国处于共产党的控制之下将使得法国在印度支那无法进行防御。

该文件的"行动方针"部分指出,美国应该加强在东南亚的宣传和文化活动,以培养该地区与西方的密切合作。该文件指出,应继续推进适当的经济和技术援助计划,以加强这一地区的非共政府;鼓励东南亚国家恢复和扩大彼此之间的贸易以及与西方的贸易,促使这一地区的原料资源流向西方。该文件宣称,美国应联合英、法、澳、新(西兰)对中国发出"侵略"东南亚将面临严重后果的警告;加强美国在东南亚的秘密行动;鼓励海外华人在自己的社区组织反共团体开展活动,增加他们对"自由世界"的亲近感;采取措施推进这一地区的防御合作,鼓励和支持东南亚抵抗中国"侵略"和当地共产党"蚕食"的精神,并向美国民众宣传东南亚的重要性,使他们为在该地区的行动做好准备。

《美国在东南亚的行动目标和方针》(NSC124)确定的美国在东南亚的目标是:防止东南亚进入共产主义轨道,援助它们发展抵抗内外共产主义的意志和能力,并为增强自由世界作出贡献。[①]

关于泰国方面,该文件认为,美国应该继续援助泰国,帮助其创造稳定的内部安全,使之成为东南亚的稳定力量,并保持与西方的联盟。[②]

该文件称,万一印度支那或缅甸被共产主义所控制,美国应采取以下措施:(1)立即考虑优先给予并增加给泰国军事援助的数量。(2)立即采取一切可能的预防措施,阻止对泰国的入侵或被当地共产主义所控制。

---

① FRUS. 1952－1954,Ⅻ 1,p. 46.
② Ibid. ,p. 50.

该文件称，万一中国"入侵"泰国，美国应采取的措施是：（1）支持泰国政府向联合国发出呼吁。（2）与美国在世界范围内的承诺相一致，参加联合国集体行动，或联合法国、英国或其他友好国家，采取适当的军事措施反对共产主义中国。（3）使用中国的反共武装，包括国民党军队，在东南亚、朝鲜或中国本土进行军事行动。①

该文件认为，泰国是东南亚最稳定的国家，但其周边国家均陷入了困境，美国的援助可以增强泰国抵抗共产主义的信心。为此，美国决定继续给泰国援助。该文件称，即使任何军事援助都不能使泰国抵挡中国的公开"入侵"，但却有助于增强东南亚的非共力量。该文件认为，泰国军队虽小，但能有效地对付国内的叛乱，能迟滞外部侵略。美国的军事顾问团协助泰国的训练，尤其是步兵武器的使用和汽车驾驶、汽车维修等方面的训练已取得较好的成就。该文件称，如果"现在减少或完全停止援助，将对泰国（与美国）的政治联盟产生严重的影响，使（美国）驻泰大使及其同僚陷入无用之地"，并将对在朝鲜半岛的泰国军队产生不利影响。②

在维护泰国内部稳定和加强泰国政府方面。该文件称，尽管有政变谣言和未遂政变，但披汶政府是自第二次世界大战结束以来最稳定的政府。该文件称，当前泰国没有强大的共产主义运动，政府能控制住华人。因此，对泰国的军事援助项目应该保持在目前的水平，削减援助将会使泰国相信共产主义的宣传，还会给东南亚造成美国取消了对"积极支持西方意识形态和联合国在朝鲜行动的国家"的支持的印象。③

美国驻泰大使斯坦顿认为，应继续给予泰国援助，因为泰国在"朝鲜问题上支持美国，在亚洲有重要意义"；并且，与印度、缅甸和印度尼西亚相比，泰国"积极支持美国在亚洲反对共产主义"。因此，斯坦顿建议西方制定东南亚政策时应与泰国进行协商，不要突然

① FRUS, 1952 – 1954, XⅢ 1, p. 52.
② FRUS, 1952 – 1954, Volume XⅢ. Part 2, p. 654.
③ Ibid. , pp. 654 – 655.

改变给泰国的军事和经济援助项目，以免"引起泰国的愤恨和怀疑"。斯坦顿对富布莱特计划感到满意，认为该计划的最大效益是使泰国能"以友好的方式理解美国，并提高了泰国的教育水平"。斯坦顿建议下一阶段应大量地增加该项目的资金①。艾森豪威尔政府成立的美国新闻署②在冷战中也发挥了很大的作用。斯坦顿认为其最重要的作用在于进行反共产主义和反中立主义倾向的宣传。而且，该组织的活动得到了泰国政府的支持。③

斯坦顿认为，美国的援助项目已经成功地提高了泰国的整体安全形势，并向其他国家展示了作为美国"盟友的好处"。斯坦顿称，给其他国家留下美泰友好合作的印象是必要的，这将为美国处理与其他亚洲国家关系提供一个极好的榜样。但斯坦顿也指出，应避免因美国保护泰国而造成泰国是美国的"保护国"的印象，而且缅甸和其他中立主义国家在某种程度上已这么认为了。斯坦顿称，问题的真正严重性在于泰国的反应，它们在渴望和感激美国的物质援助和友谊时，也对美国的"保护建议和指责特别敏感"。因此，在今后的对泰政策中，必须不要给人造成美国通过援助的规模向泰国施压的印象，那将不可避免地削弱两国的友谊，而"这种友谊对美国来说肯定是一份资产……（因为）它与美国一起如此公开地揭露共产主义的入侵"④。

朝鲜战争后期，战事胶着在三八线附近，中美双方都接受朝鲜以三八线为停战线的现实，并在板门店进行停战谈判。为此，美国修改了对亚洲的政策。战争初期的政策有明显的应急特征，美国政策的调整表明，美国明确了在亚洲的冷战遏制政策，并开始着手长期扶持亚洲亲美反共政权，确保泰国支持美国亚洲政策的方针。美国企图维持泰国是美国亚洲政策的支持者和合作伙伴的角色，并将美泰关系作为

---

① FRUS, 1952－1954, Volume Ⅻ. Part 2, p. 659.

② 美国新闻署（USIA）成立于 1953 年，直属白宫管辖，新闻署署长由总统任命，直接向总统报告工作。新闻署集中了对外文化交流和宣传的主要手段，利用广播、新闻出版、影视等各种媒体，宣传美国的国家形象、对外政策和意识形态。新闻署成立后，成立于第二次世界大战时期（1942 年）的美国之音划归其管辖。

③ FRUS, 1952－1954, Volume Ⅻ. Part 2, p. 660.

④ Ibid. , p. 661.

美国与东南亚国家的样板，以期达到遏制和分化中立主义的效果。

第二节　第一次印度支那战争与美泰关系

第一次印度支那战争于 1946 年爆发，但早期主要战场在越南，尤其是在越南北部，并未与泰国接壤。其次，1950 年之前胡志明领导的越盟军队孤军奋战，几乎得不到任何有效的国际支援，在与装备精良的法国殖民军的对抗中处于弱势。因此，泰国并未受到战争太大的影响。但是，自从 1950 年越南民主共和国与中苏结盟并得到中国的支援后，一改颓势，战斗力大幅提升，使得法军节节败退。① 越军还进入老挝，与巴特寮一起打击法军及老挝王国政府军。印支局势的改变使得泰国惊呼受到越南和共产主义的"威胁"。随着朝鲜半岛局势趋于稳定并最终签订停战协定，美国加大了对印度支那的关注。美泰在干涉第一次印支战争的问题上找到了共同利益，并在战争结束后缔结了多边条约，初步结成了联盟。

一　1953 年的老挝危机

1953 年，越盟军队进入老挝北部地区支持巴特寮发起上寮战役②。长期以来，老挝并不是法军的防御重点，法军力量薄弱。上寮战役中，越军和巴特寮进展顺利，引起了美泰的恐慌。

（一）美泰对老挝局势的反应

老挝局势的发展使得泰国格外紧张，泰国关闭了泰老边界，并加强了边境地区的戒备。为此，泰国还增加了 5000 名警察③。1953 年 5 月 5 日，泰国驻美大使沙拉信拜会美国国务卿杜勒斯，要求美国就此发表一个强硬声明，宣示美国和联合国将支持泰国以防止对泰国的

---

① 文庄：《武元甲将军谈中国军援和中国顾问在越南》，《东南亚纵横》2003 年第 4 期。另见钱江《越南密战：1950—1954 中国援越战争纪实》，四川人民出版社 2015 年版，第 126 页。

② 钱江：《越南密战：1950—1954 中国援越战争纪实》，第 247—250 页。

③ FRUS, 1952–1954, Volume Ⅻ. Part 2, p.678.

"入侵"。杜勒斯表示他将在共和党午餐会上就此发表声明，并建议泰国把该问题提交给联合国安理会，引起全世界的关注。泰国大使接受了该建议。①

在 5 月 6 日召开的国安会 143 次会议上，杜勒斯提出泰国要求援助的议题进行讨论。副国务卿沃尔特·史密斯认为，如同在希腊危机期间派出范·弗里特代表团那样，应该派出一个高级军官为首的军事代表团前往泰国。史密斯称，泰国在此前也表达过希望美国的高级军官能直接训练他们军队的愿望。史密斯指出，印度支那可能会失去，但美国还能坚守泰国和克拉地峡，所以应该尽力去满足泰国的要求，并认为派遣范·弗里特赴泰国将产生强烈的心理效应。② 会议最终决定：对泰提供紧急物资，加速军事援助；派遣高级军官赴泰，指导泰国军事训练和提出行动建议。③

当天，杜勒斯将美国的决定通知泰国驻美大使沙拉信，并再次敦促泰国向联合国提出越盟进入老挝给泰国带来了威胁，要求联合国派遣和平观察委员会到泰国边境地区视察。杜勒斯向沙拉信强调，将老挝局势提交给联合国不仅对泰国边界安全有利，对泰国的利益来说也是最好的。④ 但由于法国为了维护自身在印度支那的殖民利益，反对美泰将此事提交给联合国，美国遂对此事显得"犹豫"，使泰国把老挝局势提交联合国的行动难以进行。⑤

（二）美国增加对泰援助

1953 年 5 月 5 日，杜勒斯致函美国防部长，转述了驻泰大使馆和军事援助顾问团提交的援助泰国的要求。美国驻泰大使馆和顾问团认为，老挝局势将影响泰国东北地区，称在老挝的共产主义武装将寻求泰国东北地区的老族和越南难民的支持，并敦促在共同防御援助计划项目下给泰国的武器应尽快运抵。杜勒斯要求给援泰物资优先级

---

① FRUS, 1952 – 1954, Volume Ⅻ. Part 2, pp. 664 – 665.
② Ibid., pp. 668 – 669.
③ Ibid., p. 670.
④ Ibid., pp. 671 – 672.
⑤ Ibid., p. 682.

别，即使与不是印支一个级别，也应该接近那个级别。杜勒斯给出的理由是：（1）泰国实际上是一个在前线反对共产主义"入侵"的东南亚的国家，"逻辑上，老挝之后共产主义的首要目标是泰国，这实际上要求重新检讨泰国军事准备的要求"；（2）随着越南共产主义接近泰国东北部边界，泰国面临着的威胁增大了。泰国政府需要维护治安，控制华人和同情越盟的越南难民。（3）老挝的共产主义力量可能会进行冷战宣传运动，泰国政府需要心理上的鼓励，以保证有意志去反对共产主义的"侵蚀"和防止被政变所颠覆。①

5月9日，大使馆与特别技术和经济援助使团（STEM）在给国务院的电报中称，越盟入侵老挝从长远来说给泰国拉响了警报，但并不意味着泰国东北面临着紧迫的危险，即便越盟完全控制老挝也是如此。电报建议美泰联合的高级委员会提出特别的发展措施，以应付由越盟入侵老挝在特殊地区所引起的危险。电报建议继续保持现有的特别技术和经济援助使团项目，以免给泰国留下美国对东北地区安全感到紧张的印象。采取扩大在东北地区项目规模的做法，并特别注重在敏感地区的援助，以增强心理效果。项目主要安排在从北部沿着边界一直到那空拍侬一线，强调给东北地区的额外经济项目应该限制在特定危险地区，并按特别问题来设计，指望这些措施能在两三个星期内产生心理效果。电报还强调，1953 财年和 1954 财年即使在其他地区削减特别技术和经济援助项目（STEM），也要考虑增加在该地区的此类项目。

在东北地区的援助项目包括农业、公共卫生、交通和教育等方面。农业方面，包括为干旱贫瘠的东北地区修建灌溉蓄水池和粮食增产项目。1953 年初至 1954 年 3 月，总共修建了 100 多个小型水库和蓄水池。此前在该地区的 121 个农场进行的施肥实验使得稻谷产量增加，并在乌汶召开了增产交流会议。②

教育卫生方面，在落后的东北地区培训教师。卫生方面，电报

---

① FRUS, 1952 – 1954, Volume XII. Part 2, pp. 665 – 667.
② 报告称产量增加了 76% —500%，FRUS. 1952 – 1954, Volume XII. Part 2, p. 674.

称，此前三年的消灭疟疾运动覆盖了 100 万人口，在当地反应良好。计划在东北地区优先装备 679 个农村健康中心，但实际上增加到 2000 个这样的中心。该项目强调援助东北府级医院，并给每个医院都配备救护车。①

交通方面，修复了通往柯叻的铁路，生产和修理铁路运输设备。优先安排东北地区 5000 公里公路的建设和养护。

军事方面，驻泰大使建议增加火炮的援助，并加快训练泰国空军，以及加强对泰国警察的援助。②

（三）泰国东北的战略公路

泰国东北部在地理上与老挝相连，人口以老族为主，并且在印度支那战争期间有大量亲共的越南难民，一直被泰国和美国视为敏感地区。早在 20 世纪 50 年代初开始，美国就开始推进泰国中部与东北部的交通联系。随着越盟进军老挝，接近泰国东北地区，泰美两国对泰国东北地区的关注显著提高了。但危机期间的援助主要是能迅速起到心理效果的小型应急项目。在越盟撤出老挝之后，加强在该地区进行大规模基础设施建设被正式提上了日程。1954 年初，美国驻泰大使馆和联合军事顾问团共同致电国务院，认为泰国中部平原与东北地区只有一条单线铁路联系是不够的，要求从全部援泰公路项目中选择东北地区的公路立即开始建设。该电报指出，缺乏这条公路将严重威胁在泰东北的军事行动，并认为建设该公路能比其他项目产生更大的心理影响，能增强泰国抵抗共产主义"入侵"的意志和能力。

1954 年 2 月 19 日，协调委员会（OCB）最高级别会议上讨论了沙拉武里至班派③的公路项目，会议同意该公路建设的主要目标，并认为由于军事的需要，应优先给予足够的资金。此前，泰国政府也向美国提出过正式的要求。④ 奠边府法军失败之后，国务院再次敦促加

① FRUS. 1952 – 1954，Volume Ⅻ. Part 2，p. 674.
② Ibid.，p. 678.
③ 班派（Ban Phai）为泰国东北部孔敬府中南部的一个县级行政区。沙拉武里至班派的公路是泰国曼谷至泰老边境口岸廊开及老挝首都万象的重要组成部分，也是泰国首都曼谷前往东北那空拍侬、穆达汉、乌汶等府的主要干道。
④ FRUS，1952 – 1954，Volume Ⅻ. Part 2，p. 706.

快沙拉武里至邦派的公路建设。①

二　美国在泰开展心理战

冷战时期，美国曾在各地区进行过不同形式的心理战。1951 年，美国创建了心理战略委员会，提出了冷战形势下对外心理战的计划，制订了美国对外心理战总体计划，并策划了针对苏东国家、西欧国家、中东国家、东南亚国家的一系列心理战计划和项目。1953 年的老挝局势引起了泰国严重的恐慌，美国加快了在泰国展开心理战的行动。1953 年 5 月 6 日，在国安会第 143 次会议上，总统特别助理杰克逊还提出了将泰国作为心理战基地的建议。此次会议责成杰克逊研究以泰国为基地的心理战的可能性。②

1953 年 7 月 16 日，美国驻泰大使斯坦顿在给国务院的菲律宾和东南亚事务主任邦索尔的备忘录中称，心理战的"第一阶段"的目标已经得到了极大的注意，并通过信息计划在进行。斯坦顿称，"共产主义的危险已经给泰国人带来了他们将抵抗入侵还是奉承共产主义的刺激"，但通过扩大信息活动可以解决这个问题，当然需要增加拨款和人员，尤其是增加懂泰语的人员。③

1953 年 8 月 13 日，在国家安全委员会第 159 次会议上，总统国家安全事务特别助理罗伯特·卡特勒宣读了美国在泰国的心理战报告。由于心理战涉及众多部门参与，其资金也来自国务院、国防部、对外合作署、新闻署和中情局，艾森豪威尔总统要求在泰国有人来协调和负责。新任的驻泰大使威廉·多诺万④出身军人，是美国资深情

---

① FRUS，1952 - 1954，Volume Ⅻ. Part 2，p. 711.

② Ibid. , p. 670.

③ Ibid. , p. 678.

④ 威廉·多诺万（1883—1959 年），美国军人、情报官员、外交官。1905 年毕业于哥伦比亚大学法学院，大学时与后来的总统富兰克林·罗斯福为同班同学。第一次世界大战和第二次世界大战时在国民警卫队和陆军中服役。1924 年出任柯立芝政府的司法部长助理。后来的联邦调查局局长埃德加·胡佛当时是他的下属；1940—1941 年，受罗斯福之命前往英国、巴尔干和中东秘密考察。1942 年，受命组建战略情报局（OSS）并任局长。1944 年获少将军衔。同年，到中国与国民政府军统局长戴笠签订《中美合作所补充合同》。1945 年第二次世界大战结束后，战略情报局被裁撤，多诺万被免职。但其主张建立和平时期的中央情报机构，并为 1947 年中央情报局的成立献计献策。1953 年 9 月至 1954 年 8 月出任美国驻泰大使，并负责美国在该地区的心理战项目。

报官员，卡特勒认为多诺万在泰心理战行动中应处于关键位置。9 月 10 日，行动协调委员会主席史密斯在给国家安全事务特别助理卡特勒的信中称，多诺万作为大使和美国在泰最高级别官员，秘密获得命令和指挥大权。[①]

1953 年 9 月 13 日，美国心理战委员会发布了《美国以泰国为基地的心理战》（PBS D-23）的文件，决定建立以泰国为心理战的基地。该文件称，在泰进行心理战是"共产主义在泰国及其毗邻地区的战略的结果"，"对泰国和毗邻区域的威胁能力正在增长"，必须迅速增加通过泰国当局进行的、与军事准备为支撑的政治心理战项目，否则"泰国人民将顺从于共产主义的压力"，并且整个东南亚都可能面临着"没有中共武装力量的公开干涉的情况下沦为共产主义的危险。"该文件称，美国扩大增强泰国的项目能使美法在印支的努力更有效，"通过保持泰国作为一个重要的侧翼战场和次级基地，将是对印度支那的支持"[②]。当然，文件仍然重申印度支那的重要性，称"印度支那仍然是抵挡共产主义给东南亚压力的主要战场，美国的资产和资源不能从那里转移"。

换言之，美国以泰国为基地的心理战，是为了防止印支形势恶化对泰国抵抗共产主义产生不利影响，也是为了巩固作为印支"侧翼战场"和"次级基地"的泰国，使其对印度支那战场起支撑作用。

该文件认为，泰国的政治环境和地理环境使得在泰开展心理战行动是可行的。行动的首要目标是"减少泰国面对共产主义压力时的脆弱性"。文件认为，以泰国为基地的心理战行动必须全面利用和开发常规渠道，接触当地人员，努力援助泰国政府的常规军事准备并扩大准军事行动。[③] 该文件还认为，美国应继续保持对泰经济援助规模，支持有长远利益的项目，减少泰国东北地区异见分子所带来的危险。

根据中国国内的民族区域自治的政策，1953 年 1 月 23 日，中国

---

① FRUS, 1952 – 1954, Volume XII. Part 2, p. 688.

② Ibid., p. 689.

③ Ibid. .

在云南南部傣族聚居区成立西双版纳傣族自治区（1956年6月改设为西双版纳傣族自治州）。在冷战紧张敌对的气氛下，此事竟然在泰国被宣传为社会主义阵营在制造"两国泰国"，并与东西方两大阵营冷战对抗前沿的"两国朝鲜""两国德国"联系起来。披汶还担心其主要政治对手、流亡在中国的比里从中国打回泰国去。美国情报部门也对此火上浇油，使此事一度在泰国引起极大的恐慌。[①] PBS D-23文件将心理战联系到中国的傣族自治区中去，认为通过一定时间的心理和军事努力，可阻止"共产主义扩张"，并"削弱分布在泰国、老挝、柬埔寨、越南、缅甸和中国有种族纽带的泰人……对中国、印度支那和其他地方的关注"[②]。

PBS D-23文件认为，美国在泰国的心理战初始阶段应强调减少泰国的脆弱性。该文件建议心理战略分成两部分：第一阶段的目标是增强泰国"抵抗共产主义入侵和颠覆的意志和能力"。第二个阶段将超越到泰国之外，扩大到准军事行动和其他项目，包括法国、英国和东南亚国家政府的参与。当然，文件要求心理战要突出美国总的领导，并尽可能地与当地领导人一起工作或是通过当地领导人来进行。[③]

行动协调委员会提出了心理战行动计划的建议：在第一阶段，"与美国军事项目协调，巩固作为安全基地的泰国，增强泰国的稳定性和边界地区的防御能力"。鼓舞和保持泰国抵御共产主义"入侵和颠覆活动"的意志和能力。通过东南亚国家最大限度赞同、最小限度反对的措施来支持泰国。通过发展该地区的共同利益，并通过美国的政治、经济影响，建立该地区各国合作的稳定基础。

为此，协调委员会要求保持或增加现有规模的经济和技术援助，尽可能与当地政府合作，通过当地的途径向泰国及其毗邻地区传播美

---

① 王阳林：《20世纪50年代中泰关系中的西双版纳傣族自治区问题》，《当代中国史研究》2011年第3期。另见 Anuson Chinvanno, *Thailand's policies towards China*, *1949 - 1954*, Basingstoke: Macmillan Academic and Professional Ltd., 1992, p. 97。

② FRUS, 1952 - 1954, Volume XII. Part 2, p. 689.

③ Ibid., p. 690.

国的信息，劝说泰国政府进一步采取措反对共产主义，最大限度地增
加当地的游击队和准军事力量，以抵御"共产主义入侵和渗透"，鼓
舞和支持泰国政府通过公开和隐蔽的信息活动，以支撑政府的政策。
另外，文件特别强调要加强对美国在该地区官方人员的培训，尤其是
对他们进行关于泰国、老挝、柬埔寨的历史、文化和语言的培训。①

　　该文件称，如果条件允许，美国驻该地区各国的大使和东南亚当
地政府参与，特别是泰国和法国政府有兴趣参与的话，将发起第二阶
段心理战计划。第二阶段将在第一阶段的基础上，增加以下目标：
"当泰国基地已经足够增强的话，把美国的影响扩大到整个东南亚，
并获得当地的接受。尽可能紧密联合当地合适的反共和非共力量，以
增强这些力量的民族自信心，以逐步创造一种胜利的氛围。"但该文
件也指出，东南亚不是一个政治实体，各国之间内部差异巨大，互不
相同，需要区别对待。

　　由于朱拉隆功大学和佛教僧侣中出现左派思想的宣传，美国加快
了心理战项目的推进。泰国内阁接受由美国大使提出的心理战建议：
建立了以总理为主席的委员会，实施美国大使及美国行动团所指定的
心理战项目。项目通过新闻、教会、大学、青年组织、广播、军事教
育和文化团体等途径进行。②

　　随着心理战的开展，大使馆和新闻署要求增加125万美元的资
金，增加项目的人手，以开展特别建议的项目：加强泰国政府"反
渗透"的宣传攻势，让泰国人知晓共产主义"对君主、信仰和独立
传统的威胁"；推动解决在泰国境内的越南难民问题；援助印支三国
揭露越盟利用老挝、柬埔寨和泰国的文化联系对东南亚的威胁；扩大
对在泰华人的心理战项目。③

　　泰国政府在美国新闻署的协助下，向政府官员、僧侣、教师、军
人和普通市民进行反共宣传，渲染共产主义"颠覆"的危险，塑造
政府正在努力推动民众福利和泰国在"自由世界"中拥有重要地位

---

① FRUS, 1952 – 1954, Volume XII. Part 2, pp. 690 – 691.
② Ibid. , p. 698.
③ Ibid. , p. 700.

的形象。① 企图通过这些措施，使民众支持泰国政府的统治，并拥护泰国政府亲美反共的外交政策。

美国新闻署项目强调"在整个泰国进行综合的反共教育"。项目从泰国统治集团的高层接受密集的灌输课程开始，通过泰国政府向下扩展到农村地区，对敏感的偏远地区给予了特别的重视。1955 财年，在泰信息项目支出达 126.3 万美元。1956 财年计划支出 1415.9 万美元。②

第一次印度支那战争期间的 1953 年老挝危机对美泰关系有重要的影响，危机加快了美泰在心理战等领域的合作，并加强了对临近印支的泰国东北地区的援助。这一时期美国对泰国，尤其是对泰国东北地区的技术援助，强调能迅速取得心理效果，有较强的应急特征。这一时期的美国在泰心理战项目是美泰双方政府合作开展的，并在民众之中产生了一定的效果。当然，从之后的发展来看，心理战并不能限制泰国政府的政策调整，在心理战开始之后不久的 50 年代中期，泰国受国内外局势变化的影响，中立主义反而加强了。

第三节　法国在印度支那的失败与美泰的对策

朝鲜战争结束之后，虽然美国对法国在印度支那的援助不断增加，但是法国面对日益壮大的越南抗法力量越发显得力不从心。并且，在老挝的法军也不断遭到越军和巴特寮的袭击，印度支那形势对西方越来越不利。1954 年的奠边府战役更是将法国的殖民战争拖入了绝望的境地。针对印度支那局势急剧变化，美泰谋求作出了新的对策。

一　NSC.5405 文件的出台
由于印支局势持续紧张，美国认为有必要对其东南亚政策进行新

---

① FRUS, 1955 - 1957, Volume XXII, p. 820.
② Ibid., p. 849.

的修改。国安会于1954年1月16日，出台了新的《美国在东南亚的目标和行动内容》（NSC. 5405）[①] 的文件。关于泰国，该文件声称美国将继续协助泰国政府创造内部安全的条件，使之成为东南亚的一个稳定力量，更好地抵抗共产主义的"压力"，并保持与"自由世界"的联盟。

为了达到这些目标，美国将继续为泰国提供军事、经济和技术援助，并加强文化、宣传项目和秘密行动。NSC. 5405文件声称，无论是印度支那还是缅甸的局势出现严重的恶化，美国将采取措施增加对泰国的援助，防止泰国被入侵或被当地的共产主义力量夺取政权。万一发生外部共产主义的"公开入侵"，美国将支持泰国向联合国申诉，并像美国对世界范围内所承担的"责任"那样，将推动联合国采取集体行动或与法国、英国和其他友好国家联合行动，甚至使用国民党军队，在东南亚、朝鲜半岛或中国本土采取军事行动。

二　奠边府战役时的美泰关系

1954年1月25日，美国副国务卿史密斯在给驻泰大使多诺万的电报中称，杜勒斯和艾森豪威尔在回答记者提问时表示，当泰国遭到共产主义攻击时，美国将如同1月12日杜勒斯在纽约对外关系委员会所说的那样，把泰国作为一个友好国家对待。[②] 但为了不至于使泰国感到恐慌或懈怠，史密斯要求大使在与泰国政府和国王的会谈时指出，泰国存在一些威胁，但不是唯一的和主要受威胁的地方。

在奠边府的法军被围期间，美国曾积极向西方主要盟国和泰国寻求联合行动，但英国对此并不热心，并担心西方再次在亚洲陷入朝鲜战争式的大规模战争。英联邦国家除澳大利亚外，大多追随英国，对此反应冷淡。泰国则在4月19日正式告知美国，愿意接受美国的邀请，参加美国所策划的联合行动。泰国还计划将军队从6万人增加到12万人，并向美国提出营房建设等后勤援助的要求。副国务卿史密

[①] 陶文钊主编：《美国对华政策文件集》（第二卷·下），第766页。

[②] FRUS, 1952–1954, Volume XII. Part 2, p. 704.

斯表示，美国将考虑泰国的要求。

但随着法军在奠边府战役的失败，泰国扩军和美国增加后勤援助的事被停了下来。国防部副部长安德森在给副国务卿帮办墨菲的信中表示，泰国作为东南亚经济最好的国家，应该自己解决部分问题，并强调泰国与其增加军队的数量，不如提高军队的质量。①

三 日内瓦会议期间的美泰关系

1954 年 5 月 8 日，在日内瓦召开讨论朝鲜和印度支那问题的会议开始转入讨论印支议题。此前一天，奠边府战役结束。法军的惨败使法国退出印支只是时间的问题。为此，是否寻求泰国的军事基地、使西方在东南亚大陆保持军事存在的议题，成了美国内部讨论的一个重要内容。1954 年 5 月 10 日，美国大使多诺万建议立即采取行动，与泰国谈判类似美国在英国那样的租借基地协议，并在泰部署 F-84G 战斗机联队。多诺万指出，泰国东北的柯叻和南部克拉地峡是合适的选择，并称前者花费不大，并可利用沙拉武里至班派的公路；而后者可在外敌入侵泰国时使用。多诺万认为，此举有多方面的意义。第一，可确保泰国不会单独面对威胁，将显示美国有意愿和有能力为泰国和亚洲自由国家提供实质性的援助以抵抗入侵；第二，可达到正面严厉警告对手，增强泰国抵抗意志的最大心理效果；第三，可使美国空军获得一个东南亚（大陆）的战略基地，并可显示出美泰对印度支那危机的关注。②

在负责远东事务的助理国务卿德鲁姆赖特给副国务卿帮办墨菲的备忘录中，德鲁姆赖特对多诺万建议进行了补充，提议与泰国政府谈判共同防御和租借基地、部署战机等事宜，并就基地的位置和美国人员的司法权问题与泰方签订协议。此外，还敦促加快修筑沙拉武里至邦派的公路。

5 月 13 日，国务卿杜勒斯也指示在欧洲参加日内瓦会议的副国

---

① FRUS, 1952－1954, Volume Ⅻ. Part 2, p. 708.
② Ibid., p. 709.

务卿史密斯就空军基地、泰国扩军9万和沙拉武里至邦派公路建设以及相关资金问题与参加会议的泰国外长进行讨论。14日，史密斯在回复中强调，美国"在东南亚（大陆）没有空军基地……特别是菲律宾的（基地）设施有地理障碍和可能的政治障碍"[1]。14日，史密斯向参加日内瓦会议的泰国外长旺亲王提起了沙拉信的意见。沙拉信对发展东南亚集体安全协议和采取措施增强泰国军力颇有兴趣。沙拉信称，泰国总理披汶对把军队从目前的5万—6万扩充到15万的计划很感兴趣，称泰国人力充足，主要面临的是缺乏训练有素的骨干和财政问题。沙拉信指出，泰国2.5亿美元的预算中已经有1亿用于军队，泰国财政非常紧张，最近国际银行因此还拒绝了泰国的贷款申请。[2] 泰方请求美国扩大援助以帮助泰国发展军力和改善防御。史密斯没有就援助问题作出承诺，但表示美国参谋长联席会议已开始就泰国扩军和沙拉武里至邦派公路建设情况进行了讨论。副国务卿史密斯称，他最强烈地建议在泰国建立空军基地，并认为这可在西方保卫东南亚方面起重要作用。[3]

史密斯还认为，向泰国提供必要的援助是可行的，泰国提出的军事援助应该宽泛和灵活，包括提供财政支持，以支持其住房和特定的基础设施建设，尤其是公路和机场建设。史密斯强调训练泰国现役军官和非现役军官的援助很重要，并称美国海军陆战队有在热带丛林进行的战争经验。

但美国参联会在讨论中认为，泰国扩军方案不可行，因为其缺乏训练有素的现役和非现役军官。国务卿则与东南亚各国的驻美大使商议在印支发起"联合行动"的方案，在与泰国签订租借基地协议还是多边安全条约的问题上，杜勒斯倾向于前者，认为后者涉及问题太多，并会遭到参议院的严格审议。[4]

同一天，国务卿约翰·杜勒斯与其弟弟、中情局局长艾伦·杜勒

---

① FRUS, 1952 – 1954, Volume XII. Part 2, p. 712.

② Ibid. , p. 713.

③ Ibid. , p. 714.

④ Ibid. , pp. 716 – 717.

斯就泰国空军基地问题也进行了讨论。艾伦·杜勒斯称，美国应该先
建设一个机场，并公开宣称要使用它，这将提高泰国的士气。约翰·
杜勒斯基本同意，但称他与海军上将拉德福讨论这个问题时，拉德福
十分不情愿在泰国做得太多。国务卿约翰·杜勒斯称，拉德福认为美
国"应该在共产主义、即中国之后采取行动"，如果美国不这么做，
美国在印度支那边缘所采取的措施将是无益的。拉德福指出："亚洲
人非常高兴接受美国的支持以使他们保持完整和独立，但他们不情愿
或反对与美国联合试图去破坏共产主义中国。美国任何这方面的努
力，将可能导致亚洲人在心理上感到，美国试图利用他们针对中国而
不是对支持他们的独立感兴趣。"①

国务卿杜勒斯还称，当天上午的内阁会议提出了能不能画出一条
线，如果共产主义跨过这条线，结果将是战争的问题。但该地区的困
难在于无法防止共产主义的内部"颠覆"的问题。

5 月 15 日，驻泰大使多诺万与刚刚从东北地区视察回来的披汶
会面，披汶表示泰国支持美国。多诺万敦促国务院，尽快同意与泰国
外长开始非正式地讨论在泰建立空军基地的问题。为了减少阻力，多
诺万指出，不是在泰国建立大型的空军基地，而是发展小型的设施，
为美国空军提供轮换基地。美军每年进驻 3 个月至 6 个月，只有少部
分人员和设施是固定的，大量的设备可移动和运输。②

5 月 21 日，在国务院和参谋长联席会议就当前局势进行讨论的
时候，副国务卿帮办罗伯特·墨菲提出援助泰国发展公路、泰国扩军
和发展民兵力量和在泰国东北建立空军基地等问题，并征询了海军上
将拉德福的意见。拉德福回复称，参联会不主张建立空军基地，首先
将涉及一个实质性的开支以建设混凝土跑道；其次，从军事意义上
讲，在这个位置上的基地没有必要。空军司令内森·特文宁认同拉德
福的见解，认为如果不久之后失去印度支那，这样的空军基地将在对
手的炮口之下。

---

① FRUS. 1952 – 1954, Volume Ⅻ. Part 1, p. 485.
② Ibid., p. 718.

拉德福还进一步指出，如果美国谈判建设一个空军基地，下一个问题将是我们用它来干什么，在什么情况下使用它，这些都难以回答。拉德福还对泰国大规模扩军持否认态度，认为泰国得花两年的时间训练军官。

国务院负责泰国和马来亚事务的官员兰登希望美国考虑在泰国南部建设空军基地。兰登认为，泰南的基地与柯叻相比，开支较少，而其雨季较短。拉德福表示，参联会认为如果有资金可用，可以在更好的位置上建立基地；但参联会最近对东南亚的研究表明，一旦失去印度支那，不相信西方能有效控制缅甸和泰国。

而特文宁则直接指出，兰登所说的建立一个更简单、耗资更少的机场的说法是不成立的，因为任何现代化的基地都要能起降喷气式飞机。最后，拉德福明确指出，"无论在哪里（建设机场），都不考虑在东南亚（大陆）"①。

5 月 30 日，刚从泰国回到日内瓦的泰国驻美大使沙拉信会见了副国务卿史密斯。沙拉信称，泰国决定要向联合国发出呼吁，并要求美国提供无限制的安全保证。沙拉信表示，他还不确定印度的态度，但是如果印度接受成为和平观察委员会的成员，他认为缅甸将会被说服参加。②

沙拉信称，他在曼谷期间得到了明确的指示，泰国目前对美国只在泰国部署战斗机的做法不感兴趣。但如果接受以下三个条件中的一个，即联合国解决印支问题，集体安全机构，与美国签订共同防御协定，泰国将会原则上同意美国在泰部署战斗机。③

泰国更关心加强本国的军事实力，包括得到喷气式飞机和建立军事基地。美国驻泰军事援助顾问团不支持泰国增加军队，使得泰国十分不满。沙拉信以强硬的语气指出，一些泰国高级军官感觉顾问团负责人吉尔默解决问题迟钝，使得顾问团和泰国关系出现了困难。史密斯建议泰国参谋长和其他官员访问华盛顿以解决问题，并称可让吉尔

---

① FRUS, 1952 – 1954, Volume XII. Part 2, p. 720.

② Ibid. .

③ Ibid. , p. 721.

默一起去华盛顿。沙拉信表示同意该建议。沙拉信向史密斯抱怨，美国在华盛顿召开的五国军事会议没有邀请泰国总理，披汶对此十分不满。①

为了尽快获得美国的保护，一周后，泰国明显地降低了要求。披汶和空军元帅荣尼对美国大使表示，泰国内阁对美国租借泰国基地十分感兴趣。沙拉信甚至还提出了如何避免被宣传为"被强国占领"的办法。②

6 月 16 日，国务院和参联会召开会议讨论印支局势，美国驻泰大使多诺万也参加了此次会议。参联会的立场有了些变化，特文宁代表参联会指出，参联会建议泰国军队从 5.7 万人增加到 9 万人，如果美国的对外合作署能提供资金，将建设沙拉武里至邦派的公路，如果得到资金，将可能建设柯叻空军基地。

但在进一步讨论在泰国部署空军的问题时，美国空军参谋长特文宁指出，参联会此时反对这样做。驻泰大使多诺万认为，有必要在泰国的某个地方部署空军，特文宁继续持反对意见，称在泰部署空军的建议是"政治上建议而不是军事上的建议"。特文宁指出，从军事上讲，部署一个联队将需要两倍甚至更多的军力去支撑。③

7 月 9 日，国务院和参联会继续开会讨论印支形势。拉德福介绍，泰国已经提出援助要求的简报，大部分是预算援助要求。泰国称其预算的 25%—40% 用于军事，而新计划将增加到 50%—75% 的比例。由于国防部此时没有可利用的资金，并且由于日内瓦会议尚未结束，会议决定暂时不做出进一步援助泰国的决定。拉德福只是强调，任何增加的援助都将首先用于交通。

这次会议上，参联会对泰国扩军提出了新的意见。拉德福称目前的泰国军队足够保障其内部安全，参联会认为优先采取的行动应该是在两个月内训练目前的军队。李奇微赞同拉德福的意见。拉德福称，如果外部入侵，泰国即便扩大了军队的规模也不会产生"重大作

---

① FRUS, 1952 – 1954, Volume XII. Part 2, p. 721.
② Ibid. , p. 722.
③ Ibid. , p. 723.

用"。海军上将卡尼也认为，泰国的主要危险是内部颠覆，国内安全才是最重要的。但副国务卿帮办墨菲重申，国务卿希望在其筹划的东南亚条约中得到泰国的全面合作。①

7月9日，美国国务卿杜勒斯在会见泰国驻美大使沙拉信时表示，希望正在美国访问的泰国陆军司令沙立延期回国②，以便美国国防部能有更多时间与泰方沟通。杜勒斯向沙拉信表示，目前泰国应该加强其陆军；并且，泰国军队应该以保卫泰国、制止侵略和为东南亚集体防御作出贡献为目标。

美国国防部与从泰国返美的驻泰联合军事顾问团团长吉尔默修改了对泰军事援助计划。7月12日，美国国防部副部长安德森在会见泰国陆军司令沙立时表示，美国准备立即拨给泰国的军事援助，加上已经交付给泰国的军援，总共约2500万美元。③增加的援助将用于泰国军队的训练及购买训练使用的武器设备，增加合格的初级军官、预备役军官和技术人员，扩大共同防御项目。为了安抚泰国要求扩军的要求，安德森称增加的援助将提高泰国军队的效率，并可为将来扩军打下坚实的基础。安德森还向沙立保证，美国政府将用300万美元援助泰国政府开始建设沙拉武里经柯叻到达邦派的公路。安德森认为该公路对泰国有巨大的战略价值，有重大的军事意义和经济意义，应加快建设。④对美国财政拨款缓慢的问题，安德森表示美国将改进。

但是，美国的烦琐程序使得资金迟迟没有到位，致使公路建设进展缓慢。1955年10月31日，菲律宾和东南亚事务办公室主任小肯

---

① FRUS, 1952–1954, Volume XII. Part 2, p. 725.
② 沙立率领12人组成的军事代表团于1954年7月1日抵达华盛顿，联合顾问团团长吉尔默陪同前往。沙拉信提出了总额为4亿美元的援助。见FRUS, 1952–1954, p. 732。
③ FRUS, 1952–1954, Volume XII. Part 2, p. 727.
④ 沙拉武里到邦派的公路具有军事用途，但主要由负责经济援助的对外合作署（FOA）负责，最初计划为800万美元，但后来机械勘察后调整为2200万美元。1954年项目施工中使用美国经济合作赠款中的800万美元资金。该时期没有使用共同防御计划项目（MDAP），见FRUS, 1955–1957, Vol. XXII, p. 385。

尼思·扬①再次给国际合作署远东事务办公室主任莫耶去信，敦促给予重视。大使馆报告称，建设项目的延误导致美国威望的大量流失，并可能使泰国对美国试图振兴的东南亚条约组织的态度产生不利影响。

由于 1954 年上半年印度支那形势发生了巨大的变化，美国不得不于当年 7 月修改年初颁布的 NSC5405 号文件。修改后的文件指出美国的政策不能保证对泰国或东南亚其他地区的防御，特别是越南政治分割和老挝、柬埔寨中立的影响。修改后的文件宣称如果印支和缅甸局势恶化，美国应采取措施预防泰国被侵犯，应增加了志愿防御队和国际志愿航空队的内容。② 前者为村级的防御、宣传和情报人员；后者为国安会第 195 次会议决定规划的可适用于东南亚，乃至世界其他地方的志愿军。

日内瓦会议结束后，美国对泰国的基地问题的讨论仍然继续。8 月 17 日，在回复参联会主席 6 月 4 日要求参联会和空军立即研究在泰国和克拉半岛发展基地及部署美国空军的信时，国防部副部长戴维斯称，这样做将导致美国军队作出承诺的印象，造成是美国采取"进攻性措施"来反对入侵者而不是当地力量对进攻作出反应的印象。戴维斯还称，东南亚大陆之外有足够的机场保证美国的目标。因此，反对这个时候在泰国建设机场。

在 1954 年中期，也就是日内瓦会议期间，美国国务院对在泰国谋求扩军基地很感兴趣。相比较而言，军方对在泰国扩军和在泰国建立空军基地持更为谨慎的态度。因为美国军方认为，如果失去印度支那泰国将难以防守，因此不愿在泰国形势不明朗时作出许诺。另外，美国军方认为，进攻性的防守将会刺激到中国，从而使问题复杂化，并可能使当地国家失去"自助"的动力，从而给美国背上沉重的负担。

---

① 小肯尼思·扬（1916—1972），1952—1954 年任美国国务院东北亚事务办公室主任；1954—1956 年任国务院菲律宾和东南亚事务办公室主任；1956—1961 年任国务院东南亚事务办公室主任；1961—1963 年任美国驻泰大使。

② FRUS, 1952–1954, Volume Ⅻ. Part 2, pp. 729–730.

第四节 美泰联盟的初步建立

1954年7月21日，关于印度支那问题的《日内瓦协议》签订。协议规定越南以北纬17度线停火、老挝和柬埔寨中立。但美国和保大政权拒绝在协定上签字。

1954年9月8日，在美国国务卿杜勒斯的积极策划下，美国、英国、法国、澳大利亚、新西兰、泰国、菲律宾和巴基斯坦在马尼拉签订《东南亚集体防御条约》（简称《东南亚条约》或《马尼拉条约》），成立东南亚条约组织（SEATO）。该条约的附加议定书公然违背《日内瓦协议》内容，将南越、老挝和柬埔寨划为其保护范围。

10月，泰国要求美国增加军事和经济援助。美驻泰大使馆以及特别技术和经济代表团认为，有必要增加对泰国的经济援助。因为泰国再增加军事支出将使得其财政更加困难，所以只有继续维持较高的非军事开支才能防止"民众接受共产主义宣传"。

11月4日，披汶在给艾森豪威尔的信中称，将派泰国警察总监炮①作为其私人代表访问美国，要求美国按1954年《太平洋宪章》和《东南亚条约》保证远东和平与安全。另外，鉴于泰国大米的严重滞销的情况，披汶请求美国购买泰国大米，支持泰国发展志愿防御队，援助泰国铁路和公路等交通建设。为此，泰国提出总额达到1.5359亿美元、超过6年的发展计划。

美国派往泰国的国家工作组则认为，即使没有大规模的扩军，也应该增加对泰国的防务支持，满足防止"渗透"的军事、经济和心理战的开支。工作组建议1955财年给泰国总额达2522.5万美元的额外援助，1956财年给3911.5万美元的援助，均为赠款。工作组还建

---

① 炮·是耶暖（1910—1960），泰国前警察总监。炮是陆军总司令屏·春哈旺元帅的女婿。炮参加1947年政变，帮助披汶·颂堪重掌政权，在新政权中掌握几个部和警察部队。50年代初期，他与披汶、沙立是泰国最有权势的人物。炮属下警察腐败严重，参与走私毒品、镇压反对派，使其声名狼藉。1957年，炮和沙立之间的矛盾激化导致沙立政变，炮和披汶被迫流亡。1960年，炮死于瑞士日内瓦。

议给泰国 1.477 亿美元的贷款，其中 1955 财年为 1620 万美元，1956
财年为 3560 万美元。① 工作组认为，这些贷款可尽量争取从世界银
行获得。

国务院则认为，"炮强烈支持美国在泰目标，与美国机构合作紧
密，并且是一个重要的政治人物，可能是披汶的总理继承者，因此，
基于政治的原因，一个对泰援助的坚定承诺是必要的"。如果美国对
炮要求的援助没有保证，将"严重损害美国的利益"。最后，对外合
作署远东地区主任莫耶建议 1955 财年提供额外的 3650 万美元的防务
援助，并增加 1956 财年的援助水平。

应该注意的是，以上的援助方案是在艾森豪威尔政府削减预算的
背景下作出的，也是在东南亚局势相对安定的情况下作出的。国安会
内部评估也认为，"泰国政治相对稳定……共产主义势力薄弱，民众
中没有严重的叛乱或不满的暗流"，并且"在今后几年内共产主义不
可能公开地入侵泰国"②。

美国这一时期加大对泰国的援助，主要是基于东南亚的整体形势
考虑。国安会认为，援助能防止泰国政府被"渗透和颠覆"，能防止
因社会主义国家外交和宣传压力使美泰联盟遭到削弱。国安会称，东
南亚条约国家回应老挝、柬埔寨或南越的援助请求将大大增强泰国继
续与西方站在一起的信心；而共产主义控制整个越南将会"刺激泰
国怀疑继续面向西方（的外交）是否明智"，并认为"共产主义无论
以何种手段控制老挝或柬埔寨，都将极大地增强对泰国的颠覆能
力……并削弱泰国与西方结盟的信心"③。

美国国安会认为，在后一种情况下，如果泰国仍然相信美国有保
卫泰国的意志和能力，将可能保持与西方的联盟。但如果"入侵"
一旦发生，泰国的抵抗可能是短暂的，除非美国迅速出现；如果泰国
认为与美国的结盟不能阻止"入侵"，反而可能刺激对泰国的"入
侵"，或是即便美国清楚地表示援助泰国，也不会延迟在泰国土地上

---

① FRUS, 1952 – 1954. Volume XII. Part 2, p. 739.

② Ibid., p. 741.

③ Ibid., p. 742.

的大规模战争，泰国可能会"不接受美国援助而寻求与共产主义和解"①。

美国国安会评估认为，当时泰国的安全力量能足够保证其内部安全，但即便大量增加资金和技术援助，泰国也不能抵挡"外部入侵"或较长时间迟滞这种"入侵"。但如果援助充足或是将美国顾问配备到泰国较基层的单位与泰国人一起工作，边境警察的安全力量将会有很大的发展，足以应付游击队或"颠覆活动"，并能击退小规模的"外部入侵"。②

当时，美国的目标是训练8万名泰国军人。国安会认为，训练在役军官和非在役军官是今后泰国扩军的关键。同时，协助泰国发展国家警察，国家警察当时约4.2万人，负责边界巡逻和内陆水域的警戒，处于防御的第一线，对管理泰国北部和东部边境十分重要。另外，协助泰国发展村级武装——志愿防御队，志愿防御队持有轻型警察装备，以对付小规模的游击队和"代理人"。同时，他们也是政府的情报员，并作为正规军和警察部队的后备力量。计划每个村有3个常驻的经过训练的志愿防御队员，最终目标是12万人。在泰国警察总监炮访问华盛顿期间，美国给予泰国2800万美元的援助承诺，其中有300万美元用于发展志愿防御队。③

朝鲜战争和第一次印度支那战争极大地改变了亚洲的局势，使美泰关系发生了很大的变化。两场战争使泰国在美国的亚洲战略中的地位显著提高，美泰两国在亚洲尤其是东南亚的共同利益明显扩大，双方的合作关系明显加强。第一次印度支那战争结束后，法国殖民势力从东南亚地区退出，美国则企图接过法国在印支的遗产，填补法国退出后留下的权力真空，防止该地区被社会主义阵营控制。美国和南越拒不在日内瓦协议上签字，为日后的印度支那和平埋下了隐患。日内瓦会议后，美国建立了东南亚条约组织，公然破坏日内瓦会议，将印支地区的老挝、柬埔寨和南越纳入保护范围。随着法国撤出印度支

---

① FRUS, 1952-1954, Volume XII. Part 2, pp. 742-743.
② Ibid., p. 742.
③ Ibid., p. 746.

那，泰国成为美国在东南亚大陆上最重要的盟友，在美国东南亚政策中的地位相应地提高了。但也应该注意到，由于日内瓦会议规定老挝和柬埔寨宣布中立，尤其是柬埔寨较好地坚持中立政策，柬埔寨和老挝同时与中美来往，使美泰在对待中立主义问题上产生了新的分歧。

第四章　泰国中立主义倾向对美泰联盟的冲击

20 世纪 50 年代中期，受到国际和国内因素的影响，泰国开始尝试在保持美泰联盟的基础上，寻求增加更多的外交空间。但美国从遏制和孤立中国的政策出发，反对泰国与中国任何交往和贸易，反对泰国的中立主义倾向。令泰国十分不满的是，美国在反对泰国中立主义倾向的同时，还改变了之前对中立主义国家的政策，加强与泰国周边的中立主义国家的关系，并给予它们相当数量的经济援助。为处理国内余粮和加强与亚洲缺粮的非社会主义阵营国家的关系，美国在亚洲大量出售剩余粮食。此举间接地压缩了泰国大米的出口市场，使泰国更加不满。围绕这些问题，美泰关系在 20 世纪 50 年代中期出现了一连串的摩擦。

第一节　中泰缓和与美国的反应

1953 年 3 月，斯大林去世。苏联新的领导人上台后，开始调整对外政策，谋求国际缓和。朝鲜战争结束后，中国把注意力进一步转向国内建设，积极争取一个和平的国际环境。在中苏等国的努力下，日内瓦会议取得了较好的成果。中国明确提出和平共处五项原则，与亚非国家建立了更加紧密的关系，特别是与印度、缅甸、印尼等国关系发展迅速。中美在日内瓦谈判后，两国建立了大使级的谈判渠道①。在万隆召开的亚非会议上，中国取得了巨大的成功，与更多的国家建立了联系，并推动了中国与一些国家建立了外交关系。

万隆会议上，周恩来与泰国外长旺亲王也进行了接触。周恩来对泰国的担忧进行了解释，邀请旺亲王访问中国，并促成泰国和越南就难民问题进行会谈。旺亲王回国后，发表了一些缓和中泰紧张关系的言论，这引起了美国的担忧。在万隆会议结束后不久，披汶到美国访问，就此事向美国进行了解释，并在其访问的国家中不断发表强硬的反共言论。但美国判断，旺亲王的缓和言论是经过披汶政府允许的。美国认为，泰国之所以开始恢复其历史上的"脚踏两只船"的政策，是因为"泰国对软弱的对外合作署和没有牙齿的东南亚条约组织的失望（泰国希望东南亚组织如同北约一样）"；泰国看到中国在日内瓦会议上的作用、在万隆会议上取得的成功；泰国对两大阵营缓和的判断，以及对美国给予中立主义国家的援助超过泰国感到非常不满。②

1955年下半年，泰国的中立主义倾向进一步增强。政治上，泰国外长旺亲王对中国持有乐观的态度。一些泰国官员发表言论，要求实行独立的外交政策。一些人要求减少报纸的反共姿态。政府容忍一些公开宣布中立主义的政党成立。贸易方面，泰国政府对与中国进行的非战略物资直接贸易很感兴趣，对经过香港和澳门的间接贸易不加干涉。炮和沙立派别的报纸都要求与中国进行直接贸易。

对泰国"缓和紧张局势"的做法，美国的判断认为，这与泰国历史上的"随风倒"的传统是一脉相承的，称泰国领导人是想展示他们独立的"万隆精神"。但美国也认为，美泰关系还不至于会受到严重影响。杜勒斯称"尽管有中立的诱惑，但似乎没什么理由相信

①　1955年4月万隆会议期间，周恩来总理声明中国愿与美国谈判缓和远东，特别是台湾地区的局势，在英国和印度的斡旋下，中美双方于1955年8月1日在日内瓦举行首次大使级会谈。中方代表是驻波兰大使王炳南（后由续任驻波兰大使王国权担任），美方代表是驻捷克斯洛伐克大使亚历克斯·约翰逊（此人后任美国驻泰大使）。至1970年2月，中美共进行了136次大使级会谈。会谈没能在关键问题上取得进展，但在两国没有外交关系的情况下，成为两国保持某种接触、交换意见的特殊途径。

②　FRUS, 1955–1957, Vol. XXII, p. 831.

泰国的亲西方倾向将会发生突然的或重大的改变。披汶政府仍然认为美国的援助和马尼拉条约是泰国安全的首要保障，并且曼谷还在积极拉拢并推动其他成员国（加强该组织）"①。

1956 年 1 月 4 日的行动协调委员会的报告称，泰国已经正视亚洲大国关系的现实，并已开始改变政策以适应权力的平衡。该报告指出，"与其说是内部局势或抽象的行为准则，不如说是外部事件和外部环境对泰国的外交方针起主要作用"②。报告称，尽管亚洲共产主义在发展，但泰国仍然强烈地倾向于"自由世界"，它欢迎美国的援助和建议，并作出带头参加集体防御的努力。报告认为，"如果自由世界在亚洲的地位被严重削弱，泰国可能会恢复到它历史上和解的国际位置中去。那时，美国的任何行动都将会被解读为美国在泰利益下降，并将增加泰国转向中立主义的风险"③。

20 世纪 50 年代中期，泰国统治集团内部政治斗争加剧。但报告认为，"无论冲突的结果如何，泰国的外交方针可能都不会受到影响，因为所有有希望的获胜者都可能同样承诺与美国保持紧密关系"④。

报告还声称，虽然泰国要求美国继续扩大对其军事和内部安全的援助，但是当泰国人意识到美国减少援助，他们将认为这是美国在泰利益减少的证据。一旦泰国人知道马尼拉条约不能给他们提供真正的安全时，他们将会改变对美国的政策，转向中立主义。⑤

1956 年初，美国大使馆获得的情报称，炮的代表与中国或与在中国的比里进行接触。由于炮政治谋略的偏好和泰国在国际政治中传统的灵活性，美国大使判断，这种接触既可能是炮的独立行为，也可能得到了泰国政府的支持，通过建立与中国的交往渠道以便将来使用。⑥

---

① FRUS，1955 – 1957，Vol. XXII，p. 841.

② Ibid.，p. 850.

③ Ibid..

④ Ibid.，p. 851.

⑤ Ibid..

⑥ Ibid.，p. 844.

美国大使馆还获悉，与炮联系紧密的反对党议员阿冯·素万那坡和萨因·玛南坤去了中国，大使馆推断他们去的就是"中国大陆"。大使馆认为，这两人在 1955 年春季作为炮—屏集团的华人财政顾问銮·巴萨旺的助手去了欧洲。而大使馆的另一份报告认为这两人前往中国是泰国糖业公司经理育他荣和銮·巴萨旺安排的。①

炮及其心腹支持建立左派报纸②则使美国更加不安。这些报纸攻击沙立，有比里的"经济发展计划"的特征，主张与中国进行直接的贸易，并刊登被判刑的共产党人的文章，敦促读者收听中国的广播。

美国大使馆收集到的这些情报使美国更加印证了泰国外交政策在"向左转"的判断。同时，美国大使馆也认为，这种行为是泰国政府在寻求一定程度的"保险"。大使馆推测，泰国认为有必要改变与中国的关系；而炮独立进行的尝试则是为了获取国内的政治优势。但大使馆也指出，这种发展并不意味着炮或泰国政府将彻底改变其外交政策，而是试图恢复泰国传统的外交技巧，对冲世界强国的力量。③

第二节　美国与泰国中立倾向时期的安全问题

在朝鲜战争和印度支那战争期间，泰国军警规模有了大幅扩充。日内瓦会议后，东南亚出现了一个和平时期，为适应新的国际环境和减轻美国的援助负担，美国积极推动泰国的军警力量进行调整。

1956 年初，美国协调委员会的报告称，泰国的安全力量超过了美国所希望的保持其国内安全、迟滞外敌入侵和有限的集体安全责任等目标。报告称，泰国的安全人员超过了人口的 1/96；警察超过了内部安全的需求的 50%，他们拥有重型装备，如坦克、飞机和远洋舰船。报告称，泰国的武装警察有"军队的特征"，这些重叠的功能不仅使国家背上了沉重的负担，还浪费了安全资源。例如，警察有一

---

① FRUS, 1955 – 1957, Vol. XXII, p. 845.

② 美国所指的报纸是 Thai Seri 和 Seri Thai。

③ FRUS, 1955 – 1957, Vol. XXII, p. 856.

个装甲车团和一个空降营与陆军职能重叠，一个水上警察与海军功能重叠。由于很大一部分的开支需要美国援助，报告认为这种情况"有悖于美国的利益"。

但美国又不得不谨慎地考虑泰国内部安全力量的削减问题。报告认为，这不仅因为有的威胁可能只是现在还没有被发现，还因为减少泰国的安全力量将不仅导致泰国，乃至整个东南亚的严重误解，那将可能刺激共产主义者在该地区的活动。报告称，鉴于目前"和平共处"的气氛，大幅修改美国的计划将被解释为"美国对中国态度的软化，从而为已经对东南亚产生了强烈吸引力的中立主义提供一个新的诱因"①。

为此，美国还认为，虽然警察的功能与军队重叠，但是如果把这些警种转移到军队去，还会危及美国对这些力量的有效控制，并可能产生政治和心理上的影响。因此，规模和建制需要维持现状，但应通过援助达到以下目的：

（1）建立公开的警察顾问和训练计划，由美国对泰国警察的组织、行政及反间谍和反颠覆行动施加影响；

（2）将3个装甲车营从曼谷转移到农村地区；

（3）调整军队和警察的责任，陆军提供必要的武装支持在边界地区的警察；

（4）将海军的海岸巡逻职责划给水上警察；

（5）由于警察和军队的重新部署和整合，重审志愿防御人员的功能、组成和最终规模。②

为了实行以上方案，使泰国军队"更好地服务美国的目标"，美国应实施以下措施：

（1）修订共同防御援助计划以适应新的内部安全；

（2）美国训练部队时应强调内部安全职能，如支持警察的行动、绥靖和反游击行动；

---

① FRUS，1955－1957，Vol. XXII，p. 852.
② Ibid..

（3）继续援助和建议泰国政府对军队进行特别的反共教育灌输，支持泰国努力将此项目作为训练部队的永久组成部分；

（4）对军队进行重新部署，减少曼谷驻军，将这些力量分配到偏远地区，尤其是北部边境地区；

（4）因警察有足够的力量，撤销美国对陆军空降营的援助和训练。①

1956 年 3 月 8 日，国安会第 279 次会议就 1957 财年的共同防御计划在泰国的目标进行了讨论，其中涉及是否给泰国喷气式飞机的问题。总统特别助理，前对外合作署主任史塔森认为，过度提高泰国军力水平，可能导致泰国出现像土耳其一样严重的经济困难。如果给泰国喷气式飞机，结果将是"要么美国为泰国提供更多的经济援助，要么对泰国的经济福祉构成新的威胁"②。国安会认为，当前泰国的军力超过了其实际需要。

1956 年 3 月 21 日，在国防部特别行动副助理秘书哥德尔给国防部负责安全事务秘书格雷的备忘录中认为，扩大泰国军队的使命将不可避免地导致扩大在泰国的共同防御援助计划。此前，泰国要求按该计划，把战斗部队从 10 个团增加到 18 个团，计划拥有 3 个空军营，并建设梭桃邑海军基地，提供活塞式飞机替代 F-8F 飞机，并为维持这些军队提供经济援助。③

为此，披汶、沙立和炮均就援助问题向美方提出了具体的要求。另外，还计划派遣空军副司令和另外重要的陆军官员于 6 月访问华盛顿。美国认为，这些援助要求还都会通过联合军事顾问团或正式的外交渠道向美国提出。④

6 月 5 日，在国防部副部长罗伯逊致总统特别助理安德森的信中称，此前国防部和国务院在国安会上的决定已经被重新考虑。参联会认为，1950 财年至 1956 财年在共同防御援助计划下给泰国提供的 6

---

① FRUS, 1955 – 1957, Vol. XXII, p. 853.
② Ibid. , p. 859.
③ Ibid. , p. 867.
④ Ibid. .

个螺旋桨驱动的 F-8F 战机中队已经过时，并且很快就会变得不再经济了。31 架 F-48G 喷气式飞机已经被列入 1957 财年的计划，以逐渐取代 6 个螺旋桨的 F-8F 战斗机中队。

对美国在该问题上态度的改变，罗伯逊在信中解释道：由于远东地区，包括一些马尼拉条约国家都已经在援助计划下获得了喷气式飞机。在这个时候中断泰国的飞机项目将不仅减少泰国的防御能力，并且还将产生严重的政治后果。这样的举动将被泰国领导人理解为美国对泰国防务兴趣的下降，从而增加泰国转向中立主义的风险。①

这一时期，美国外交决策部门认为，由于泰国的经济和财政能力有限，"无论是否给予喷气式飞机，为了维持目前的军力都得美国提供援助"。提供喷气式飞机意味着美国将为此投入更多配套援助资金。为此，在国安会第 287 次会议上，财政部长汉弗莱和预算局反对给泰国喷气式飞机。史塔森再次强调泰国经济已经很困难，援助喷气式飞机将使美国削减泰国的其他一些军事计划，否则将使泰国面临"土耳其式的困难"。艾森豪威尔总统同意史塔森的观点。但艾森豪威尔同时提醒道，在第一时间提供喷气式飞机给泰国的决定符合美国的利益，并表示将向泰国提供一个中队的喷气式飞机，但将限制对其余五个中队的更换。

这一时期，美国判断发生大规模入侵泰国的可能性不大，因此更注重防止"渗透和颠覆活动"。在直接军力支持计划中，美国给泰国的志愿防御队的额外援助由中情局管辖，由陆军部负责采购。这个阶段包括三个阶段，第一阶段于 1954 年 7 月 31 日完成，耗资 50 万美元，由对外合作署提供资金。第二阶段于 1955 年 1 月 31 日完成，耗资 160 万美元，资金根据 1954 年的《共同安全法》第 121 条拨付。第三个阶段将于 1956 年 1 月 31 日完成，约 200 万美元，资金由国际合作署提供。②

20 世纪 50 年代中期，世界和地区局势都相对较为平稳，在国内

---

① FRUS, 1955 – 1957, Vol. XXII, p. 881.
② Ibid., p. 836.

外因素的推动下，泰国的中立主义倾向有了发展。美国认为，保持一定的军事援助规模，既是保证泰国不被"渗透和颠覆"的保证，又是防止泰国走向中立主义的重要手段。当然，为防止泰国因过度武装造成"土耳其式的困难"，并给美国背上沉重的负担，对泰国诸多增强军事建设的要求，美国多不给予支持。

第三节　美泰在贸易和中立主义问题上的冲突

50 年代中期，泰国对外交政策作出了一些调整，这很大程度上是国内外的政治因素造成的。但不能忽视的是，经济因素也是这一时期泰国走向中立主义和泰国与美国发生一系列摩擦的重要原因。并且，这个时期，美国的其他盟国也要求美国放宽对它们与社会主义国家贸易的限制。可见，经济因素是冷战相对缓和时期影响外交的一个重要原因。

除了政治和安全方面的考虑外，泰国与美国联盟的一个原因是希望得到更多的经济利益。即便是具有浓厚政治军事色彩的东南亚条约组织，泰国也对该组织的经济功能感兴趣。1955 年 12 月 12 日，泰国外长旺亲王在出席联合国大会前，在华盛顿与杜勒斯进行会谈。旺亲王表示，《东南亚条约》的第三条支持"发展经济项目的计划"。旺亲王称，英国对科伦坡计划情有独钟，而美国则希望继续在国际合作署下开展双边经济项目，这些计划和项目都可以在东南亚条约组织的主导下进行。旺亲王还指出，正在进行的湄公河调查计划表明，一些调查项目可能适合东南亚条约组织发起和赞助，并称缅甸是湄公河流域国家，发展此类项目可能引起缅甸将来加入东南亚条约组织的兴趣。[1]

一　美泰在大米贸易的摩擦

大米是泰国传统出口的大宗物资，是泰国重要的外汇和财政来

---

[1]　FRUS, 1955 – 1957, Vol. XXII, p. 843.

源。在泰国工业化之前，大米贸易在泰国财政收入来源中占有突出的地位。第二次世界大战前，泰国年均出口大米约 200 万吨。泰国大米的传统国际市场主要是马来亚、印度、印度尼西亚、菲律宾和中国等地。

中国曾是泰国最重要的粮食出口国，但由于朝鲜战争爆发后，泰国参与对中国的禁运，使得泰国丧失了中国这个传统的大市场。朝鲜战争时期，由于大量粮食需求使泰国的出口并未受到太大的影响。但战争结束后，亚洲对大米的需求锐减，使泰国大米出口遇到了严重的困难。1951 年，泰国出口大米为 157 万吨，1952 年为 142 万吨，1953 年为 134 万吨。1954 年产量增加，加上积存的数量，官方计划出口 209 万吨，但上半年仅出口 40 万吨，比 1953 年同期减少 20 万吨，泰国面临严重的大米外销危机。为此，泰国政府连续三次降低米价以促出口，每吨降价 15 英镑。同一时期，泰国另一大宗农产品橡胶出口也在萎缩。1951 年出口 11 万吨，约占该年泰国出口总值的 33%，但 1952 年下降为 9.9 万吨，1953 年再降为 9.6 万吨。泰国本是出超国，由于出口额的下降和进口军事物资的增加，使得泰国 50 年代初连年入超。[①]

更严重的是，为缓解国内农产品滞销问题和推行美国外交政策，美国政府于 1954 年 7 月出台《发展农产品贸易和援助法》（即第 480 号公法），将剩余粮食以优惠条件销往与美国关系良好的缺粮国家。美国此举进一步恶化了泰国的粮食出口形势，引起了泰国的不满。

美泰两国在大米问题上的分歧主要表现在两个方面。一方面是美国在亚洲抛售或援助剩余粮食，使对大米出口依赖度很高的泰国受到了冲击，泰国对此不满并要求美国限制其在亚洲的倾销和援助；另一方面是泰国为解决大米出口问题，力主与中国进行大米贸易，认为美国的其他盟国与中国进行贸易，泰国没有理由坐失贸易机会，况且大米不是战略物资，美国不必为此限制泰国。但美国从遏制战略出发，

---

① 世界知识手册编辑委员会编：《世界知识手册（1955）》，世界知识出版社 1955 年版，第 408—409 页。

反对泰国与中国进行任何贸易。

1956年3月中旬，杜勒斯访问曼谷。杜勒斯在与披汶会谈时表示，美国反对中立主义，并担心尼赫鲁的中立政策。杜勒斯声称，各国需要"接种战斗细胞"去抵抗共产主义，并称中立主义并非不可以，但还要等100年，因为那时共产主义已不再构成威胁。[①] 杜勒斯安排负责远东事务的助理国务卿罗伯逊陈述美英首脑在1956年1月就对华政策的讨论，称美国坚决反对任何改变对华政策的做法，坚决反对任何使中国进入联合国的建议。杜勒斯向披汶强调，美国不会放松任何对中国的贸易禁运。披汶称泰国政府在国内面临着很大的要求与中国贸易的压力。杜勒斯称，中国货物是"诱饵"，要求泰国不要与中国贸易。

从美方的记录来看，披汶至少在表面上接受了杜勒斯的说辞。美方的记录称，杜勒斯对这次访问感到很满意。杜勒斯认为，披汶否定了"中立主义"，美国已经控制了泰国进一步加强与中国关系的势头。杜勒斯称，只要泰国觉得美国可以依靠，美国就可以继续指望泰国。[②]

为解决泰国一直十分关心的大米贸易问题。美国成立了由对外经济委员会约瑟夫·M. 道奇为首的委员会（"道奇委员会"）来规范美国大米在亚洲的销售，并派遣助理国务卿查尔斯·鲍德温为首的代表团来解决美国与泰国、缅甸的大米贸易摩擦。[③]

但是，由于美国在第480号公法下处理的剩余粮食的做法本身就是一种外交手段，其流向也多是美国的盟国或美国所争取的中立国家，所以美国仍根据自己利益需要不时向亚洲国家处理剩余粮食，这使得泰国十分不满。1956年初，巴基斯坦大米采购团计划在泰国购买5万吨大米；但当年2月，美国根据第480号公法对巴基斯坦提供大米援助，致使巴方取消了采购计划。泰国驻美大使向美国负责远东事务的国务院官员表示不满。此外，美国还计划在1956财年和1957

① FRUS, 1955 - 1957, Vol. XXII, p. 862.
② Ibid. , p. 864.
③ Ibid. , pp. 823 - 824.

财年向印度尼西亚提供财政支持，使其能向美国购买价值 3580 万美元的大米。这些均严重冲击到了泰国的大米市场。

泰国大使向美国国务院官员指出，中国曾是泰国最大的大米出口国，泰国把大米列入联合国对华禁运清单，但大米不是战略物资，泰国计划将大米从禁运清单中删除。泰国大使称，中国货物从香港流进泰国，若泰国不对中国出口大米，将使得泰国的外汇流失。泰国大使向美国国务院官员抱怨道，尽管对华出口大米使泰国面临"危险"，但是泰国别无选择。一方面，中国需要泰国的大米；另一方面，泰国传统的"自由世界"客户被美国补贴价大米挤压，泰国没有与之竞争的希望。

泰国引用美国向巴基斯坦和印尼销售大米的事实来要求与中国贸易。泰国官员称，国内的左派和其他反对派指责美国不顾对泰国经济的影响而倾销大米，给政府施加了很大的压力。1955 年，尽管泰国的出口量超过预期，但出口量和出口额还是比此前 7 年的平均水平少 30%。1956 年预计有 150 万吨大米可供出口，比 1955 年多 30 万吨。但直至 1956 年 3 月，出口日本的合同还没有签署，使得泰国大米价格比 1955 年平均价格下降了 12.5%。① 泰国政府为此遭受了国内舆论的压力。

此外，由于巴基斯坦急需大米，美国购买 1 万吨缅甸大米给该国，此事也引起了泰国的不满。泰国认为，美国出于政治考虑向中立主义的缅甸而不向作为盟友的泰国购买大米。驻泰大使馆认为，此举可能进一步导致泰国转向中立主义，使其与社会主义阵营国家贸易不被限制。为了安抚泰国的不满，国务院致电驻泰大使，要其告知泰国，美国准备向其购买援助老挝的大米。②

负责远东事务的助理国务卿罗伯逊认为，这是"美国国内的农业政策与外交政策之间的冲突"。显然，这并非全部原因。除此之外，还有美国在加强与中立主义国家关系和巩固盟国关系之间的冲

---

① 　FRUS, 1955 – 1957, Vol. XXII, p. 869.
② 　Ibid. , p. 870.

突，以及协调盟国之间不同利益需求的矛盾。如缅甸、印尼是中立主义国家，美国为了维持和加强与中立主义国家的关系，其计划通过向缅甸购买大米和向印尼提供美国的剩余大米；而巴基斯坦虽与泰国一样，是东南亚条约组织的成员国，但它们在粮食上的利益诉求完全相反，巴基斯坦希望得到美国的粮食援助，而泰国则不希望美国给其援助而导致泰国无法向该国销售粮食。在同样是东南亚产米国的缅甸和泰国，对美国的第 480 号公法也有不同的感受。缅甸是中立主义国家，其出口虽也面临着压力，但其市场相对更多元化，可向社会主义国家和其他缺粮国家出口粮食。美国向缅甸购买用于援助巴基斯坦的大米，对它来说是额外的收获，缅甸对此感到满意。① 但作为美国盟友的泰国，与传统市场中国的贸易为美国所阻挠，其出口市场较为局限，对美国在亚洲大量销售大米的做法早有异议，对美国向其他国家购买大米去援助亚洲缺粮国家的做法更是不满。

与此同时，亚洲的多个缺粮国家也想在美国的第 480 号公法下获得粮食援助。1956 年，日本要求获得 40 万吨，印度要求 4 年援助 50 万吨，菲律宾要求 7 万吨。② 这使得泰国对其出口形势十分担忧，这也进一步加剧了泰国对美国的不满。

经过一段时间的秘密接触之后，泰国政府于 1956 年 6 月 11 日公开承认考虑放宽与中国的贸易。在美国看来，这并不意味着泰国就要承认中华人民共和国，也不意味着会支持中国进入联合国，泰国与中国发展政治关系还很遥远。但美国还是担心，泰国放宽对中国的贸易限制，即便是非战略物资的贸易，都会对美国产生不利影响。美国大使馆认为，此举"会被东南亚国家理解为泰国改变了迄今为止坚定的反共外交姿态"；中泰直接贸易"将在泰国的公众舆论、尤其是在泰国及其周边邻国的华人社区里增加共产党中国的威望"，而且这种威望将被中国充分利用。③

---

① FRUS, 1955 – 1957, Vol. XXII, pp. 874 – 875.

② Ibid., p. 874.

③ Ibid., p. 880.

二　中泰贸易与美国的反应

美国认为，泰国与中国进行接触和泰国计划与中国进行贸易等行为是 1955 年以来国际形势发展的产物。美国驻泰大使馆在对泰国的评估中称，东西方紧张局势的缓和导致了泰国人得出这样的结论：（1）中国威望的不断增加要求泰国作出某些调整，以避免被留在孤立的位置；（2）泰国继续作为东半球少数几个拒绝与中国进行贸易的国家是"愚蠢的"。大使馆还认为，泰国的结论还因为不论其他盟国和中立主义国家对中国的态度如何，美国都给予大量经济援助而加强了。①

美国大使馆认为，泰国为了放松贸易限制进行了广泛的宣传。泰国舆论攻击美国控制泰国，抱怨泰国的军事负担，批评美国对泰国援助不足。大使馆声称，"这些活动虽然是由左翼媒体做前锋，但被机会主义者和亲共分子所利用，有独立机构的积极参与，还包括披汶在内的政府要人控制的报纸参与"。大使馆认为，美国剩余粮食处理计划使泰国的大米出口遇到了困难，美国减少购买泰国天然橡胶的前景支持了泰国与中国贸易的观点。另外，大使馆认为，泰国与中国的贸易也有商业经济利益的强力驱动；并且，贸易被完全禁止还产生了"远处的田野看起来更绿"的效果。②

1956 年 6 月 13 日，泰国外长旺亲王通知美国行动团副团长，泰国政府决定将非战略物资从联合国禁运清单中除去。旺亲王称，大米和木材将可以自由贸易，但不包括锡和橡胶。为了减少对美国的刺激，旺亲王称，此举不意味着泰国将向中国指派贸易代表或影响泰国对华态度。③

驻泰大使毕晓普分析泰国对华贸易解禁有以下原因：（1）反对派的施压，反对派指责政府是美国的傀儡，对民众需要中国的廉价商品无动于衷；（2）商人和政府内部人员寻求快钱，称一些官员接受了共产党人贿赂的黄金；（3）外部因素，特别是英国和印度对亚洲

---

① FRUS, 1955 – 1957, Vol. XXII, p. 878.

② Ibid. .

③ Ibid. , pp. 889 – 890.

共产主义的让步。此外，毕晓普还认为，旺亲王计划竞选联合国大会主席，需要英联邦国家和苏联的赞成，导致了其在外交上采取缓和的举动；炮—屏集团则追求利润的动机，以上诸多因素也促使披汶同意解除对非战略物资的禁运。①

毕晓普建议，国务卿或副国务卿亲自向泰国驻美大使了解泰国政策信息，并指示美国驻泰大使馆对泰国的行动表示"深感遗憾"，强调美国将坚定地执行现行对中国全面禁运的政策。

6 月 21 日，泰国政府宣布，解除关于非战略物资贸易的禁令，愿意同世界上所有国家进行自由贸易。同一天，泰国大使在华盛顿会见助理国务卿罗伯逊时表示，泰国取消对非战略物资的禁运政策是商人和公众压力的结果，他们无法理解为什么泰国比其他国家（美国除外）执行更加严格的非战略物资禁运。泰国大使向罗伯逊保证，泰国不承认中华人民共和国政府，不与其缔结正式的贸易协定，不支持其联合国代表权问题，并表示贸易量不会很大。泰国大使还否认了泰国政策将会发生根本性变化的说法，表示泰国将继续执行反共法案，禁止共产党宣传和审判访问中国大陆的议员。②

罗伯逊则向泰国大使宣称，中国的"威胁"并没有减少，并强调美国无意放松对中国的禁运，只是将继续在日内瓦就释放美国战俘和要求中国放弃使用武力进行接触。

6 月 23 日，杜勒斯还写信给披汶，向披汶强调美国对华政策的连续性，防止泰国进一步放宽对华禁运，并鼓动泰国采取有效行动给老挝领导人打气。杜勒斯对中美在日内瓦的会谈专门进行了说明，称美国与中国会谈只是因为还有 11 名美国战俘被关押在中国，要求中国在台湾海峡放弃使用武力，以及统计在朝鲜战争中失踪的美国人员。杜勒斯向披汶特别指出，会谈并不涉及"台湾当局"的任何权力和利益，会谈也"不意味着打算以任何形式承认和在国际上接受中共政权"③。

在对华禁运问题上，杜勒斯称放宽对华禁运将可能会显示出

① FRUS, 1955 – 1957, Vol. XXII, p. 890.
② Ibid. , p. 892.
③ Ibid. , p. 893.

"自由世界在反对共产主义时的脆弱"，要泰国谨慎避免。为了堵住泰国利用西欧国家与中国贸易为例要求放松对华禁运，杜勒斯称，最近英国在对华禁运问题上只是在有限的类别中"合理数量"的"例外"，并将在运输时进行严格的检查。杜勒斯称，美国没有参加这样的决定，并敦促英国严加控制，尽可能使中国少获利，美国将继续执行全面对华禁运政策①。

7 月 30 日，披汶在给杜勒斯的回信中重申，泰国没有改变，也不会改变对美政策，泰国将继续参加东南亚条约组织。披汶向杜勒斯解释道，泰国是一个亚洲小国，外部形势的变化使其受到了压力。一些国家已经公开地开始了中立主义政策，北约大国则明显地加强与共产党国家的关系，甚至使用了"例外条款"；与此同时，泰国的市场收窄了，公共舆论要求泰国采取类似的措施。泰国民众看到世界贸易开始恢复，要求开展贸易是一件很自然的事情。并且，还应该看到泰国华人并非无足轻重，应该给予"支持"。在这种强大的公众舆论压力下，泰国政府只能在对华贸易问题采取缓和的态度。披汶向杜勒斯重申，泰国与中国之间如同先前一样，"没有外交关系，没有银行，没有外交代表"。而且，泰国将尽量通过英国殖民地进行间接贸易，并采取更多措施防止受到共产主义的影响。②

20 世纪 50 年代中期，随着国际形势的缓和以及泰国国内政治竞争的加剧，贸易成为泰国调整对外政策的一大推手。美泰贸易的摩擦和中泰贸易的利益，刺激着泰国试图在保持美泰联盟的同时，增加在外交和贸易上的空间。由此，这一时期泰国中立主义倾向有了增强。但不得不说的是，在冷战前期，相比"安全"这样的核心利益而言，贸易的重要性要逊色得多。因此，这个时期的美泰贸易摩擦虽在两国间产生了一系列麻烦，但并没有根本上改变美泰之间的联盟关系。同样，这一时期的中泰贸易，促进了两国之间的缓和，但这种贸易与缓和是有限的和脆弱的。

①　FRUS, 1955 – 1957, Vol. XXII, p. 894.
②　Ibid. , p. 897.

第四节 美国反对泰国中立主义倾向与
对泰援助问题

为了遏制泰国的中立主义倾向，并加强披汶政府在泰国的执政地位，美国国务院认为应增加对泰国的援助。1956年6月7日，东南亚事务办公室主任小肯尼思·扬在给远东事务助理国务卿罗伯逊的备忘录中称，应该积极考虑扩大对泰国的经济和技术援助，并简化手续和加速进度，强调通过援助增加对泰国的影响。扬建议1957财年和1956财年一样，应给泰国约3000万美元的援助。国际合作署（ICA）敦促1958财年给泰国5000万美元，但是扬还是担心这种影响对1957年的泰国选举还是来得太迟了。①

小肯尼思·扬认为，在处理亚洲的中立主义和集体安全时，通过对美国给中立国家的援助进行了比较，结果使得亚洲盟友对美国提出了质疑，泰国对此更是不满。扬认为解决这个问题有两种办法，一种是向泰国解释，与泰国毗邻的两个中立国家的安全和独立对泰国至关重要。另一种办法是增加对泰国的援助。扬认为泰国政府为了准备1957年的选举，向美国提出增加2000万美元用于建设医院、学校这样可以对泰国人产生直接影响的项目。扬建议罗伯逊在美国高层官员中强调泰国的重要性，宣称"加强和维持一个与美国紧密联盟的自由泰国和发展一个资源丰富的伙伴，对美国和共产党中国在亚洲的长期斗争具有十分重要的意义"②。

小肯尼思·扬还建议罗伯逊，推动世界银行为泰国当时最重要的水利工程扬黑水坝③建设提供资金。

---

① FRUS, 1955–1957, Vol. XXII, p. 888.

② Ibid. , p. 889.

③ 扬黑（Yanhee）水利枢纽工程即后来的普密蓬水利枢纽工程。该工程位于泰国首都曼谷以北540千米的湄南河支流滨河上，兼有发电、灌溉、航运、防洪等效益，是泰国第一座大型水利水电工程。该工程水坝为重力拱坝，坝高154米，水库总库容134.62亿立方米，水电站装机53.5万千瓦，年发电量14.14亿千瓦时。该工程于1958年10月开工，1964年完工。

1956 年 7 月 12 日，尼克松在其亚洲之行的途中经停曼谷。泰国主要领导人在机场与尼克松进行了会谈。泰方敦促美国给予更多的援助，并加快交付援助的进度。泰国副总理向尼克松提出，"泰国现在只有一个可使用的机场"的困难，披汶则提出"贫困人口住房"问题，泰国副总理就住房问题向尼克松指出，美国应该"采取行动，而不是说说而已"。泰国副总理称，美国应该使泰国成为"亚洲的橱窗"，并抱怨中立主义国家和亲共国家比反共国家从美国得到更多的援助。①

8 月 20 日，在会见美国大使毕晓普及其他美国在泰主要机构负责人时，披汶强调，泰方认为经济援助项目应处于"最优先"的位置。披汶称美国应增加经济援助以训练熟练的劳动力，建设交通，尤其是公路和铁路，发展电力。披汶还要求在事关大选的"贫困人口住房"问题上应得到美国的援助。与此前的援助问题主要由披汶下属与美方会谈不同，在此次礼节性会见的过程中，披汶谈援助问题超过了一个小时。②

1956 年 9 月 29 日，国务院和国际合作署给美国驻泰大使馆的电报表示，与美国利益没有多大关系的披汶为选举而进行的"贫困人口住房"计划不被美国优先考虑。

1956 年 10 月 31 日，泰国外长旺亲王在出席联大会议前，在华盛顿与美国国务卿杜勒斯进行会谈。旺亲王再次向杜勒斯提起披汶十分关心的美国援助建设廉价房屋问题。美国称，该项目能产生实际的影响，但应建立在详细计划之上，以此进行拖延搪塞。

美国驻泰大使毕晓普认为，虽然美国不能也不应该通过"购买"得到泰国的友谊和联盟，但还是应该在援助问题上给泰国"最惠国待遇"。毕晓普称，美国对待作为盟友的泰国没有像对其他国家那样慷慨。毕晓普称，美国在充分认识到阻止像印度、缅甸、老挝、柬埔寨和印尼进一步接近社会主义阵营时，至少也应该意识到，在援助问

---

① FRUS, 1955 - 1957, Vol. XXII, pp. 895 - 896.

② Ibid., p. 898.

题上不给泰国"最惠国待遇"将严重损害美国在东南亚的利益。毕晓普进一步指出，如果美国继续希望泰国在该地区扮演亲美国家的"领导角色"，美国就应该给泰国必要的物资和支持。

为此，毕晓普给国务院提出四项特别建议：（1）尽一切可能确保世界银行以最快的速度给泰国的扬黑大坝工程提供约 4600 万美元的贷款；（2）美国在长期的"第二抵押条款"下向泰国提供 2500 万美元的资金；（3）美国提供 1200 万美元的资金，建设曼谷到老挝公路的部分路段，并建设曼谷到廊曼机场的多车道高等级公路；（4）美国考虑紧急派遣工程师和经济专家到泰国调查曼谷附近的深水港到老挝的交通路线。[1] 其中，后两个关于泰国至老挝的国际交通线建设可考虑由亚洲经济发展基金提供资金，也可以贴上东南亚条约组织的标签。

美国驻泰工作组同意毕晓普上述的建议，并敦促美国政府考虑披汶提出的增加经济援助的要求。美国大使馆和工作组还研究了在曼谷地区的熟练劳动力和半熟练劳动力训练项目。

1956 年 9 月 17 日，美国大使馆授权宣布 1957 财年给予泰国的防务援助初步确定为 3000 万美元，另有 450 万美元的经济合作援助（不含多边防务援助项目和直接军力支持的军事援助）。[2]

在 1957 财年给泰国 3000 万美元援助的计划内，国务院要求大使馆对以下美国关心的工程进行研究调查并提供建议。

（1）泰老交通系统。美国国务院认为，从政治和经济观点来看，改善曼谷到廊开的交通是合理的。并且，部分路段如沙拉武里（即北标府）到柯叻的东北公路已经在建设中；柯叻到廊开段（主要是桥梁工程）的修复工作已经被国际合作署详细规划；曼谷到沙拉武里段已经考虑进行工程勘察。但电报认为，湄公河大桥和春武里府是拉差港口的运输在政治上和地理上都是不可行的。

（2）曼谷到廊曼机场的公路项目。美国认为，这条公路现已不

---

① FRUS, 1955 - 1957, Vol. XXII, p. 899.

② Ibid., p. 902.

能满足使用，并且，这个项目具有很好的政治意义。另外，泰国政府对此项目感兴趣，希望建设 6 车道的公路。

（3）扬黑工程。泰国总理披汶把这个工程置于优先考虑的位置。世界银行已经在考虑该项目。美国将就此与世行保持密切联系。①

1957 年中期，披汶政权在大选舞弊引起的危机中摇摇欲坠，披汶要求通过外部援助来维持越来越难以控制的政局。披汶向美国大使抱怨，他和其政府被反对派攻击，反对派指责美军驻扎在泰国是为了控制泰国军队，甚至沙立也经常这么说。在最近一次的内阁会议上，沙立也发表了同样的言论。沙立要求尽可能安排泰国人到美国培训，而不是美国人进驻泰国的单位进行培训。② 在国会要求政府削减预算开支，压缩对外援助规模的情况下，披汶要求美国至少保持当前对泰援助水平。

美国驻泰大使毕晓普认为，下一个财年对泰援助的重点是训练、零部件更新和弹药方面，并希望尽可能减少在泰人员，减少泰国人的反美情绪。

在 1957 年中期泰国政治危机期间，东南亚事务办公室主任小肯尼思·扬在致负责远东地区事务的助理国务卿罗伯逊的备忘录中称，泰国的外交政策不会发生根本改变。扬称，"除非发生不可预见的情况，无法预料泰国将根本性的改变其作为东南亚条约组织和与美国联盟的外交政策"。但扬对泰国的局势仍甚感担忧，称如果泰国继续允许共产主义的宣传、"渗透和颠覆"，将会对泰国华人产生影响，并使得泰国的邻国认为泰国正在削弱对东南亚条约组织的支持，这将影响该组织的稳定，并阻碍新成员的加入。③

小肯尼思·扬认为，导致泰国与中国接触有许多原因，但最重要的一点是泰国认为在中国取得更大影响力之前应"未雨绸缪"。扬还认为，美国对中国态度是泰国判断中国前景的一个重要因素。扬还引用大使馆的论断称，"这是不言自明的，在与共产党中国缓和时，泰

---

① FRUS, 1955－1957, Vol. XXII, pp. 903－904.
② Ibid. , p. 922.
③ Ibid. , p. 923.

国只能超前，不能落在美国之后"。扬称，尽管美国不断进行解释，但中美在日内瓦谈判还是对东南亚国家产生了影响。①

小肯尼思·扬称，要扭转泰国继续与中国发展关系的趋势，美国发表新的声明、威胁或口头保证的影响都是有限的，重要的是向泰国及其他国家表明坚定的对华政策，并建议采取以下步骤：（1）结束被泰国视为美国对华政策软化的日内瓦会谈；为了减少共产主义对美国"加剧局势紧张"的指责，美国应发表一份措辞谨慎的声明，解释由于缺乏进展，进一步会谈已经没有意义。（2）避免放宽限制美国人去中国的政策。（3）安排一次国务卿与旺亲王的会谈，使国务卿能更多地了解泰国的外交政策，并强调美国的对华政策。（4）建议安排一两个参议员或众议员在国会休会期间访问泰国，向泰国总理及其他领导人传达美国对中国的认识。扬的建议除了第一条外，其余都得到了罗伯逊的同意。② 从 50 年代末美国想降低中美会谈级别和中断中美会谈的事实表明，美国的确认为日内瓦会谈在一定程度上松动了其对华强硬的形象，不利于美国在亚洲遏制中立主义的蔓延。

第五节　美泰关系与老挝、柬埔寨问题

1954 年 7 月 21 日，与会各国达成恢复印度支那和平的《日内瓦协议》。美国拒绝在协议上签字，只承诺不以武力破坏协议的执行。但是，美国对印度支那的战略定位并未改变，美国对印度支那的担忧也未消除。美国希望泰国加强与老挝和柬埔寨的关系，通过泰国增加西方在老挝和柬埔寨的影响。由于泰国与老挝、柬埔寨有紧密的地缘关系和历史渊源，泰国也乐意对这两个国家发挥影响。泰国驻美大使也认为，通过泰国对老、柬的援助将比西方直接援助更容易被接受。泰国帮助老、柬两国培训警察，并与老挝签署了商品过境协议。但泰国对西哈努克受印度影响的中立主义倾向感到不安，并认为应采取同

---

① FRUS, 1955－1957, Vol. XXII, p. 923.

② Ibid., p. 924.

时支持西哈努克和反对西哈努克的山玉成的对策。① 只是东南亚作为冷战时期大国角力的重要场所，泰国力量太有限，美国企图利用泰国来加强西方对老挝和柬埔寨的影响的策略效果甚微。

1956 年 3 月 13 日，美国国务卿杜勒斯访问泰国。泰国总理披汶向杜勒斯抱怨柬埔寨首相西哈努克访问中国，指责西哈努克的中立主义言论，并提起泰国与柬埔寨的边界争端。②

1956 年 6 月 23 日，杜勒斯就泰国开放与中国贸易问题致信披汶，信中谈及老挝问题。杜勒斯要求披汶采取措施加强老挝以应对共产主义"威胁"，避免表现出"自由世界"面对共产主义"侵略"时立场软弱。

杜勒斯指出，1953 年越盟对老挝的进攻使泰美两国看到了老挝对泰国安全的重要性，防御泰国最有效的方法是老挝加入泰老军事计划。杜勒斯称，美国准备为这些行动提供帮助，但要等到老挝和泰国军方建立起良好的工作关系。杜勒斯将中国邀请老挝总理梭发那·富马亲王访问北京视作中国对老挝施加的"压力"，并要求泰国采取措施加强老挝，以协助老挝领导人抵制中国的"压力"。③

7 月 30 日，披汶在回信时称，泰国在与老挝的接触和磋商已经取得明显进步，并强调东南亚条约组织的重要性④。但在回答美国要求泰国在老挝发挥影响力的问题时，披汶称泰国也需要美国和其他国家的支持，言外之意是美国应在该问题上给泰国额外的援助。

7 月 12 日，美国副总统尼克松在亚洲访问的旅途中，在曼谷加油休息两小时。其间，尼克松在曼谷机场与泰国主要领导人见面。披汶向尼克松表示，泰国国内稳定，但老挝局势不好；泰国在老挝有一

---

① 炮称，在美国大使普里福伊在因车祸去世前，曾与其讨论该问题，并获得其同意。FRUS，1955 – 1957，Vol. XXII，p. 833. 山玉成（1908—1977），出生于今越南南部即下高棉地区的茶荣县，曾在法国留学，长期流亡在泰国和南越从事反西哈努克政府活动。朗诺政变后，他担任过的"高棉共和国"总理，但又不能与这些人合作而出走西贡。

② FRUS，1955 – 1957，Vol. XXII，pp. 861 – 862.

③ Ibid. ，p. 894.

④ Ibid. ，p. 897.

定的影响，并试图劝说老挝领导人不要去北京访问。①

由于东南亚形势在日内瓦会议后又发生了很大的变化，美国对东南亚政策进行了修订。1956 年 8 月 30 日国安会第 295 次会议通过了 NSC5612/1 号文件。在军事上，该文件仍将援助泰国的目标定义为能够保持内部稳定，抵抗有限的、初始阶段的侵略，并为东南亚条约组织邻近地区的集体防御作出贡献。该文件特别指出，"鼓励和支持泰国与老挝、柬埔寨之间的紧密联系，包括可行的政治联系、经济合作和军事联合计划"②。

1956 年 8 月，主张中立的老挝首相富马亲王率团访问中国，并表示愿意接受中国给予的经济和技术援助，美国对此感到十分担心。在 10 月 29 日杜勒斯在给披汶的信中声称，"共产党表面的友好只是诱使老挝脱离自由世界和进入共产主义怀抱的战术"，中国邀请富马去北京访问是共产主义"不变的最终控制东南亚的现实危险步骤"③。

杜勒斯还向披汶介绍了当年 9 月老挝王储萨旺的访美情况。杜勒斯向王储强调接受中国援助，巴特寮加入联合政府和大量巴特寮编入军队的危险，称美国愿意向老挝提供一切援助。杜勒斯向披汶表示，要继续追求稳定和老练的方式加强"自由世界"对老挝的"承诺"，希望泰国继续加强与老挝合作。

1956 年 10 月 31 日，旺亲王在出席联合国大会之前到访华盛顿，并与杜勒斯进行了会谈。杜勒斯问及东南亚情况，旺亲王称缅甸发展不错，泰国与马来亚关系良好，柬埔寨尽管有一系列政府变动但没有大的危险，只是老挝政府太脆弱，局势较为危险。至于佩差拉亲王返回老挝的情况，旺亲王表示泰国也不了解。罗伯逊则插话向旺亲王强调，巴特寮不是其他，而是"越盟的产物"。

杜勒斯向旺亲王指出，美国认为泰国是"东南亚的主要支柱"，希望泰国在该地区采取步骤，尽管美国自身不能跟进，但是美国可提供多种援助。旺亲王称泰国政府对此表示赞同，也愿意帮助邻国，只

---

① FRUS, 1955 – 1957, Vol. XXII, p. 895.

② Ibid. , p. 900.

③ Ibid. , p. 905.

是因为缺乏资源，希望美国能考虑"通过泰国间接地为老挝提供援助"①。杜勒斯原则上表示同意，但在没有具体措施出来之前不愿作进一步评论。

1956 年 12 月 1 日，在回复杜勒斯 10 月 29 日的来信时，披汶重点阐述了老挝和柬埔寨的问题。披汶称，这两个国家是"刚建立的新国家，缺乏有经验的政治家，并缺乏长远眼光"。披汶还指责富马访问中国，使泰国造成了"一个与红色中国的漫长边界"，并使中国为巴特寮加入万象政府施加了更多的压力。披汶称，要使老挝保持在"自由民主轨道"，就必须给其慷慨的援助，帮助老挝建立工厂、道路、灌溉设施，那样老挝将不会不顾一切地投入社会主义阵营，变成中国的"卫星国"了。②

20 世纪 50 年代中期是美泰关系中一个特殊的时期。由于国际和国内因素的影响，泰国中立主义倾向增强，美国在改善与其他中立主义国家关系的同时，坚持反对泰国的中立主义倾向，反对泰国与中国贸易和接触，力图使泰国服从美国在亚洲的遏制战略。

日内瓦会议后，国际和地区局势都相对缓和。泰国希望利用地理上和文化上的优势，在老挝和柬埔寨事务上发挥更大的作用。但由于泰国自身力量有限和该地区事务的复杂性，美国的计划并没有成功。老挝方面，虽然泰国积极支持老挝右翼势力，但仍无力阻止老挝左翼和中立力量的发展。柬埔寨方面，两国由于历史遗留的领土问题和现实中的政治纠纷，两国关系非但没有改善，甚至还变得更糟，两国后来还曾中断了外交关系。

20 世纪 50 年代中期泰国中立主义倾向的加强，是国际形势和泰国国内政治经济等诸多因素共同促成的。国际方面，由于朝鲜半岛和印度支那先后实现停战，社会主义国家积极推动和平外交，中国和印度、缅甸一同提出和平共处五项原则，万隆会议成功召开，中国在亚非国家中的影响力有了很大增长，为中泰接触创造了有利条件。泰国

---

① FRUS, 1955 – 1957, Vol. XXII, p. 907.

② Ibid. , p. 910.

方面，泰国内部希望扩大自主权、开拓外交和贸易新空间的呼声不断增加。特殊的地缘因素、软弱松散的东南亚条约组织和建立在此基础上的较低水平的联盟关系使得泰国不得不为自己的前途感到忧虑。中美接触使得处于亚洲冷战前沿的泰国担心自己被美国出卖。泰国对美国在亚洲处理剩余粮食十分不满，美国援助亚洲中立主义国家的做法也进一步刺激了泰国中立主义倾向的发展。这一时期，泰国国内披汶、炮和沙立政治三巨头的竞争加剧，三人根据自己的政治需要，不同程度地加强了与中立主义和左翼力量的联系。因此，这一时期泰国对外与中国等社会主义国家进行了接触，并展开了贸易，在国内则放松了对新闻及政治的控制。

美国从自身利益出发，坚持对中国实行僵硬的遏制政策，反对泰国与中国进行接触和贸易。虽然美国内部判断泰国不会从根本上改变外交政策，不会抛弃美泰联盟，但美国还是认为，泰国内外政策的新变化不符合美国的利益。美国声称，泰国的内外政策会导致泰国被共产主义"渗透和颠覆"。美国从自身利益出发，认为中泰缓和与美国遏制和孤立中国的政策相悖，并会进一步刺激亚洲中立主义的发展，促使其他国家进一步加强与中国的接触和贸易，从而使中国获益。因此，美国在改善与其他中立主义国家关系的同时，却坚决反对泰国的中立主义倾向。

当然，应该注意到，在冷战的环境下，尤其是中美关系不能有效改善的情况下，美泰两国都不愿意放弃联盟关系。因此，虽然20世纪50年代中期泰国中立主义倾向有了较明显的加强，但泰国并未走上真正意义上的中立主义道路。并且，泰国还一再否认将走向中立主义，并不断地向美国保证泰国不会放弃与美国和东南亚条约组织的联盟。因此，这一时期泰国的中立主义倾向是有限的，对美泰关系的冲击也是有限的。

第五章　1957—1958 年泰国政治危机时期的美泰关系

1957 年 2 月的大选，将泰国政治三巨头之间脆弱的政治平衡打破，使泰国政治在接下来的一年多的时间里处于危机之中。在危机期间，泰国左翼和中立主义势力的活动使得美国格外紧张。为防止社会主义阵营获益，为确保泰国留在美国的战略轨道内，美国明显地增加了对泰国政治事务的干预。

第一节　美国与政治危机中的披汶政府

泰国 1957 年的大选是继 1952 年选举之后进行的首次大选。披汶在 1955 年访问欧美回国后，试图通过解放党禁、实行民主改革等办法来发展新的政治势力，以制衡势力不断增长的警察总监炮和国防部长兼陆军司令沙立。但是这次选举却未能如愿，并最终引发了一场严重的政治危机。

一　1957 年的泰国选举危机

在 1957 年 2 月 26 日的大选中，执政的玛兰卡西拉自由党在议会的 160 个议席中赢得 82 个席位，由宽·阿派旺领导的民主党获得 28 个议席，4 个左翼政党——自由民主党、经济学家党、独立党和海德公园运动党共获得 23 个议席。①

玛兰卡西拉自由党获得 51% 的选票，比上一次大选减少了 13 个议席。② 但是，反对党和报纸指责选举中存在严重的腐败和舞弊行为，曼谷政治气氛日益紧张。3 月 2 日，为防止爆发大规模的民众抗议，披汶政府宣布进入紧急状态，紧急状态持续到议会召开的 3 月 14 日。但危机并未缓解，原来跟随披汶的小党开始脱离披汶加入反对的阵线中去，佛教大赦③后，很多左翼领导人重新活跃起来，而"保皇派"和一些亲王则一度声称要抵制佛教庆典，克立在报上呼吁市民不要参加庆典。民主党宽·阿派旺除了支持泰国外交政策外，反对披汶及其政府。披汶承认，其处在左、右都对其猛烈攻击的尴尬境地。④ 但这还不是最致命的，沙立第二次上台执政以来一直保持着的披汶、炮、沙立三人之间的脆弱平衡被打破。大选后，沙立和炮之间的斗争进一步加剧，沙立攻击披汶的外交政策。形势朝着对披汶和炮越来越不利的方向发展。

虽然炮和沙立都是披汶的主要威胁，但在 20 世纪 50 年代中期，炮是最有可能取代披汶的人选。炮曾在酒后向美国大使暗示取代沙立的可能，但美国大使认为泰国内部斗争不利于美国的反共事业，故未予支持。披汶也视炮为最主要的威胁，披汶在炮访美期间曾解除了他的一些职务，并撤换了炮的一些亲信。1955 年，披汶在访问美欧回国后开始的民主改革，主要是想通过发展新的政治力量制衡炮和沙立。甚至 1957 年的选举最初还是为了削弱炮。⑤ 但事与愿违的是，执政党得票形势出乎披汶和炮的意料，大量的选票投给了反对派中的保守派。选举形势的突变使炮认为当务之急是通过操纵选举，确保披汶选举获胜比与之进行争夺更为紧迫。

① FRUS, 1955 – 1957, Vol. XXII, p. 913.
② 方生:《泰国的大选和今后政局》,《世界知识》1957 年第 6 期。
③ 公元 1957 年为佛历 2500 年，泰国于该年 5 月举行盛大佛教庆典，并进行大赦。
④ FRUS, 1955 – 1957, Vol. XXII, pp. 919 – 920.
⑤ Ibid., p. 928.

二 选举后政治危机中的美泰关系

在炮和披汶的操纵下,披汶最终从选战中胜出,但选举舞弊行为引起了泰国局势的严重混乱。为了阻止可能发生的公众示威,政府宣布进入紧急状态,并任命执政的玛兰卡西拉自由党副主席、陆军司令沙立为最高指挥官。但沙立迎合舆论,公开承认选举过程中的舞弊,拉拢左派和中立派,将矛头直指炮和披汶。沙立的行为使其在民众中获得了广泛的支持。披汶的地位很大程度上依靠沙立和炮之间的平衡来维持,为了防止炮的完全失势,选举后披汶转而支持炮。炮在议会中有一些影响,为获得左派的支持,炮鼓励提出让比里回国的建议,并主张与中国建立联系。① 在这种复杂的局面下,披汶一方面默许炮的行动,另一方面继续公开表示支持美泰建立密切的关系。

(一)美国对泰国外交的认识

负责远东事务的助理国务卿罗伯逊认为,泰国内部的政治斗争使泰国对华政策"软化"了,并作出了"更独立于美国"的外交政策。罗伯逊称,"一个首要的原因是泰国主要少数民族——华人——关注实力和威信不断增长的中国,他们怀疑联合国对华政策的坚定性"。结果,泰国领导人允许和鼓励与中国搞"边缘缓和"的措施。② 罗伯逊认为,正是这样的原因,使得反美、反东南亚条约组织的宣传没有被有效地阻止,也使得不断有团体赴中国访问,并使得中国的电影可以在泰国放映。

披汶则向访问东南亚的副国务卿赫脱和巡回大使查理德·詹姆斯抱怨,是西方国家,尤其是英法对中国的缓和态度给泰国造成了压力。披汶称,泰国的反对派和左翼记者利用许多大国,尤其是英国比泰国更为宽松的对华政策给政府施压。③ 但同时,披汶也向美国保证,除非中国被接纳为联合国成员,否则泰国不会承认新中国。④

---

① FRUS, 1955 – 1957, Vol. XXII, pp. 928 – 929.
② Ibid. , p. 929.
③ Ibid. , pp. 930 – 931.
④ Ibid. , p. 931.

（二）对泰国与中国交往的担忧

1957 年 5 月 1 日，美国驻泰大使馆向国务院报告，泰国的一个大型文化艺术团前往中国访问。美国大使馆认为，这是近期泰国与中国缓和的又一行动，或是准备在特定情况下与中国相处的权宜之计。大使馆称，这次文化艺术团的规模和秘密安排是过去一年中最具挑衅性的事件，证明泰国政府正在加快寻求增强外交政策的灵活性。大使馆认为，美国对泰政策应避免与美国在泰国周边，尤其是与在老挝反对中立主义的努力相冲突，避免削弱美国加强东南亚条约组织的努力。①

美国大使馆分析认为，泰国与中国接触，首先是出于国内政治原因，泰国想改变外交政策才是其次的问题。②并且，美国获得的情报称，泰中接触主要通过炮的亲信朴·巴銮那萨坡中校进行。因此，美国推测过去两年泰国与中国的接触处于炮的掌控之下。这与炮和沙立争夺不断增长的左派团体，尤其是曼谷和东北地区的左派有关。大使馆称，沙立的谋略限于国内，而炮则与比里和中国建立联系。披汶则由于比以往更加依赖于炮和沙立的之间的微妙平衡，选择对此不加干预。③

美国对此深感不安，认为泰国的行为将给外界造成这样的印象，即泰国政府正在改变对华政策，泰国政府认为中国接下来将不可避免地进入联合国；中国在世界上的威望已经有了很大的上升，美国是世界上唯一反对中国的大国，美国将准备不使用否决票默许中国进入联合国，也不再阻挠中国与美国盟国之间的关系。

此外，美国认为泰国中立主义趋势正在继续加强。美国认为，在过去一年里，泰国政府没有阻止媒体的左倾趋势，中国的电影可以在泰国放映，泰国的官员称泰国没有理由不分享与中国贸易的那份利益。

由于披汶在国内政治中的地位正在削弱，大使馆建议，在阻止泰

① FRUS, 1955 – 1957, Vol. XXII, p. 916.
② Ibid. .
③ Ibid. , p. 918.

国与中国进一步往来方面，除了与披汶交涉外，还需要接触炮和沙立。① 随着沙立势力的上升，美国在泰援助中也开始有所变化。在 1957 年 7 月 3 日，国务院给驻泰大使馆的电报中指出，"为了保持可持续的地位和确保军事援助计划的有效性"，有必要进一步加强以沙立为首的军事政治派别所需求的项目。②

（三）美国防止比里回泰国

1956 年底，美国获得的情报称比里可能回国。③ 该情报称，流亡在中国的比里试图离开中国，他可能去其他国家，但最终将回到泰国。该报告还称比里既可能引退，也可能加入政府。美国认为，泰国领导人允许其回国是想利用比里，称比里将被允许回国，并会被释放和加以利用，这将可能使泰国国内形势发生变化，并导致外交政策受到影响。④

美国根据其获取的情报，认为从泰国领导人对比里可能回国所持的"开门"态度，可以推断泰国领导人与比里的代表保持着联系。这一方面是为泰国的外交保留足够的余地，以适应中国在未来世界获得的地位；另一方面是一些泰国领导人正试图利用比里的声望和回国的可能性来为自己获取政治利益的谋略。⑤

与此同时，美国也认为泰国倚重美国的支持，通过东南亚条约组织与美国的经济与军事援助来反对中国。并且，泰国领导人应该会意识到，比里回国意味着泰国外交政策的改变，这将会引起美国的反应。因此，比里回国一事只是长期看来可利用的话题，泰国政府并不会冒着风险给出正式的承诺。但美驻泰大使馆还是建议国务院，就此事非正式地向泰驻美大使进行询问。于是，大使馆建议小肯尼思·扬找机会非正式地询问泰国大使沙拉信。⑥

① FRUS，1955–1957，Vol. XXII，p. 919.
② Ibid.，p. 927.
③ 1956 年 12 月 7 日的美国驻泰大使馆电报。见 FRUS，1955–1957，Vol. XXII，p. 910 注释 2。
④ FRUS，1955–1957，Vol. XXII，pp. 910–911.
⑤ Ibid.，p. 912.
⑥ Ibid..

在 1957 年 5 月 23 日会见美国大使毕晓普时，披汶称比里夫人被允许回国是因为她要求参加她儿子的出家仪式和看望生病的母亲。但尽管如此，披汶还是敦促炮让比里夫人尽快离开泰国。披汶强调尽管比里称其不参与政治，但仍卷入泰国政治中，称比里曾致电问候"泰国人民"。①

（四）美国应对泰国政治危机的行动计划

在 1957 年跨部门的行动协调委员会制定的《关于泰国的行动计划纲要》中，将美国对泰目标定义为："防止泰国经济依赖于共产主义集团；说服泰国明白他们的最佳利益依赖于与自由世界的其他国家发展更好的合作和更紧密的联系；协助他们朝着建立有意志、有能力抵抗内外共产主义的稳定、自由和代议制政府的方向发展，从而为增强自由世界作出贡献。"②

由于这一时期泰国政治动荡，美国特别强调继续优先接触第二梯队潜在领导人。美国认为，这些潜在的领导人应该有以下特质：（1）他们在统治集团的周围并能接受美国的影响，有德行天赋或有可能在统治系统中上升；（2）他们有地位并有责任感，能够对城乡民众的重大利益和普遍福利采取行动；（3）他们政治活跃，并能在青年和知识分子之中产生影响。③

（五）减少美国在泰人员

这一时期，美国注意到减少在泰人员的必要性，认为这可避免引起泰国人对美国人的反感。1957 年 3 月 20 日的行动协调委员会的报告认为，尽管美国政府和公民在泰国继续受到欢迎，但大量美国人在泰国存在着一个引起泰国人反感的潜在根源。泰国人总体上对美国是友好的，但在表面之下有一些反西方情绪。因此，美方人员应限制在能有效行动的绝对最低限度，意识到个人行为应小心谨慎，应改善所有海外机构的人事招聘程序，以获得最有能力的人才，达到最低数量的人员获得最高效率的目标。报告指出，应该将有能力的人才优先补

---

① FRUS, 1955 – 1957, Vol. XXII, p. 920.

② Ibid. , p. 914.

③ Ibid. , p. 915.

充到援助项目的岗位上。①

同时，美国也指出，人员的减少不能引起泰国的误判。1957 年 7 月 3 日，在国务院给驻泰大使馆的电报中指示，减少在泰人员时，应避免联合军事顾问团人员的"突然大量减少"的情况，因为那将会"导致泰国误认为美国失去对泰国安全的兴趣"②。

（六）维持披汶政权与防止泰国走向中立

1957 年 2 月泰国大选导致的危机爆发后，披汶和炮陷入了困境，而掌握军权的沙立影响力日渐上升。美国的评估认为，在一两年内，三巨头仍将保持"工作关系"。但由于披汶权力的削弱，美国大使馆建议，在遏制泰国与中国接触方面，不仅要与披汶进行交涉，还应与炮和沙立接触。到 1957 年 6 月，美国的情报评估认为，泰国的政局可能会有变化，最可能的是沙立上台。但美国认为即便沙立上台，也不大可能会彻底改变泰国的内外政策。③

美国认为，继续给泰国高水平的援助和显示美国保卫东南亚的坚定决心，泰国可能会继续实行反对共产主义，在集体防御上与美国结盟的外交政策。泰国会继续保持与中国接触，但是在一两年内不会承认中国，除非中国进入联合国。

美国评估认为，如果共产主义进攻老挝、柬埔寨和南越，只要泰国政府确信美国能兑现在该地区防御的承诺，泰国将参加军事对抗。但如果东南亚条约组织的军队，特别是美国军队不进行抵抗，那么"几乎可以肯定泰国会寻求与共产主义集团和解"；如果共产党"控制"一个或多个国家，泰国将会走向中立主义，并寻求在东西方之间的平衡。④

从 1957 年 2 月大选危机爆发到披汶下台的半年多的时间里，虽然美国的评估认为，即使沙立上台也不意味着泰国将根本改变外交关系，但美国还是对在政治斗争中与国内左翼有联系的沙立不放心，对

---

① FRUS, 1955 – 1957, Vol. XXII, p. 915.

② Ibid. , p. 927.

③ Ibid. , p. 926.

④ Ibid. .

沙立控制下的报纸刊登左翼和中立主义者的文章感到担忧。因此，这段时间美国试图维持披汶继续统治泰国，防止泰国因披汶垮台而出现新的、更大的动荡，从而使左翼势力获益。

第二节　沙立第一次政变后的美泰关系

尽管美国不希望披汶政府倒台，但是直接掌握陆军大权、在选举危机后又获赢得了选民支持的沙立已事实上成为泰国最有权势的政治人物了。一场推翻披汶和炮的政变已在所难免。

一　沙立第一次政变

在持续了半年多的危机后，1957 年 9 月 16 日，披汶向普密蓬国王寻求支持，国王告知披汶下野以避免政变，披汶没有接受国王的建议。当晚，沙立发动政变，推翻了披汶政府。披汶逃往柬埔寨，炮则向军队投降，后被允许乘飞机去欧洲。国王宣布全国进入紧急状态，并任沙立进行军管，任命曾任驻美大使、东南亚条约组织秘书长的朴·沙拉信组织临时政府。9 月 18 日，沙立解散了由"肮脏的选举"而产生的议会，宣布 90 天内进行新的选举。美国对这次政变并不感到意外，更不打算进行干预，而是采取现实的态度，迅速地予以承认。在华盛顿 9 月 17 日（当地时间）的新闻发布会上，美国官方称这是"泰国内部政治发展（的结果），没有计划改变美泰合作关系"[1]。

9 月 20 日，沙立在会见美国大使毕晓普时保证，泰国将"严格遵守原来的外交政策，并拥护联合国和东南亚条约组织"。沙立称，泰国不会走"中间道路"。毕晓普回应称，"美国的政策建立在利益和对世界问题态度的基础上，而不是人事基础上，这完全是（泰国的）内部事务"，并且希望沙立采取措施反对共产主义。[2]

---

① FRUS，1955－1957，Vol. XXII，p. 932.

② Ibid.，p. 933.

二 沙立第一次政变后美国的反应

由于此前沙立在政治斗争中利用左翼和中立主义者，沙立支持的报纸也在抨击美泰关系，要求泰国实行中立主义政策，为观察沙立政变后新政府外交政策，美国减缓了对泰国的援助。并且，美国还希望以援助为杠杆，把沙立纳入美国的战略轨道中来。

（一）美国把援助当作杠杆

沙立政变后，美国推迟了一系列对泰援助项目和贷款；但由于担心沙立及其支持者与中立派联合，故又继续保持正在进行的项目。9月28日，美国国务院指示驻泰大使馆，暂停一切正在进行或建议进行的任何具体的经济项目；暂停1958财年的防务支持援助；推迟建设和交付军事援助项目下的消耗物资；延期交付任何军事硬件、特别是泰国陆军所期望得到的军事硬件。[①]

恰在这一时期，美国国会计划削减预算，将大规模压缩1958财年的对外援助。美国建立发展信贷基金，用提供贷款的办法，压缩原来对外援助中的赠款。这些因素使得1958财年对泰国的援助将比1957财年有较大规模的减少。而此时，泰国面临着沙拉信临时政府之后的新政府选举，何时将这个消息通知泰国政府，使之尽可能减少对美国的不利影响，成为美国不得不考虑的问题。杜勒斯认为，如果在大选之前通知泰国，将增加临时政府的困难，并可能使其转向中立主义，使沙立与左翼和中立主义者联合。若选举之后通知，则会使新政府转向中立主义和削弱新政府对美国和自由世界的友好态度。但更困难的是，美国将在接下来的两三周内通知其他国家下一年度的援助计划，若泰国不能在大致的时间内获知美国的援助计划，将会增加对大选的影响。[②]

美国驻泰大使馆在10月5日给国务院的回复中称，由于临时政府声明继续支持东南亚条约和保证国际义务，因此美国应继续在正常

---

① FRUS，1955 – 1957，Vol. XXII，p. 936.

② Ibid. .

程序下正常进行援助。同时，应给自己保留尽可能多的自由行动空间，暂不给予新的承诺，并暂停不违反信用的项目。

驻泰大使毕晓普指出，在泰国临时政府阶段，应该在不改变日常的基本援助行动的同时，最大限度地增加对将来的影响。这将使美国给泰国人留下这样的印象，即美国对泰友谊没有被最近的事件改变，美国的援助也没有受到影响，美国对泰国政府的发展和行动仍抱有兴趣。毕晓普称，这将比任何公开过度的政治施压和干涉其内部事务而导致泰国政府对美国不友好更加有效。毕晓普承认，"援助泰国明显更多是基于政治而不是经济或军事（的考虑）"，如果泰国持续的政治动荡或选举后的新政府对美不友好或走向中立，美国就"有必要重新评估援助政策，并应根据美国的利益施加最大的压力"①。

为此，毕晓普建议，所有已经签署的协议应继续有效，但还处于规划阶段的项目应尽可能地搁置，所有未批准的项目将暂不予以批准。军事援助方面，正在按合同建设中的军事项目继续正常进行；日常的军事消耗物资正常提供，不应违约，除非找到恰当的理由可以缓供。因为计划中的大多数军事硬件已被交付，联合军事顾问团团长认为，减少交付将不会有作用。因此，没有理由推迟交付任何军事硬件。②

毕晓普认为，通知泰国1958年的防御援助计划应与其他国家一道按正常时间进行。同时，应向泰国指出该计划是非正式的，尚未公布的，还处在美国代表团及特别技术和经济委员会计划阶段，并强调这仅是"计划表"，而不是最终"承诺"。③ 毕晓普特别指出，"迫切需要关注的是泰国东北地区的公路，无论如何都要考虑必须完成"④。

大使毕晓普的建议得到了美国国务院的认可，国务院东南亚事务办公室负责经济的官员惠廷顿称，东北公路迫切需要额外的资金，不应该出于政治的原因而受阻；延迟1958财年的资金将意味着曼谷到

① FRUS, 1955 – 1957, Vol. XXII, p. 938.
② Ibid. , p. 939.
③ Ibid. .
④ Ibid. .

沙拉武里公路北段的开建受阻；1958 财年给警方项目的资金应在短时间内拨付，特别是边境巡逻配备弹药的经费应及时到位。①

（二）美国对泰国的政治影响

美国国务卿杜勒斯指示驻泰大使馆，在临时政府期间以及大选之后，应该注意两个问题，即如何鼓励符合美国在泰国和东南亚目标的政治力量的联合，以及如何促使他们采取措施加强东南亚条约组织和反对共产主义的"颠覆"，以及中立主义的压力。针对前一个问题，杜勒斯指示驻泰大使馆与国王、宽·阿派旺（民主党领导人）、沙立、巴博、他侬、素吉（统一党领导人）接触，使国王、政变团、临时政府以及其他亲西方的政党进行联合。针对第二个问题，国务院同意发展美国新闻署的特别计划，以强调"共产主义的威胁"，并让泰国看到美国的军事、经济援助以及诸如东南亚条约组织等多边安全协议的乐观前景。杜勒斯还要求毕晓普注意中国与柬埔寨的关系以及中国国内政治的发展，要求毕晓普利用各种途径说服泰国官员和重要人物防止来自内部的危险。②

杜勒斯指出，美国对泰政策的首要目标是维持泰国作为"美国在东南亚努力的枢纽"。美国应利用可用的资源"帮助泰国符合要求的政治力量之间的联合，并革除颠覆性因素"。否则，"美国将不得不面对不断加剧的泰国局势，以及随之而来的在整个东南亚的不利后果"③。

杜勒斯要求毕晓普在这关键时刻，采取一切措施以解决其前面所指出的两个问题。杜勒斯称，国务院将继续把泰国列在东南亚战略中的重要位置，并保持关注泰国政局发展和远东局势对泰国的影响。

除了对泰国政府外交政策的关注外，美国还尤其关注泰国国内的媒体。9 月 30 日，在非正式拜访临时政府总理沙拉信时，美国大使毕晓普专门提出反对美国和东南亚条约组织的报纸，要求泰国政府根除这些颠覆性因素。毕晓普指出，在 9 月 16 日政变前，这些宣传被

---

① FRUS, 1955 - 1957, Vol. XXII, pp. 943 - 944.
② Ibid. , p. 942.
③ Ibid. .

认为是攻击炮和披汶的工具，但现在这样的基础已经不存在了。在与沙拉信交涉后，毕晓普认为，控制反美媒体取决于说服沙立。①

以上可以看出，尽管美国不愿意推翻披汶的政变发生，但是沙立政变发生后美国还是现实主义地迅速予以承认。当然，沙立政变还是在一定程度上影响了美泰关系。一方面，在国内的政治争夺中，沙立与左翼和中立势力的联系使美国对其不是很放心；另一方面，为防止因政权更迭而使左翼和中立主义获得机会，美国屡屡敦促泰国新的统治当局打击左翼和中立主义势力。因此，美国通过调整援助对泰施压，以促使新政权采取更符合美国利益的内外政策。随后沙立赴美就医，使美国获得了对泰国新实权人物展开外交游说的新机会。

第三节　沙立在美就医期间的美泰外交

1957 年政变后，沙立虽不是正式的政府首脑，但却是泰国真正意义上的实权人物。沙立患有严重的肝硬化疾病，美国认为沙立的健康关系着泰国政局。因此，美国主动表示愿意帮助沙立到美国治病。沙立在美国就医的半年时间里，双方进行了多次接触，使这次赴美就医成为美泰关系中特殊的一环。

一　美国计划对沙立施加影响

1957 年 12 月 15 日，泰国举行选举，27 日公布结果。以他侬为首的国家社会党与联合党一起，组成了新的政府。② 12 月 24 日，患有肝硬化的沙立再次病重住院。此前，美国大使毕晓普曾对沙立表示，如果沙立愿意到美国治疗，他将会帮助安排。沙立再次犯病后，同意到美国沃尔特·里德陆军医院就医。1958 年 2 月 14 日，沙立在美国进行了手术，成功地遏制住了病情。

但围绕着沙立治病的外交活动也同步展开。此时的沙立并未任职

---

① FRUS, 1955 - 1957, Vol. XXII, p. 937.

② Ibid. , p. 946.

政府内阁中的职位，但被认为是政变团和沙拉信临时政府背后的真正力量。毕晓普大使在给国务院的报告中称，"无论沙立是否握有权力，美国援助他的姿态都将得到泰国军队和泰国民众的感激"①。4 月 3 日，毕晓普建议，利用沙立在美国住院的充裕时间，对其进行游说活动，并认为厄斯金将军和约斯特巡回大使是最为合适的人选。

毕晓普认为，泰国面临着左派现实的威胁，而大多数领导人与世隔绝、政治上不成熟，这些特性导致了泰国官员机会主义地与中国秘密接触，与国内左派进行合作，以取得"暂时的政治优势"。② 毕晓普指出，在长时间没有强有力领导人的形势下，沙立是一个关键人物，但他与其他官员一样，"对世界事务无知，缺乏对世界共产主义特征的认识"。因此，毕晓普建议在沙立留美治疗期间，非正式地向其介绍"其他国家与共产党共事和利用内部共产主义运动的结果"。

对如何开展游说活动，新到任的大使亚历克斯·约翰逊③在 4 月 11 日给国务院的电报中建议，政变后的两次选举（1957 年 12 月 15 日和 1958 年 3 月 30 日）的结果，是向沙立证明政府并不需要通过与左派联合来提高威望和影响的绝佳案例。④

二 沙立希望获得美国援助

除了美国想利用沙立赴美就医的机会外，沙立也希望在美国治疗期间与美国领导人进行接触，使泰国新政府能获得新的援助，并增加其在国内的政治威望。为此，美国驻泰大使亚历克斯·约翰逊指出，

---

① FRUS, 1958 - 1960, Vol. XV, p. 987.

② Ibid. .

③ 亚历克斯·约翰逊（1908—1997），美国外交官。1935 年开始，先后在东京、首尔、沈阳从事外交工作；1945—1949 年，任美国驻日本横滨总领事；1949—1953 年，在美国国务院远东司工作，任助理国务卿帮办，负责日本和韩国事务；1953—1958 年，任美国驻捷克斯洛伐克大使，任内（1955 年 8 月开始），作为中美大使级谈判的美方代表，与中方代表有多次交锋；1958—1961 年，任美国驻泰大使；1961—1964 年，任主管政治事务的副国务卿和在国家安全委员会执委会任职；1964—1965 年，任美国驻南越"副大使"；1965—1969 年，任美国驻日本大使；1965—1966 年，1969—1973 年，任美国国务院主管政治事务的副国务卿。

④ FRUS, 1958 - 1960, Vol. XV, p. 988.

美国应避免过去把与泰国的关系建立在个人联系基础上的做法，同时应尽量避免得罪沙立。在健康允许的条件下，沙立仍是泰国的领袖。此外，还应考虑到沙立来自泰国的东北，他侬和沙立承诺在东北地区有所作为，如果他们没有得到美国的积极支持，左翼分子会尖锐地要求政府接受社会主义阵营的援助。同时，也应该向沙立指出，华盛顿在讨论增加经济援助的同时，美国政府与泰国政府一样面临着预算和税收的困难，并向他仔细解释发展信贷基金的问题。约翰逊大使建议，如果美国有可提供的资金，不要在条件不成熟时给予任何公开或私下的具体承诺，这将避免因项目时间拖沓过长而严重损害项目政治影响的问题。约翰逊还称，根据过去的经验，总的原则是少做宣传，直至它们已经完成，或实际工作已经展开的情况下再做宣传。①

约翰逊认为，应特别注意泰国的交通问题，因为这不仅关系泰国的发展，还关系到泰国在该地区的影响力。约翰逊举例称，修通两三条泰国到达老挝的公路有助于老挝的国家战略方向从北方转移到南方的"自由世界"，从而增强泰国在该地区的领导角色。

约翰逊大使称，泰国对美国给该地区其他国家的援助十分敏感。比如，同样是东南亚条约组织成员国的菲律宾获得了更多的援助，将会在泰国引起反应②。约翰逊认为，美国对泰国的援助要求反应迟缓在政治上是危险的，这与美国企图减少左翼对泰国政府影响的目标是相悖的。当然，约翰逊也指出，要防止泰国认为，政府不稳以及与其他势力"勾搭"是获取更多美国经济援助的途径。③ 约翰逊大使还要求美国秘密地促使军事集团与民主党的友好，并建议增加私人投资和给予曼谷的电力工程发展信贷基金的贷款。

沙立在美国治疗期间，也在积极争取与美国高层官员会面，以获得更多美国的支持和援助。在佛罗里达会见厄斯金时，沙立表示泰国需要工业和经济发展的总体规划；美国增加援助在心理上是十分重要。沙立称会见总统可以增强其在国内的影响力；希望与美国最高领

---

① FRUS, 1958 – 1960, Vol. XV, p. 992.

② 菲律宾总统卡洛斯·加西亚将于 1958 年 6 月 17—20 日访问美国。

③ FRUS, 1958 – 1960, Vol. XV, p. 991.

导层协商，使其获得使用美国资金的自由决定权；希望美国资助亲政府的报纸；希望安排专门人员作为其在华盛顿的联络官。沙立还向厄斯金表示，不会允许美国一直关注的比里返回泰国。①

美国驻泰国大使馆在给国务院远东事务助理国务卿沃尔特·罗伯逊的备忘录中建议，应通过增强泰国政府的影响和稳定，援助泰国经济发展和民众的生活水平，加强泰国的武装部队，使泰国成为"共产主义向南发展的屏障"。②

1958 年 5 月 7 日和 14 日，沙立分别与美国总统艾森豪威尔和国务卿杜勒斯进行了会谈。沙立重申泰国将继续保持与美国的友好关系，并向美国提出了额外援助的要求。但由于美国实行财政紧缩政策，以及泰国政治走向尚有许多让美国不放心的地方，所以美国并未就援助问题给其明确的答复，只是强调美国财政紧张的情况。杜勒斯向沙立解释了美国向中立主义国家提供援助的原因。针对泰国对美国援助中立国家的抱怨，杜勒斯向沙立解释，"将印度和其他一些中立主义国家丢给社会主义阵营，对美国和包括泰国等盟国都将是灾难性的"。杜勒斯声称："中立主义国家不参加集体防御和不在国内宣传反共是错误的，但应该努力让其保持独立。"助理国务卿罗伯逊则向沙立指出，不包括 2250 万美元的军事援助在内，给泰国的人均经济援助已经是给印度的 6 倍了。

杜勒斯向沙立声称，美国认为"中国对泰国构成了真正的问题"，美国不会改变反对新中国、反对新中国进入联合国的政策。杜勒斯告诉沙立，艾森豪威尔总统在最近向其询问如果中国进入联合国，美国将怎么办的问题时，他回答说："第一种办法是联合国离开中国，第二种办法是美国离开联合国。"③

杜勒斯告诉沙立，由于泰国在地区军事战略中的重要地位，美国在亚洲保持强大的军事防御和在远东的机动力量显得很重要。杜勒斯称，泰国的军事局势好于 8 年前、10 年前，泰国当前最大的问题是

---

① FRUS, 1958 – 1960, Vol. XV, pp. 994 – 995.

② Ibid., p. 998.

③ Ibid., p. 1002.

"渗透"。

5 月 16 日，在与助理国务卿罗伯逊会谈时，沙立称有两大集团威胁着泰国的稳定，一个是流亡在外的泰人（包括比里），另一个是在泰国的外来移民（包括一些效忠中国的华人）。沙立称，泰国只能在"自由世界"或共产主义之间作出选择。[①] 罗伯逊要求沙立加强对媒体的控制，并向沙立强调，和平共处只是共产主义希望"让自由世界解除武装以便他们能够接管"。

5 月 12 日，沙立向美国国务院提交了《泰国的发展计划》的备忘录，要求增加对泰国东北地区的援助。5 月 19 日，美国国务院主管经济、商业和农业的副国务卿狄龙在会见沙立时称，自 1951 年以来，美国对泰经济援助已达 1.638 亿美元，其中约一半用于东北地区。狄龙称提高 1959 财年援助水平的可能性不大，但目前的防御支持援助项目的 2000 万美元，加上发展信贷基金和进出口银行提供的资金，可使援助水平达到两三年前的水平。狄龙称美国打算继续保持目前给泰国的防务支持计划的水平。[②]

5 月 27 日，泰国驻美大使他纳·科曼[③]再次就经济援助问题与负责远东事务的助理国务卿罗伯逊进行了会谈。科曼强调，泰国提出增加援助东北地区的要求其"政治意义超过了经济意义"，因为"周边共产主义的发展、尤其是在老挝、南越和印度尼西亚的发展，使泰国面临着巨大的压力"。科曼称，泰国东北与老挝局势并没有多大的不同，泰国东北暴露在共产主义宣传的面前，那里的经济形势将给"颠覆"活动提供肥沃的土壤。科曼称，"来自东北的议员最容易接受共产主义宣传，这些'特殊情况'迫使泰国政府在东北地区的开发上'加大力度'，这也是泰国政府授权沙立元帅在华盛顿谈判增加

---

① FRUS, 1958 – 1960, Vol. XV, p. 1003.

② Ibid., p. 1009.

③ 他纳·科曼（Thanat Khoman, 1914—2016），泰国外交家、政治家。他纳在法国就读中学和大学，学习法律。1940 年，他纳进入泰国外交部，先后在泰国驻日、美使馆工作。1952 年、1956 年，他纳先后任泰国常驻联合国副代表、代表。1957 年任联合国西南非洲委员会主席。同年，任泰国驻美大使。1959—1971 年任泰国外交部部长。1969—1971 年任东南亚条约组织理事会主席。1980—1983 年任泰国副总理。

赠款援助的原因"。科曼强调,沙立的主要目标是确保"达成援助协议",然后交给美国行动团以及特别技术和经济委员会研究。①

但罗伯逊指出,自 1951 年以来美国给泰国的各类援助总额已经累计达 3.88 亿美元。罗伯逊强调,美国的国务院只能分配,所有拨款都取决于国会。罗伯逊称,虽然没有哪个亚洲盟国给美国的友谊超过泰国,但国务院不能在没有资金时给予承诺,并称"一个国会不能为另一个国会承担提供资金的责任"。罗伯逊建议泰国考虑可能的贷款来源,特别是国际银行、进出口银行和发展信贷基金。②

三 美国对沙立援助要求态度的改变

尽管沙立和科曼都在争取从美国获得更多的赠款援助,尤其是科曼与美国国务院相关官员进行了相当激烈的谈判,但成效并不明显。随着沙立回国日程的邻近,美国认为,沙立两手空空地回去对其威望来说是不幸的,并担心会影响到泰国对美政策。③ 为此,负责远东事务的助理国务卿罗伯逊邀泰国驻美大使科曼于 5 月 29 日下午继续进行会谈,并对其 27 日的言论进行了解释,以缓和紧张的气氛。

罗伯逊向科曼表示,泰国期望得到援助是正常的,因为 1954 年底曾给沙立领导的陆军 2500 万美元和给炮领导的警察 2820 万美元的赠款。但那些资金来自于与印度支那战争相关的支持东南亚国家部队的 1955 财年 7 亿美元拨款,而现在已没有类似的资金。1955 财年至 1958 财年,国会在共同安全计划的拨款削减了 35 亿美元。他纳则回应称,美方可能误会了沙立的备忘录,泰国不是要求所有的支持都要得到赠款,而是希望得到贷款和其他替代方式来实施目前的援助项目。他纳称,沙立认为最重要的三个项目(柯叻至乌汶公路建设、灌溉水库以及公路修复),希望美国提供援助。他纳称:"这样的'姿态'说明(美国)愿意帮助泰国,将加强目前的泰国政府的威望。"④

---

① FRUS, 1958 – 1960, Vol. XV, p. 1011.
② Ibid., pp. 1011 – 1012.
③ Ibid., p. 1015.
④ Ibid., p. 1017.

5 月 31 日，美国驻泰大使约翰逊在给国务院的报告中称，国务院的电报和泰国新闻报道引起了他的注意。约翰逊称，正如国务院所意识到的那样，沙立已就他的使命向泰国政府描绘了十分乐观的前景，"当他们发现沙立的乐观报告是没有根据时，沙立因努力获取美国援助而得到的尊严将彻底丧失，这将对其个人以及已经摇摇欲坠的泰国政府产生严重的影响"。约翰逊称，泰国的左翼势力将迅速利用沙立的这种外交失败要求泰国政府接受苏联阵营的援助。约翰逊称，当他侬获悉不大可能获得额外的援助时感到惊讶。约翰逊指出，虽然旺亲王表示反对过度期望援助，但他的声音是十分微弱的。①

约翰逊大使称，虽然没有军事和经济上的理由需要继续增加援助，也不能预先批准贷款，但以完全拒绝来结束与沙立的会谈"在政治上是十分不明智的"。约翰逊称，他完全意识到大幅增加援助面临着的困难，他本人也不主张大幅增加援助，但如果不能增加任何援助，考虑到政治的影响，应该在沙立回国之前发表某种形式的联合声明，这可以使会谈看起来取得了一定的成功。大使建议，联合声明应包括几点：（1）双方同意继续通过东南亚条约组织反对共产主义"威胁"；（2）美国决定继续增强泰国的防御力量；（3）美国决定继续援助泰国，最大限度地为其提供资金以发展泰国民众的技术能力，继续援助东北的水利、农业、公路、通信、卫生、教育及其他特别工程，并进行湄公河考察；（4）美国将积极考虑通过发展信贷基金建设曼谷能源和疏浚工程。（5）美国将为泰国改善外国私人投资环境提供建议。②

但大使觉得这些并不能满足沙立的要求，指出一旦有东西可提供，就应该给沙立。那将会使沙立及泰国政府把它当作"展示给（泰国）当地的外交胜利"。因此，约翰逊称，他支持他侬的请求，为沙立提供可能的"姿态"。③

6 月 6 日，杜勒斯在回复约翰逊大使的电报中表示，他赞成大使

---

① FRUS, 1958 – 1960, Vol. XV, p. 1017.

② Ibid., p. 1018.

③ Ibid., pp. 1018 – 1019.

的发表联合声明的建议，将在沙立和罗伯逊最后会面之后发表，同意给沙立"一些姿态"以避免使沙立在美国的外交显得失败。① 杜勒斯表示，他将支持泰国向进出口银行和发展信贷基金的贷款申请，以帮助泰国发展能源建设、水利、电力供应。杜勒斯认为，帮助泰国减少霍乱及继续开展地区发展项目应该是美国能提供的最好援助，并询问大使这种援助是否能对沙立有帮助。②

大使约翰逊在 6 月 11 日向国务院报告称，沙立会谈结束后，他将与泰国政府就援助问题再进行讨论。大使认为，沙立的威信至少受到了一些影响。③

6 月 23 日，也就是沙立返回泰国前的头一天，罗伯逊会见了沙立。在谈及双方会谈成果时，沙立强调需要书面回复其备忘录，以帮助消除因口头报告所引起的批评。沙立要求罗伯逊让美国大使将书面回复直接交给他本人，而不是美国政府在周末将副本交给泰国大使。④

罗伯逊向沙立表示，将给泰国 1700 万美元资金（其中赠款 1000 万美元，贷款 700 万美元）用于泰国的通信项目，并安排总额为 3000 万美元到 4000 万美元的贷款给泰国用于电站和供电系统。罗伯逊指出，和菲律宾一样，以贷款援助的方式支持经济发展，而赠款将用于"防务支持"项目，以支持盟国不受经济恶化影响到防御能力。沙立称其能理解并教导泰国人民，但是反对党反对贷款，泰国政府将会再做解释。考虑到此前杜勒斯和罗伯逊在与沙立会谈中的一些误会，罗伯逊对杜勒斯所称的"朋友不是用美元计算"等言论进行了解释。⑤ 沙立则对美国的帮助表示感谢，并表示将继续关注泰国的局势。

四　美国改变援助态度的原因

本来沙立美国之行的主要目的是治病，但由于沙立是 1957 年政

---

① FRUS，1958 – 1960，Vol. XV，p. 1030.
② Ibid.，p. 1031.
③ Ibid.，pp. 1032 – 1033.
④ Ibid.，p. 1033.
⑤ Ibid.，pp. 1033 – 1034.

变后泰国最有实权的政治人物，使得沙立在美就医成了一场外交活动。从 1958 年 3 月沙立手术完成到 6 月回国的数月间，美国主要官员如总统艾森豪威尔、国务卿杜勒斯，尤其是国务院负责亚洲事务的官员罗伯逊等人与沙立进行了多次会谈。美国企图通过影响沙立使其采取符合美国利益的政策，如坚定地支持美国、支持东南亚条约组织、中断与中国的联系、防止泰国被左翼和中立主义者影响和控制。而沙立则需要通过获得美国的额外援助，压制反对力量，增加民众对他本人及受其控制的军人政权的认可和支持。

1958 年 3 月至 5 月，沙立与美国领导人进行了数次接触，但美国坚持不给予沙立实质性的额外援助。这一方面是受美国国会削减对外援助、艾森豪威尔政府实行财政紧缩政策等因素的影响；另一方面是美国对政变后的泰国局势感到不确定，尤其是美国认为泰国政府包括沙立本人为了统治利益，容忍国内中立主义者和左翼力量，甚至与之进行合作。在国际方面，美国对泰国与中国往来和贸易尤为不满。美国试图利用援助的杠杆，逼迫泰国新统治集团采取措施，打击左翼和中立主义势力，断绝与中国往来。

沙立在美医疗和活动的后期，美国国务院和大使馆在援助问题上态度发生了明显的变化，重新强调给予泰国额外援助的重要性，并不是出于军事原因和经济原因，而主要是出于政治原因的考虑。一方面，美国看到了泰国在打击国内左翼、遏制中立主义上采取了一些实际的行动；另一方面，美国看到沙立经美国的积极游说后，对社会主义阵营国家的态度有了新的变化、对美国所主张的经济政策有了新的认识。这些变化使美国认为，经过数月活动，已部分地实现了原计划的目标，在此基础上，为防止沙立因访美失败损及其在泰国的政治威望和泰国新军人政府的稳定，并危及美国在东南亚的战略而采取的补救措施。

五　美国对泰国政策的新修订

就在沙立在美国访问期间，美国重新修订了对东南亚的政策。在 1958 年 6 月 4 日批准的 NSC5809 号文件中，美国将对泰政策定义为：

"防止泰国经济上依赖于共产主义集团，说服泰国人（认识到）他们的最佳利益在于与自由世界国家更大范围的合作和更紧密的联合"，发展泰国政府"抵抗内外共产主义的意志和能力"。①

该文件将美国在泰国的利益界定为作为长期的反共政策和集体防御的支持者，"美国在东南亚安全努力的枢纽"。因此，美国应"继续努力增强泰国，继续加强泰国与周边非共产主义国家的联合，泰国实质性的进步将有助于美国在整个东南亚的政策目标"。

NSC5809 号文件为沙立最终获得美国的额外援助提供了政策的基础，也预示着美国将在之后加大在泰国的投入，并为美国最终将泰国完全纳入其战略轨道埋下了伏笔。

1958 年 6 月初，约翰逊在就任驻泰大使半年后，对泰国的安全形势进行了重新评估。约翰逊同意前任驻泰大使毕晓普所认为的泰国军队还没有做好应对在东南亚其他国家存在的游击战的准备，但怀疑泰国是否存在大规模游击战的可能。约翰逊认为，在其他东南亚国家存在的游击队起源于第二次世界大战及战后驱逐侵略者和殖民者的运动。② 约翰逊认为，数以千计的游击队不是一夜之间出现的，虽然泰国可能藏有一些在第二次世界大战期间自由泰的小型武器，但"没有任何理由相信大量的人能在国内被迅速地训练和武装起来，并能超过军队和警察（的力量）"③。

约翰逊大使认为，从经济和政治局势来说，泰国东北地区因邻近老挝被认为是最有可能的游击战区域。但游击战的另一个重要因素是地形因素，泰国东北地区大部分地区是相对开阔的平地，仅有小部分地区可供隐蔽。约翰逊称，不否认存在某些此类活动的可能，但是"除非泰国政府机器彻底崩溃，没有理由相信会发展到如越南、马来亚甚至菲律宾胡克的规模"④。

约翰逊认为，5 万名越南难民被认为是个潜在的因素，估计其中

---

① FRUS, 1958–1960, Vol. XV, p. 1021.

② Ibid..

③ Ibid., p. 1022.

④ Ibid..

有数千名游击队员，但很难相信他们能获得足够的武器和训练，很难相信他们超过泰国警察和巡逻队的能力。他认为，可能被忽视的是泰国东北的分离主义①。此外，约翰逊认为，泰国局势不是依赖于军事能力而是政治态度，"如果政府已被左翼渗透瘫痪……军队的能力将失去意义；然而……如果曼谷有一个强有力的政府……很多事情将会轻松得多，它将对任何准军事活动的迹象十分敏感"。②

约翰逊认为，泰国人与需要驱逐法国人的越南人和老挝人不同，他们没有这样的仇恨和动力去战斗。东北部的民众有其合理的表达途径，泰国人相对其他国家人民来说，更不容易被意识形态灌输。并且，泰国警察和宪兵的士气已经从1957年9月的政变后恢复过来，陆军和空军也是一股不可忽视的力量。约翰逊称，毕晓普建议的要泰国军队作出向应付游击战的重大转型，暗示美国为其抵挡公开的主要入侵力量的说法将是灾难性的。约翰逊认为，那将意味着美国要为其承担抵挡任何公开侵略的责任。那可能是不得已的情况下才这么做，但不能成为美国的目标。③

约翰逊认同毕晓普对泰国高级军官的评价，但认为美国应注意提高中下层军官的能力，因为他们将逐步进入更高的位置。约翰逊指出，美国应该继续执行原来的计划，任何重大的变化都只会"破坏士气和制造政治炸药"④。约翰逊称美国对泰国军队的投入基本是合理的，并建立了一份可观的军事资产，美国应继续增加努力。当然，这份资产能否使用和何时使用，取决于泰国的政治领导和当时的局势。⑤

从该评估报告中可以看出，约翰逊在继续重视对泰军事援助的同时，比之前的美国驻泰官员更重视泰国的政治建设，包括泰国政府内部进行意识形态灌输、注重中下级军官的培养、储备泰国的未来领

---

① FRUS, 1958 – 1960, Vol. XV, p. 1022.

② Ibid., p. 1023.

③ Ibid., p. 1025.

④ Ibid., pp. 1025 – 1026.

⑤ Ibid., p. 1026.

袖。当然，这也与约翰逊在任期间泰国政治领导异常变动和政治局势不稳有关。同样，美国对赴美就医的沙立进行的游说，也很大程度上体现了约翰逊给国务院的对策和建议。

1957 年 2 月大选至 1958 年 9 月沙立第二次政变，这段时期是 20 世纪 50 年代泰国政治生活中一个很特殊的时期。泰国的政治动荡引起了美国的担忧。美国认为，泰国的政治形势不利于美国在东南亚的遏制战略。一方面，美国担心泰国国内的左翼和中立主义势力利用政治动荡的机会扩大影响，担心泰国被周边左翼力量"渗透和颠覆"；另一方面，美国担心泰国进一步走向中立主义，从而使社会主义阵营，尤其是使中国受益。因此，危机爆发后，美国曾试图继续维持披汶政权。但随着披汶在沙立政变后彻底失势，流亡国外，美国迅速现实主义地承认了沙立所控制的政权。同时，美国通过各种手段，尤其是通过减缓援助的办法，迫使泰国新当局采取强有力的措施打击左翼和中立主义势力。沙立赴美就医意外地为美泰提供了额外的机会，美国和沙立均抓住机会达到了自己的目的。经过数月的活动，双方均基本上实现了自己的政治目的，这为沙立回国后发动第二次政变并建立更加亲美的军人专制政权埋下了伏笔。

第六章　美国对泰政策的新发展

20 世纪 50 年代末，一些不发达国家和新独立国家在移植西方民主制度之后，出现了严重的政治和经济问题。危机之后，许多国家建立了威权主义政权。出于冷战的考虑，美国调整了对亲美的威权主义政权的看法。这一时期美国对沙立政权的政策，就是美国支持亲美威权主义政权的重要例证。

第一节　沙立第二次政变与美泰关系的发展

1957 年政变之后，泰国经历了沙拉信的过渡政府和他侬政府，但是由于政府无法控制议会，议会中的左翼和中立主义势力对他侬的政策构成了很大的挑战。美国和沙立都对此不满。

一　沙立就医回国后的政治与沙立第二次政变

沙立在美就医期间，美国鼓动沙立加大打击左派和中立主义的力度。沙立在得到美国的援助和支持后，增加了亲自走到前台进行直接统治的信心。1958 年 6 月 27 日沙立回到曼谷后，人们纷纷猜测政府会发生变动。7 月 2 日，在会见美国大使约翰逊时，沙立主动告诉约翰逊，称要了解泰国的政治"应该找他"。沙立称，他要加强执政党，任何不符合条件者将被清除，他已经给国会最后通牒，要么"符合条件"，要么被解散和重新选举。沙立称泰国取消了一般性的政治辩论。美国大使对此表示认可，认为这种辩论在其他国家是有益的，但对泰国来说则是有害的，因为泰国政治上还不成熟。沙立称，泰国要将新闻置于控制之下，政府领袖将"驳斥虚假新闻"，并要求美国配合其行动，要求美国公司不要在此类报刊上刊登广告。沙立称，他相信私人投资的重要性，并表示将向泰国人解释新的"投资"概念。① 美国大使认为，沙立没有表现出任何对美国的不满。就在此前一天，美国大使在会见沙拉信时，沙拉信也向约翰逊大使表示，沙立已经回到"非常亲美"的态度了。②

9 月 19 日晚，沙立从伦敦悄悄回到曼谷。20 日晚，沙立发动政变，他侬辞职，国王接受他侬的辞呈。部队进入关键位置，然后宣布成立以沙立为首，他侬为副手，海军上将查纳侬和空军元帅查叻卡为成员的"革命团"。"革命团"宣誓效忠国王。此次政变不涉及军队和警察的领导层的变动，政府每个部的常务副部长（泰国公务员最高官阶）代行部长职能。③ 当晚，"革命团"颁布戒严令，宣布废除宪法、解散议会、取消政党法等十余个声明，逮捕了 72 名"共产党嫌疑人"，其中包括刚从中国返回泰国的 5 人。④

对外宣称政变公开的理由是"来自外部和内部紧张局势的压力、特别是来自共产主义的强大威胁的增长"。美国国务院情报部门判断，政变的动机是加强对政府的控制，以防止政府内部可能发生的派系斗争。⑤

二　美国对沙立第二次政变的反应

沙立授权其代表查叻差向美国大使透露，政变后被捕者不包括民主党等反对党人员，泰国不改变与西方的外交关系，继续承担东南亚

---

① 沙立称在泰语中"投资"一词的意思是"贷款、借贷"之意，因此民众认为外国投资意味着他们抵押后代。在泰人的概念中，这个词是不好的。FRUS, 1958 – 1960, Vol. XV, p. 1041.

② FRUS, 1958 – 1960, Vol. XV, p. 1042.

③ Ibid. , p. 1046.

④ Ibid. , p. 1043.

⑤ Ibid. , p. 1045.

条约的责任，遵守国际义务。①

美国大使约翰逊则向查叻差指出新宪政运动的严重性。约翰逊称，如查叻差所说的 1957 年 9 月政变后也停止了宪法，却在未充分考虑的基础上又"错误地"产生了新宪法。约翰逊称，泰国的议员水平低下，阻碍了国会有效地解决问题，目前的法律赋予了左翼政党过多的权利。

查叻差称，之所以使用"革命团"而不是"政变团"一称，是因为此次"运动"与 1957 年 9 月针对当时政府和议会的政变不同，此次"运动"不是针对现政府，而是针对议会。

约翰逊在给国务院的报告中称，如果被证实国王不反对政变，将不会涉及"承认"问题，大使馆打算继续与沙立、他侬打交道，不提及承认问题。②

政变发生后，驻美大使他纳·科曼立即启程回国，沙立政变集团计划让他出任新政府的外交部部长。在途经夏威夷时，他纳与美国太平洋舰队司令的政治顾问斯蒂夫进行了会面。政变的两星期之前，他纳曾与沙立在伦敦会面。斯蒂夫认为，他纳应该在那时就获知并支持政变计划。他纳就泰国的政变向美方做了解释，称有足够的证据表明必须采取行动，政变并非是他侬和巴博有阴谋，恰恰相反，他们过于软弱，缺乏坚强的领导能力以防止泰国"向左转"。他纳称，他侬对他的军人职位更感兴趣。他纳还对泰国采取军人独裁进行解释，称泰国"消费不起"西方的民主，它导致了腐败、经济恶化、记者肆意污蔑政府，增加了国家滑向无能和动荡的危险。他纳称，民主权力必须在"仁慈而强势的领导下以有限的方式进行"。③ 他纳称，像旺亲王这样的专职公务员，表现得软弱和摇摆不定。他纳声称，旺亲王的联合国经验使他对国际主义更感兴趣，远离泰国实际，较少关注泰国国内局势和与近邻的关系。

他纳表示，他完全赞同美国在第二次台海危机中对中国的强硬

---

① FRUS, 1958 – 1960, Vol. XV, p. 1043.

② Ibid., p. 1044.

③ Ibid., pp. 1048 – 1049.

立场，称那样做使东南亚对美国给台湾的"承诺"感到"更安全"和"更有信心"。他纳向美方保证，泰美关系"将会加强，不会削弱"。①

政变后，美国国务院指示驻泰大使约翰逊，敦促沙立尽快成立新政府。出于对沙立健康和泰国政治走势可能影响美国利益的担忧，杜勒斯指示约翰逊，在保持与沙立良好关系的同时，"不损害与其他可能出现的合适的领导人的关系"。杜勒斯特别提出，加强对巴博外交政策意见的了解，加强对其能否控制泰国内部局势的了解，对巴博与他侬能否合作进行评估，并考虑是否有对泰美更有利的选择。②

就杜勒斯所提出的一系列问题，约翰逊在回复中称，巴博总的来说是亲西方和反共的，会继续与东南亚条约组织和美国保持合作，但不排除其"为了个人在国内的政治利益会与左派进行联系"。约翰逊指出，从泰国与柬埔寨的冲突中可以看出，巴博与西方联系是有限的，民族主义情绪强烈，如果其成为泰国的领导人，可能会在某些时候因其"民族情感"而难以合作。但约翰逊认为，巴博有出色的行政管理能力和经验，且过去一年的活动表明他有意参与政治竞争，如果沙立不能控制军队，巴博将会有机会获得军队的效忠。约翰逊称，只有巴博和他侬可能成为沙立的继承人，两人各有优势。

约翰逊推测，从最近沙立开始起用新人表明沙立正失去对局势的控制，可能出现巴博和他侬联手推翻沙立的可能。但这种联合可能是暂时的，沙立作为他侬的保护人，他侬可能不会获得在军队中的优势。约翰逊称，大使馆期望并推测巴博可能是沙立的继承人。虽然他腐败、民族主义和缺乏对西方的了解，但他将"不会根本上改变泰国的外交政策"，并使政府更有效率。③

11月中旬，沙立亲自致信杜勒斯，信纸的页眉为国防部，署名为陆军元帅的称号。副国务卿赫脱认为，这表明10月20日的政变不影响两国关系，并表明沙立"想加强美泰友谊，以及……泰国政府

① FRUS, 1958-1960, Vol. XV, p. 1049.
② Ibid., p. 1050.
③ Ibid., pp. 1053-1054.

对实现这个目标感到有信心"。

在泰国新政府成立之前，罗伯逊代表杜勒斯接见了泰国驻美新大使。泰国大使称新政府将会在 11 月底之前成立，并称他已经建议沙立，新内阁应包括沙拉信和旺亲王等美国感到有信心的泰国人。大使称，沙立健康状况"良好"，当局有能力维持秩序，并表示"如果美国可以做一些支持组成新政府的姿态"，沙立将会"非常感谢"。

但罗伯逊建议杜勒斯不要作出承诺，称"如果沙立（统治）的日子屈指可数，如果这种表态被用于延迟恢复政府稳定和法律程序……这样的表态将是危险的"①。罗伯逊建议，到新政府有建立的迹象时，杜勒斯再给沙立友好地回信。副国务卿赫脱则建议，国务卿的信将成为美国温和支持的"姿态"，在此之前，美国可以批准给泰国贷款，并将其公之于众。

驻泰大使约翰逊建议，在泰国政局和沙立健康还不确时，国务卿的回信应尽量避免美国"不希望沙立继续无限期地作为领导人的任何暗示"，信中应该继续强调美国与泰国政府保持友好关系。为避免信件被用于延迟建立正式政府的理由，约翰逊建议，信中应表达美国期望泰国"在不久的将来建立宪政的和代议制的政府"的措辞，应声明美国对泰国表示愿与"自由世界"和东南亚条约组织联盟抵抗共产主义表示高兴。约翰逊称，如果时间允许，信件应该与贷款联系起来，表明美国准备就 1959 财年的技术援助和经济发展项目与泰国政府进行讨论，以及美国准备鼓励美国私人到泰国投资，以满足泰国急需的工业必需品。约翰逊称，信件的"友好程度"将取决于泰国的新政府，即"（是否将）有能力的人物安排到关键位置和是否愿意最终建立代议制政府的明确表述"②。

1958 年 12 月 18 日，也就是在沙立写信给杜勒斯的 40 天后，在巴黎访问的杜勒斯复信沙立。除了对泰国继续与美国和东南亚条约组织合作表示赞赏等客套话外，杜勒斯最后表示，将继续对沙立当局"采

---

① FRUS, 1958 – 1960, Vol. XV, p. 1055.

② Ibid. .

取步骤解决泰国迫切问题和恢复国家的正常生活感兴趣",以暗示沙立应尽早建立"民主国家"应有的机构。但杜勒斯对此还不放心,担心他的回信会被沙立片面引用,被用作美国支持其个人独裁统治的证据。因此,杜勒斯又嘱咐驻泰大使,表示信件的内容不要予以公开。但沙立急于公开杜勒斯的信和美国的经济援助①,大使馆在经过"充分地讨论"后,约翰逊在 22 日给国务院的电报中表示,及时公开杜勒斯的信是"有益的"。最终,国务院同意公布杜勒斯给沙立的信。②

在给沙立复信的问题上,美国之所以如此谨小慎微,是因有报道称沙立将试图保持其个人统治。美国担心,沙立利用美国的信件当作其得到国际认可和支持的依据,从而迟迟不颁布宪法和建立"合法政府",那将使美国政府受到国内外的非议,并损及美国支持"民主政府"的形象。

经过三个月没有议会和宪法的统治之后,泰国于 1959 年 1 月 28 日颁布了一部"临时宪法"。临时宪法赋予总理特别的权力以"打击危害国家安全的行动",在特别权力下采取的行动无需议会的批准。

1959 年 2 月 3 日,泰国成立了制宪会议,以制定一部永久宪法③。制宪会议为一院制,国王任命实际上由沙立选定的 240 名成员,其中 75% 为军人,在制宪会议中保持绝对优势,其他为文职官员,两名保守的反对党的成员,部分披汶的支持者,以及记者(包括两名左翼记者),但没有左翼的职业政治家。④

2 月 10 日,国王任命"当选"的沙立组织内阁。内阁由四名军

---

① 约翰逊大使告知沙立,美国决定于该财年(1958 年 7 月 1 日—1959 年 6 月 30 日)向泰国提供 400 万美元的技术援助,提供 2000 万美元的防御支持资金作为该财年的经济发展援助的赠款。计划提供用泰铢偿还的 2000 万美元贷款,用于曼谷供电系统建设(待批准),计划由进出口银行提供 1400 万美元贷款用于曼谷的电站建设(待批准)。政府拨款 1700 万美元建设通信系统,并与老挝和南越连接。从两个百万美元的东南亚条约组织的技术培训项目中,将为建立朱拉隆功大学工程究生院提供 40 万美元的捐助。此外,泰国将从美国资助 200 万美元的湄公河调查、150 万美元的地区英语培训项目和 56 万美元的海洋调查中受益。

② FRUS, 1958–1960, Vol. XV, p. 1061.

③ 实际上,该宪法的制定故意被一拖再拖,以便维持独裁统治。

④ FRUS, 1958–1960, Vol. XV, p. 1068.

官（包括他侬和巴博）、十名前政府的文职官员（大部分为亲美者）组成。他侬被任命为副总理和国防部部长，巴博被任命为内政部部长，他纳·科曼被任命为外交部部长，年迈的旺亲王被任命为第二副总理。对此，美国评论道，沙立建立了"一个强有力的不受民选议会阻碍的政府"，只要沙立的健康允许，其建立的统治就将是稳固的。

三 美国对"威权主义政权"的新解释

尽管沙立已经建立了"正常国家"的民主形式，但不能改变美国公众对沙立军事独裁统治的认识。如何对一直有"民主"偏好的国会、选民及其他盟国解释美国与独裁政权结盟的事实成为一个难题。为此，国务院指示各使领馆就此进行研究。1959 年 10 月 20 日，即沙立第二次政变一周年之际，驻泰大使约翰逊给国务院提交了一个题为《军人在欠发达国家中的地位》的报告。该报告称："美国政府必须与自由亚洲和非洲的不发达国家的军人当局打交道。"报告称，正如国务院所指出亚洲将在长时期内保持"威权主义"，因此，如何向美国民众和友好国家解释美国不同情威权主义的政府形式，却又支持此类政府成为一个公共关系问题。

约翰逊声称，美国"不必为支持几乎全部建立在军权基础上的泰国威权政府感到自责"。① 约翰逊称："现实的情况是泰国还没有做好真正的民主政府的准备"；并且，美国从泰国获得的"政治支持在其他地方是难以企及的；此外，泰国军方和政府领导人普遍保守的性质和历史悠久的制度（君主制和佛教）提供了一个反对共产主义影响的有力屏障"②。约翰逊还对泰国军人的统治进行了辩解，称泰国军人统治"并没有给民众繁重的负担"，民众个人拥有如同其他正常国家那样的自由和权力，如"言论和信仰的自由，拥有自己财产的权力"，约翰逊称，泰国政府注意社会舆论，认为沙立对舆论是"敏感的"③。

---

① FRUS, 1958－1960, Vol. XV, p. 1096.
② Ibid..
③ Ibid., pp. 1096－1097.

约翰逊对国务院文件中所表露出来的美国对政治独裁国家"过分关注安全会损害经济和社会发展"的担忧不以为然,认为这个问题"至少在东南亚不是一个现实问题"。约翰逊称,"总的来说,任何威权形式的政府会自然地把安全作为首要关心的问题",因此,此类政府将会向美国提出大量的军事硬件的援助要求。约翰逊称,美国必须满足此类国家的要求,否则他们"将转向其他给他们安全的地方"。约翰逊称,美国支持如同泰国这样的国家,军人控制以实现稳定和安全,将"有助于经济和社会发展"①。

约翰逊引用国务院传阅文件《亚非军事接管的政治意义》里的说法,认为亚非军人政权在面对"安全与发展"问题时,"成功地抵抗了共产主义",称泰国1958年10月的政变是继缅甸、巴基斯坦和苏丹之后,对上述说法的又一良好例证。②

约翰逊称,国务院所关注的是因"忽视经济发展和压制反对派"而引起的"第二阶段革命"的问题,不适用于现阶段的泰国。约翰逊列举出泰国的反对派为劳工、学生、知识分子和持不同政见的年轻军官,认为除了最后一个,不会成为"二次革命"的真正潜在领导者,而持不同政见的年轻军官上台,也会"按照传统走下去,只是换换门面而已"③。

约翰逊称,他同意国务院文件中"由于发展过程的复杂性,需要军人政权最大限度地利用文官能力"的表述。约翰逊认为,沙立已清楚地意识到这种必要,保持文官体系不变,并召集其他文人智囊,称沙立重用文人和专业人才,还引起了把他推上台的军人的不满。

约翰逊称,沙立政府有很多问题,包括贪污腐化,但他认为沙立的观念和行动已经接近了美国的"可接受的中等程度"。约翰逊认为,由军人领导的泰国政权最大限度地实现了"军人政权文官化",它重视安全,并且是"要求社会发展类型"的政府。

---

① FRUS, 1958-1960, Vol. XV, p. 1097.

② Ibid..

③ Ibid., p. 1098.

在回答国务院关注的"政治威权主义和经济威权主义之间的关系"时，约翰逊强调泰国是个"例外"，称沙立政府有"从企业中退出的趋势"，并努力寻求外国的私人投资和经济援助。①

最后，约翰逊承认，沙立政府可能是国务院所预料的长期的"独裁政府"，将"压制民主价值和议会程序"。约翰逊认为，沙立1958 年 10 月的政变是 1932 年以来泰国民主发展的一个倒退，但只是一个"微小的倒退"。约翰逊称，不必对此感到悲观，称正如国务院文件中所指出的那样，泰国城市里的政治意识正在增长，而且农村也有类似的发展。约翰逊称，美国的各个在泰机构，包括大使馆都是"推动这一进程的一部分"，随着通讯和教育的发展，泰国的军政人员、商业领袖和技术人员，将受到美国和美国思维习惯的影响，泰国的"政治意识将持续发展"。约翰逊指出，如果目前的趋势继续下去，"虽然那种认为泰国政治体系将非常像美国是令人质疑的，但政府增加对公众舆论的回应将是不可避免的"。约翰逊称，虽然美泰政治差异巨大，但泰国支持美国，所以美国在鼓励泰国政治发展的趋势上"有独特的地位"。②

沙立第二次政变后，建立了泰国战后以来最为集权的军人政权。美国一面要求泰国建立民主的基本机构；另一面又担心泰国产生"不合适"的宪法、实行给左翼及中立主义者政治空间的民主。因此，美国支持沙立在建立某些民主机构门面的情况下实行专制统治。美国认为，那将有利于泰国防止"渗透和颠覆"，有利于泰国保持与美国联盟。

第二节　1960 年美国对泰政策的新调整

1960 年上半年，美国行动协调委员会对泰国的政策进行了重新审查。行动委员会制订的《在泰行动计划》，将美国在东南亚区域内

---

① FRUS, 1958 - 1960, Vol. XV, p. 1098.
② Ibid., p. 1099.

的目标继续界定为防止其"加入（社会主义阵营）或经济上依赖于"社会主义阵营，说服并使该地区国家认识到它们的最大利益在于与西方合作及联系，帮助东南亚国家发展反对共产主义和发展西方的民主。为了实现这些目标，文件强调美国应继续保持把泰国"置于美国在东南亚安全努力的枢纽地位"。政治方面，"鼓励发展稳定的、代议制的机构"；经济方面，"鼓励泰国（发展）强大和健康的经济……使之能更好地支撑确保内外安全的军事"；在地区关系方面，缓解泰国与邻近"自由国家"的紧张关系，以改善它们"集体和单独地抵抗共产主义的压力，创造更为有利的发展区域合作的氛围"①。

一 美国对泰国政治方面的新调整

为了确保实现美国在泰国的目标，行动协调委员会提出了"总的指南"。该指南提出，"培养有能力并愿意继续发展泰国与美国及自由世界联系的领导层"，该领导层应该"政治团结并得到普遍的支持，对泰国民众的愿望和想法反应灵敏，行政稳定且有建设性"。该文件认为，美国应该"利用泰国在东南亚中特殊的战略位置阻止共产主义"②。文件称，美国应继续向泰国提供军事援助，以支持足够的力量维护内部安全，抵抗"有限的和初始阶段的外来入侵"，在东南亚条约组织的邻近地区、特别是在老挝的集体防御中作出适当的贡献。与以前的军事目标相比，此次修订特别指出在老挝的"贡献"，这显然是与老挝危机有关。③

该文件称泰国处于一个过渡的阶段，原来的宪法和立法机构已经被取消，新的宪法和议会选举尚未确定。但民众还不大关心政治，军人政权尚能控制局面，并要求民众效忠国王。在这种情况下，为最大限度地确保美国的目标，应"继续与现在的领导人保持最好的关系，同时照顾到与泰国所有重要政治团体保持有用的联系，特别是与尚未和军事集团联合的非共政治领袖的联系"。

---

① FRUS, 1958 - 1960, Vol. ⅩⅤ, pp. 1118 - 1119.
② 在东南亚之后省去"1 行半的文字未解密"。
③ FRUS, 1958 - 1960, Vol. ⅩⅤ, p. 1119.

双边工作方面，该文件称，将通过联合国、科伦坡计划国家和其他友好国家特别和持续地努力，"帮助泰国培养一支包括文官和军官的技术过硬、亲西方的领导人队伍"。该文件还指出，利用现代管理、信息和组织的技术，"发展有潜力的中层领导"对支持目前的统治集团具有重要作用。①

文件指出，在不影响国家稳定的情况下，促进政治朝着更加民主和议会程序的方向演变，以此路径来实现"美国的计划"。文件认为，应该认识到国王在国家政治生活和外交政策取向方面具有重要的政治和心理作用。②

该文件称，决定泰国外交政策的主要因素是泰国领导人对"中国的潜在威胁"的评估，该评估的一个重要标准是泰国认为它"可以继续依靠美国作为中苏集团的主要制衡力量的程度"。文件称，如果泰国领导人"对美国履行这一职责的意愿或能力失去信心"，泰国将会"出现中立主义的走向，并且反颠覆的措施将会放松"。

东南亚条约组织方面。文件称，大多数泰国领导人认为该组织是"美国帮助他们保卫国家和反对共产主义侵略的承诺"，因此该组织是"维护美国影响力的一个重要因素"。文件称，"泰国倾向于认为，美国的支持程度超过严格的条约语言的解释"。文件称，泰国是东南亚条约组织的成员国，美国主导的集体防御措施的"坚定支持者"，是美国在东南亚安全努力的"枢纽"。文件认为，泰国政府之所以如此支持美国，是因为"希望获得比中立国家更好地对待，并以此向泰国民众证明，能为集体安全牺牲的国家有中立国家所不能享受到的直接保护和经济利益"③。

为了使泰国对美国的支持感到放心，文件称应继续以实际行动证明美国反对共产主义"扩张"的决心。文件称，应该"记住泰国在东南亚的战略地位，它是东南亚条约组织的成员，并高度地认同美国"，美国在援助时应该考虑泰国对集体防御的贡献，那将有利于实

① FRUS, 1958 - 1960, Vol. XV, p. 1120.

② Ibid..

③ Ibid., p. 1121.

现"美国在泰国的政治目标"。

该文件称，美国在西太平洋地区强大的军事存在是美国在远东"有效履行条约责任能力和意图"的明证，显示了美国"在必要时保卫盟国和友邦免于被共产主义侵略的决心"。如果出现明显的"共产主义侵略"，美国"将援引《联合国宪章》或《东南亚组织条约》，或两者适用，并应泰国的请求采取必要的军事行动或其他行动援助泰国"。采取军事行动应该先在国会"获得授权"，除非总统认为紧急而必须立即行动以"维护美国至关重要的利益"。① 对共产主义从内部"控制"泰国的情况，文件称，"如果泰国证明希望从美国得到援助，美国应该立即采取步骤以增强美国对非共势力的支持，鼓励自由世界其他国家采取类似的行动，采取一切可行的措施来挫败这种企图，包括国会授权后采取军事行动"②。

该文件指出，应该继续说服泰国官员，削减非共同援助计划的部队，因为他们对美国所设计的军事目标没有贡献。

该文件称，应尽一切努力让泰国领导人意识到共产主义的"危胁"并认识共产主义的"固有方法"。文件称，应继续向泰国和其他东南亚条约组织国家在美大使提供该组织的简报，以及定期向在曼谷的理事会代表提供成员国重要事件的简报，从而促进成员国之间的"东南亚条约组织意识"③。

冷战时期，泰国华人一直是美国对泰政策的一个重要组成部分。该文件指出，华人社会约占泰国总人口的1/7，华人社会的领导人总体上顺从于泰国政府。但是，"不管他们真实的观点是什么，与一直反共和亲西方的方向一致的是，公众对海外华人和中国持保留态度或怀有敌意"。在该问题上，美国认为，对华人社会的政策应该与"美国对泰国的整体目标相一致"，美国应该鼓励海外华人，在华人社会内部组织反共团体并开展活动；抵制与之平行的、受左翼影响的团体及其活动；普遍增加华人对泰国和自由世界的认同感。该文件还声

① FRUS, 1958-1960, Vol. XV, p. 1122.
② Ibid..
③ Ibid..

称，与华人主要效忠于泰国相一致的是延伸到对台湾国民党当局的同情和支持。①

冷战时期，宗教是一种重要的武器。佛教是泰国的国教，超过90%的人信仰佛教，佛教在美国的对泰政策中具有特殊的地位。美国认为，促进泰国佛教团体和自由世界宗教领袖和宗教运动之间的接触，有利于扩大西方对泰国的影响。但这种接触也产生了一些问题，如民族主义和宗教信仰变化，使得泰国出现了反对在泰的美国宗教团体和基督教传教士的情况。美国认为，在继续增加宗教团体交流的同时，应该确保美国机构在这一敏感领域继续"极端谨慎"，并强调这些是个人行为，应最大限度减少政府的参与②。

由于泰国周边局势动荡，美国认为，应继续援助泰国政府装备训练警察和安全部队以保障内部安全，帮助他们获得大众的支持③；鼓励泰国控制穿越边界的"颠覆"，特别是来自老挝的"颠覆"；促进泰国与邻国警察和安全官员的联络，尤其是泰国与马来亚的合作，以啃下泰马边境的"硬骨头"。④

在文化方面，该文件称，"应继续加强美国（在泰国）的信息、文化和教育活动，揭露共产主义的目标和手段，深化社会利益与泰国和自由世界目标联系在一起的认识"。该文件称，美国应该"可行地、悄悄地协助泰国政府宣传与自由世界全面合作的好处，特别是恰当地褒奖美国的援助是美国关心泰国福祉的证据"。

文件称，美国"应继续鼓励泰国参与东南亚条约组织发展文化、教育、劳工和信息领域的活动，通过各种媒体广泛宣传揭露共产主义颠覆和宣传东南亚条约组织成员的利益"。鼓励泰国与其他亚洲"自由国家"的文化交流，"鼓励泰国获取适当的领导地位和发起此类交流活动"⑤。

---

① FRUS, 1958 – 1960, Vol. XV, p. 1124.

② 原文在"最大限度减少政府参与"之后有两行"未解密"。FRUS, 1958 – 1960, Vol. XV, p. 1124。

③ 原文在"帮助"之前有一行"未解密"。FRUS, 1958 – 1960, Vol. XV, p. 1127。

④ FRUS, 1958 – 1960, Vol. XV, pp. 1127 – 1128.

⑤ Ibid. , p. 1128.

该文件特别强调优先实施接触潜在领导者的计划。文件称，接触"第二梯队潜在的领导者，特别是那些有地位、有公民责任感、能够在城乡民众的普遍福祉中发挥重大影响的年轻官员"。

为了减少在泰国的美方人员过多带来的负面影响，该文件强调应严格控制美国在泰工作人员的数量，将人员规模控制在"能有效实施重要计划的最低限度"。文件要求，要确保在泰国的美国官方人员及家属都意识到他们作为美国形象大使角色的重要性；促进美国人和其他国家民众的良好关系；尊重当地法律和习俗，保证美方人员在个人生活方面品行良好。①

1960 年 12 月 24 日，约翰逊大使应国务院要求，作了关于近五年泰国发展情况的回顾报告。报告反映了这一时期美国对泰政策的重大变化，也揭示了美国对泰政策的实质。约翰逊称，泰国过去五年总的政治发展趋势对美国是有利的。1957 年政变后，泰国政府更加亲西方了。约翰逊称，20 世纪 50 年代中期，泰国处于披汶、炮和沙立三人的脆弱平衡之中，这导致了各自寻求更多政治资金以奖励各自的追随者，使得他们追求与中国进行贸易来获利。约翰逊称，披汶1956 年发起的"更加充分的民主"使社会动荡，新闻失控，增加了左翼的宣传机会，甚至有使泰国成为"共和制"国家的可能。②

约翰逊大使在展望即将进入的 1961 年时，认为当前泰国的干扰因素比以前少得多。约翰逊称，"不负责任的媒体被驯服了"，极左派被边缘化了，没有一支重要的反对力量。约翰逊对泰国军人的独裁统治进行了辩护，称虽然宪法已被废除，国家处于戒严法之下，但大部分人感受到政府的压迫是"微弱的"，泰国并不像西方所熟知的"警察国家"那样。约翰逊称，沙立政府可能是泰国历史上最有能力的内阁，尽管最终都由沙立作出决断，但重要议题是经内阁和其他人的充分讨论的，代表了广泛的意见。约翰逊称，除了人数不多的左派和少数知识分子之外，大部分人对沙立政权感到满意，尤其是保守党

---

① FRUS, 1958–1960, Vol. XV, p. 1129.

② Ibid., p. 1168.

对沙立加强君主地位的做法感到特别满意。①

约翰逊称，尽管当前泰国的政治军事争夺的潜在风险仍然存在，但沙立基本的内政外交政策不会有重大调整。约翰逊认为，当前取代沙立的势力尚未出现，而且即便有新的政变集团，也不会从根本上改变泰国的政策。

当然，约翰逊也提出警告，称这种情况将不会长期持续下去，因为泰国的统治稳定维系在沙立集权的基础上，而沙立的健康状况不佳则给泰国政局增添了变数。约翰逊称，如果沙立逝世或丧失了统治能力，权力将有序转移到获得巴博支持的他侬。约翰逊称，除非权力争夺旷日持久和左翼参与政权，否则任何领导人上台都将继续支持对美有利的基本政策。

关于泰国的民主问题，约翰逊认为，欧洲式的议会政治体制不适合泰国，因为泰国是不发达国家。但约翰逊同时也认为，泰国的大趋势是向"有代议制特征的某种强势政府"的方向发展，代议制政府终将会在泰国出现。②

关于泰国民族主义问题，约翰逊认为，虽然泰国的民族主义在战后只是一个"次要因素"，但它正在增长，虽然泰国民众和领导人对美国基本上还是很友好的，没有前殖民地国家那样"复杂和自我"；但泰国越来越自我意识到，与美国过度紧密的联系使它孤立于周边邻国。约翰逊称，照此发展下去，在未来的几年里泰国将可能会变得"更加自我"。③

军事方面，约翰逊称，泰国的军事和经济都不是主要依赖于美国的援助，泰国负责自己的大部分军事力量，美国的援助主要是提供"硬件"和训练，以及一些军事工程建设。约翰逊认为，美泰两军关系日益紧密和良好，在美国军事学院接受训练的泰国军事人员在这方面贡献颇多。约翰逊认为，应保持这样的高水平训练，并认为从长期来看这种训练还将产生政治影响，因为军队在泰国政治中将持续扮演

---

① FRUS, 1958 – 1960, Vol. XV, pp. 1168 – 1169.

② Ibid. , p. 1169.

③ Ibid. , p. 1170.

重要角色。①

　　因此，约翰逊建议加快对泰国军队的援助，并且援助不应该低于现有水平。与此同时，约翰逊还认为，有必要对泰国地面部队建设情况进行审查，以满足东南亚地区的战争特点，包括当时的老挝局势。②

二　美国对泰国在地区关系中角色的再定位

　　美国一直认为，实现泰国与周边非共国家建立良好关系对遏制战略十分重要。1960 年的《在泰行动计划》特别指出，应缓解泰国与柬埔寨和南越的紧张关系。泰国与柬埔寨的边境纠纷和政治争吵愈演愈烈，还一度中断了外交关系③；在遣返在泰的越南难民时，南越和泰国也发生了争执，泰国关心的是将难民尽快遣送完毕，不关心难民回到北越还是南越，而南越则反对泰国与北越进行任何交涉。显然，美国认为在反对共产主义的冷战中，泰国与柬埔寨、南越的冲突不符合美国的利益。

　　此外，美国鼓励泰国与其他东南亚国家如缅甸、老挝、马来亚和菲律宾等国加强联系。文件强调，在不削弱泰国与"自由世界"的关系和不损害"泰国领导的亚洲特征"的前提下，美国应对泰国"努力推动东南亚自由国家增加地区合作，特别是关于政治协作、经济合作和军事规划"给予适当的支持，认为这将有助于吸引这些国家接近"自由世界"④。

　　在区域合作方面，该文件承认当前的东南亚国家间的关系并不和谐，还达不到美国政策目标中的区域合作程度。文件称，泰国政府对发展区域合作计划的"兴趣的确存在，并已采取了一种有想象力的行动带头在东南亚自由国家中增进这一概念"。文件认为，"没有被

① FRUS, 1958 – 1960, Vol. XV, p. 1172.

② Ibid., p. 1173.

③ 柏威夏寺领土纠纷和泰国卷入试图推翻西哈努克政权的"桑·萨里事件"，导致柬埔寨与泰国曾在 1958 年和 1961 年两度断交。参见潘一宁的《越南战争时期美国对柬埔寨中立的干涉（1956—1971）》（《南洋问题研究》2010 年第 1 期）。

④ FRUS, 1958 – 1960, Vol. XV, p. 1119.

殖民统治的经历和泰国在国际关系中相对成熟"是泰国在区域合作中扮演积极角色的有利条件，但"历史上的冲突、商业竞争和泰国过去对邻国的领土要求"则对泰国在区域合作中的作用产生不利因素。①

文件称，西方在"凝聚东南亚自由国家友好"方面有重要的地位，称美国应继续鼓励发展有利的政治形势，使泰国与其邻国寻求适当的"第三方帮助解决争端"。文件称，应继续在泰国和其他东南亚国家间建立更紧密的合作关系，并"谨慎地鼓励泰国领导该区域的合作"，同时应注意避免影响这种合作的亚洲特征、避免削弱东南亚条约组织和反共精神。文件称，美国应积极参加东南亚条约组织的活动，鼓励泰国也这样做，并寻求其他成员国的支持，同时发展该组织的军事职能和非军事职能，从而"令人信服地证明东南亚条约组织作为一个地区联盟的价值，其作用还延伸到威慑共产主义扩张之外"②。

为了增进地区合作和防止共产主义向湄公河流域的发展，该文件指出，"将继续协助可行的以开发湄公河流域为核心的区域合作和相互援助"；鼓励和支持泰国和老挝之间建立更紧密的关系，激发泰国意识到共产主义在老挝的发展使泰国面临着危险；"鼓励泰国政府继续同情和支持老挝（王国）政府维护其完整和独立的努力"③。

关于泰柬关系方面，文件称，应继续鼓励泰国在适当的时候与柬埔寨达成满意的妥协。在妥协达成之前，对柬埔寨采取克制和宽容的政策。④ 对于泰国和南越在难民遣返上的争端，美国认为，应劝说泰国政府，在越南难民问题上的摩擦"只会使中国和北越受益"。美国要求泰国和马来亚在边境上采取更有效的合作，以围剿马共。由于缅甸的东部的一些反政府武装和缅境内的国民党残军把泰国视为主要的庇护所，这使得缅甸对泰国和美国很不满。文件认为，促进泰缅合作

① FRUS, 1958–1960, Vol. XV, pp. 1122–1123.
② Ibid., p. 1123.
③ Ibid..
④ Ibid..

符合美国在东南亚的遏制战略。因此，美国应在适当的条件下劝阻泰国与缅甸持不同政见者代表的接触，并停止对国民党残军的供应。①

美国认为，亚洲及远东经济委员会②在推动东南亚大陆地区合作上有独特的作用。美国驻泰大使约翰逊在 1960 年 12 月 26 日报告称，尽管有苏联的存在，但该组织已经取得很大的进步。约翰逊认为，该组织不仅使东南亚国家相互熟悉，还推动了该地区的重大项目，如推动老挝、南越、柬埔寨和泰国对湄公河的调查。报告认为，只有该组织能推动这些调查。③

此外，该组织还是发展地区公路系统的论坛。公路系统是建立更多的地区政治意识和经济意识的基础。约翰逊称，如果美国援助早日实现公路计划，会对美国在该地区的目标有重大贡献。④

苏联的合作态度刺激了美国在该组织内部进行竞争。美国驻泰大使约翰逊称，苏联对亚洲和远东经济委员会态度的转变，使美国有必要增加展示美国利益的存在并积极参加该组织的活动。约翰逊建议，美国应派遣最高水平和最高级别的专家与会，这将对美国在"亚洲观众"中发挥影响提供机会。⑤

东南亚条约组织也有地区经济文化方面的合作。在美国驻泰大使馆给国务院的报告中称，该组织的第三条款⑥已得到了实施。文化交流项目和教育与经济项目已经有了进展，如工程研究生院、熟练劳动力项目、霍乱研究实验室和医学研究实验室已经被建立起来，社会发展计划也正在考虑之中。亚洲成员国还通过该组织提出了额外的经济援助的要求，但美国不愿答应这些要求。约翰逊大使认为，美国应该

---

① FRUS, 1958－1960, Vol. XV, p. 1123.

② "亚洲和远东经济委员会"（ECAFE）是联合国的附属组织，1947 年成立于上海，1949 年迁址泰国曼谷。1974 年，该组织改称"联合国亚洲及太平洋经济社会委员会"（简称亚太经社，ESCAP），为联合国经社理事会下属 5 个区域经济委员会之一。该组织是亚太地区建立最早、代表性最广的政府间多边经济社会发展组织。该组织日常办事机构为秘书处，最高官员是执行秘书，由联合国秘书长任命。

③ FRUS, 1958－1960, Vol. XV, p. 1173.

④ Ibid., pp. 1173－1174.

⑤ Ibid., p. 1174.

⑥ 该条款称，签约国同意为增强"自由制度"和经济发展而进行合作。

继续沿着过去几年的路线，对良好的项目作出回应，至少可以在教育和公共福利等多边领域进行交流。

三　美国对泰国经济和援助的再定位

美国国务院在外交政策的"行动指南"中称，美国的援助在泰国大量安全支出的情况下，对保持其财政稳定起了很大的作用。该文件认为，泰国经济将继续严重依赖出口初级产品，进一步发展受到熟练劳动力欠缺、能源匮乏、行政效率低下、资金短缺等因素的制约。但该文件称，泰国在东南亚的战略位置、东南亚条约组织成员国以及高度认同美国的身份，"不仅使它成为共产主义的目标，也凸显了需要通过美国的援助以挫败（共产主义）实现这一目标的重要性"①。

行动指南称，"为了增强泰国政府的整体效率和阻止泰国经济可能对共产主义阵营的依赖，美国有必要继续提供灵活的经济和技术援助，以实现美国在泰国的政治目标"。文件指出，应检讨和改善援助计划，增加计划实施的有效性，应鼓励联合国、科伦坡计划国家和友好国家贡献资源以促进泰国的经济发展；鼓励泰国继续面向西方和非共国家市场的经济方向，出口资源，并获得贸易、技术、资本和原子能的发展。对泰国一直关注的大米贸易问题，该文件指出，美国应特别注意泰国经济的脆弱性和泰国领导人的强烈意见，最大限度地避免影响到泰国农产品出口市场。该文件特别强调，利用泰国资源来促进多边贸易和经济发展，并反对泰国与社会主义国家的以货易货协议。②

该文件称，泰国是美国的潜在市场，应努力推动美泰之间的贸易，应组织市场调查、发展贸易合同、引进美国设备、引进美国技术顾问和承包商，支持商业展览，为美国企业在泰发展提供信息和机会。鼓励泰国政府改善外国私人投资环境，最大限度地促进美国私人资本投向泰国，并特别注意投资泰国旅游设施的前景。文件还强调泰

① FRUS, 1958 – 1960, Vol. XV, p. 1125.

② Ibid. , p. 1126.

国通过立法改善管理水平的重要性。

1960 年 12 月 24 日，在驻泰大使约翰逊应国务院要求所作的过去五年泰国发展情况回顾的报告中，可以看到美国对泰国经济政策的变化。这一时期，美国对泰经济政策开始强调促进泰国的自我持续发展的能力，并希望泰国成为东南亚、南亚及其他发展中国家建设私有经济的样板，使更多的国家放弃国家主导的经济发展模式和计划经济发展模式。

约翰逊称，"泰国与美国找到的利益共同点是对中国共产主义扩张的恐惧，并相信这不能被绥靖政策所遏制"。约翰逊称，目前泰国的领导人和其他很多人对中立主义国家（如印度和柬埔寨）持"蔑视态度"，但这种态度也引起了美泰关系摩擦和泰国领导人中立主义倾向的两个问题。第一个问题是通过对美国给中立国家和给盟国（如泰国）的援助进行对比，泰国认为美国投入不相称的关注和不成比例的资源去拉拢中立主义国家。第二个问题是美国对中立主义国家的观点，如同英法（它们在东南亚没有重要利益）一样，抑制了美国采取积极的措施阻止共产主义在东南亚的"扩张"。

此外，美国根据 480 公法将剩余粮食出口到泰国的传统出口市场，使泰国感到忧虑和恐惧。美国驻泰大使约翰逊称，这种影响与其说是经济上的，不如说是心理上的。[①]

约翰逊认为，这些问题使泰国有接受苏联援助或与苏联和解的可能性。因为泰国认为，动摇与美国绑在一起的政策会使美国增加对泰国的关注。约翰逊认为，这些很大程度上只是一种"战术"，有虚张声势的性质。约翰逊称，如果泰国得出结论，美国对中立主义的观点和美国关心与欧洲的联盟，如与英国和法国的联盟，这些阻止了美国采取必要的军事行动防卫东南亚，会真正地导致泰国走向中立主义。约翰逊称，泰国的态度将很大程度上取决于目前老挝危机的结果。如果老挝"丢给"了共产主义，哪怕两国的情况非常不同，泰国人也将恐惧同样的结果会出现在泰国，从而寻求改变依赖于以东南亚条约

---

① FRUS, 1958－1960, Vol. XV, p. 1170.

组织为代表的美国军事力量，并将转向（与社会主义阵营）和解的政策。①

约翰逊认为，过去五年泰国经济已有了显著的发展：（1）货币政策稳定，财政管理得到改善；（2）出口朝着多元化方向发展，除了原来主要出口的大米、橡胶和锡矿之外，玉米和木薯也成为主要出口产品；（3）政府强调经济发展、鼓励外国投资和国内私人投资；（4）政府逐步退出与私人企业竞争；（5）改善能源和交通，尤其是道路和桥梁。②

约翰逊称，美国的援助已经帮助泰国建立了一些经济发展所需的基础设施。约翰逊认为，过去持续的经济援助和经济改革（如设立了中央规划委员会和鼓励私人投资立法），以及计划进行的改革（如税务改革），可以使泰国进入经济"起飞"的阶段。③

但约翰逊也指出泰国经济存在的问题。约翰逊指出，每年近3%的人口增长，可能消耗掉大量可供出口的大米；大米和橡胶出口的下降，可能削弱泰国的出口能力，从而影响到进口能力。约翰逊认为，继续实行经济多元化和提高生产力水平是必要的，如果不能加快经济增长和经济多元化，可能导致泰国经济形势在十年内甚至更短时间内严重恶化。

约翰逊强调，鉴于泰国特殊的地理位置和亲美的政治取向，美国不能给予帮助以满足这种经济发展的需求，特别是在一个较短的时期内，可通过特别的帮助使泰国达到"自我发展"阶段时不提供帮助，将会是一个"严重的错误"。

约翰逊称，在基础设施相对充足和政府鼓励经济发展的有利条件下，更多的经济和技术援助能帮助泰国创造一种经济氛围，这不仅有利于政治和社会稳定，也能显著地改善民众的生活水平。为此，约翰逊建议，今后几年每年为泰国提供6300万美元的援助，其中3500万美元为贷款，2800万美元为赠款。约翰逊称，援助将大部分投入基

---

① FRUS, 1958 – 1960, Vol. XV, p. 1170.

② Ibid. , pp. 1170 – 1171.

③ Ibid. , p. 1171.

础设施建设，这将有力地促进私人企业的发展，并刺激外国的私人投资。①

约翰逊称，如果实现以上目标，泰国将成为公共部门与私人之间合适关系的"模范"，那"将对南亚和东南亚的国家主义和社会主义发展模式产生相当大的影响"②。

在回顾了泰国近五年发展状况和指出应继续给予泰国援助和支持后，约翰逊最后总结道："泰国是自由世界花园里特别健康和有活力的植物的代表，它未来的健康如同其他的植物那样，需要得到足够的照顾、营养和关注。美国的政策必须确保它得到这样的对待。"约翰逊称，这样的成本并不高，但回报将是"持续有效的"③。

第三节　20 世纪 60 年代初的美泰经济关系

进入 20 世纪 60 年代以后，经济在美泰关系中受到了更多关注。一方面，美泰在关于大米贸易的摩擦仍不时出现；另一方面，美国也越来越强调改变原来以赠款援助为主的经济援助方式，强调经济援助方式应以贷款援助为主，并强调泰国发展私营经济，实现经济"起飞"，增强自我发展能力。

一　贸易冲突再起

尽管美国反复声称在出口剩余粮食时会注意对泰国造成的影响，但美国并未停止在亚洲的倾销活动，使得美泰在此问题上时有摩擦。贸易摩擦甚至还成为泰国外长他纳请辞事件的导火索。

1960 年 5 月 4 日，美国与印度签署为期四年的粮食协议。5 月 12 日，他纳外长以此为由请辞④，并声称泰国将对它在东南亚条约组织

---

①　FRUS，1958 – 1960，Vol. ⅩⅤ，p. 1172.

②　Ibid. .

③　Ibid. ，p. 1173.

④　他纳的辞职请求被总理沙立拒绝，故继续担任外长职务，并于 1960 年 6 月陪同普密蓬国王访问美国。

里的位置做"痛苦的重新评估"。尽管美国认为泰国不会放弃与美国的紧密关系，认为他纳请辞可能还有其他原因。但美国也承认此举还是表明泰国对美国的愤怒正在增长，泰国一直不满美国在经济援助上的分配，并对美国给中立主义国家的援助进行"有针对性的比较"，泰国长期不和的柬埔寨和中立主义大国的印度更是经常被泰国用来做对比。美国预测泰国将可能会向中苏等社会主义国家作适当调整、放松对华禁运，在接下来的东南亚条约理事会上对美国施压，要求得到更多的利益。①

大米贸易还是普密蓬国王访问美国时美泰会谈的重要议题。鉴于此前一个月的美印粮食协定在泰国引起的强烈反应，1960 年 6 月 29 日，在美泰双方国家元首的会谈中，艾森豪威尔主动提起该话题，并就美国给印度出口粮食的原因作了一通解释，称美国每分钟剩余粮食存储的损耗超过 1000 美元，每年损失达 10 亿美元，美国需要体面地解决该问题。泰国国王和外长则强调，泰国严重依赖大米收入，国家约 50% 的外汇来自大米。②

6 月 30 日，泰国外长他纳又与美国副国务卿狄龙就美国在 480 公法下出售剩余大米问题进行了磋商。双方同意每年至少进行一次磋商，美国还为此接触依赖大米出口的缅甸和南越，并计划在 1961 年 1 月召开第一次会议。③

美国的剩余粮食问题在国内不仅是一个经济问题，还是一个政治问题，同时也是美国与亚洲缺粮国家外交的重要资源。如何处理剩余粮食是政府赢得农场主支持和扩大与缺粮国家关系的重要问题，正因如此，美泰虽多次交涉但问题始终未能有效解决。当然，因为泰国作为一个经济较为脆弱的盟国，美国在面对泰国的不满时，往往通过解释和表示愿意共同解决问题的姿态来安抚泰国；而泰国也因离不开美国的援助支持，除了抱怨和要求美国考虑对泰国的影响之外，也别无选择。因此，该问题也不会被扩大为贸易战或其他更大的纠纷。

① FRUS, 1958 –1960, Vol. XV, p. 1130.
② Ibid., p. 1132.
③ Ibid., pp. 1134 –1136.

二　60 年代初美国对泰援助

在争取 1962 财年的援助时，美国驻泰大使约翰逊称，泰国是亚洲人口和资源比例适中的国家，这有利于维持稳定。但约翰逊同时指出，应注意到泰国人口的迅猛增长（年增长率达 2.75%）问题，泰国应立即采取措施，准备将增长的人口转化为"财富"而不是成为"负担"，确保经济发展和人均收入增加。约翰逊大使称此事是美国关注的中心，因为"泰国基本上可算作该地区最稳定的国家，是亚洲尊严、民族自信的代表，是坦率的朋友而不是没有意义的卫星国"[1]。

美国大使约翰逊称，泰国对美国"至关重要"，美国必须正视在地区政治前景的对比中所产生的问题。约翰逊指出，美国有"充分的理由"援助泰国，因为中立国家"不用承担防御责任（尽管它们显然从中受益）"，还从社会主义阵营得到援助。约翰逊举了柬埔寨的例子，称报告显示美国还将大幅增加对柬埔寨的援助，而最近使泰国特别痛苦的是老挝正在发展成为另一个中立的"西哈努克式的政权"，并且美国也将给予同样"慷慨的对待"。[2]

约翰逊称，经济援助项目作为美国外交政策的重要武器，必须用来向泰国作出保证，美国将继续承认盟国的"作用"，并将与之合作加速经济发展，以"补偿"泰国与中立国家（它们接受两大阵营的援助）对比后所产生的不平衡。约翰逊称，稳定和友好的泰国取决于多个因素，但最重要的是泰国人感到"稳定的现代化和经济发展，并且美国为此作出了贡献"[3]。若不增加经济援助，泰国也将进一步得出"中立主义对他们来说也是可取的方向"的结论，这种感觉被最近老挝局势的发展所加强了。

可见，中立主义不仅在 50 年代中期成为美泰分歧的原因，到 60 年代初的老挝危机期间，在如何分配亲美国家与中立国的援助时，中

---

[1]　FRUS, 1958 – 1960, Vol. XV, p. 1137.

[2]　Ibid., pp. 1137 – 1138.

[3]　Ibid., p. 1138.

立主义仍然是美泰争论的重要问题。

约翰逊大使称，泰国的政治局势与经济发展相一致，需要扩大技术援助、通过调查准备给予贷款，支持经济基础设施建设，加速经济发展，并最终实现"自我持续的增长状态"。约翰逊指出，提交1962财年的计划时应强调及时地援助泰国，以促使泰国进入"经济起飞"的阶段。

约翰逊称，泰国有能力保持和扩大当前的4%—5%的经济增长水平。在1962财年计划中，泰国将进一步改善税务结构和征税技术，采取步骤提高农业生产力，制订合理的经济计划、合理分配公共资源，并最终立法改善私人投资、减低原料进口关税税率以鼓励新兴产业。约翰逊称，1962财年计划应注意工程和经济调查，因为这是泰国有效利用防务支持资金和获得世界银行、美国国际开发总署和发展信贷基金贷款的必要前提。

约翰逊指出，如果泰国寻求自由经济的发展并获得成功，将为其他东南亚国家"提供这一制度是有价值的证据"，因此美国应加强与泰国的合作，以获得这种的效果。约翰逊对沙立上台后采取的经济和社会发展措施感到乐观，称泰国最近几年"不被大型的面子工程所吸引，而是在更温和、更务实的基础上发展经济，认识到逐步工业化的智慧，以及树立如何在没有社会结构瓦解危险的前提下前进的意识"[1]。

50年代中期以后，泰国军事支出下降也为经济发展提供了有利条件。泰国给国防部的预算拨款在绝对数和比重上都有了大幅的下降。50年代中期之前，国防预算曾占了泰国全部预算的25%—40%[2]。之后几年维持在20%左右，至1960年，下降到17%。[3]

在美国对泰国援助主要方式"将从赠款转向贷款"的同时，美国"显著增加私人到泰国投资的机会"，美国希望泰国通过多渠道获得资金，减轻美国的援助负担，并通过走市场经济道路，使泰国获得能自我持续发展的能力，从而能更好地服务于美国的遏制战略。

---

① FRUS, 1958 – 1960, Vol. XV, p. 1139.
② FRUS, 1952 – 1954, p. 725.
③ FRUS, 1958 – 1960, Vol. XV, p. 1139.

在老挝危机时期，约翰逊大使将经济发展问题当作除应对老挝危机之外泰国最重要的事务。约翰逊在给国务院的报告中提出了一系列经济发展建议：（1）已提交的灌溉项目将极大地影响泰国经济，并帮助泰国进行农业革命，在一些地区将实现双季作物种植，增加产量；（2）提高农业生产率和多元化的援助，通过技术最大限度地提高效益；（3）修建更多的道路，完成东西向的亚洲公路，以及曼谷到马来亚、曼谷到清迈和泰国北部到缅甸的全天候公路；（4）增加赠款资金完成地区通讯项目；（5）府级电力工程；（6）由国家工作组提交调查报告以完成1962财年国家项目。①

约翰逊强调泰国进行经济改革，要求泰国稳定泰铢，避免通货膨胀，更加重视私营企业的发展，政府退出经营工商业，继续促进工业发展，公布世界银行的发展报告。在预算中强调教育、农业和其他功能以推动社会和经济进步。

约翰逊还提出新的行动建议：改革税制，简化和优化税则，改善税收管理，清理欠税，执行贝泽尔代表团建议②，并建议泰国改革公务员工资制度，建立对技术熟练和紧缺岗位的激励机制。③

1960年11月29日，在讨论下两个财年的计划时，约翰逊称泰国的政治和经济将持续坚定地与"自由世界"连接在一起，"强调私营企业作为经济增长途径的概念，使泰国成为美国援助东南亚的优秀国家"④。为了更好地树立这个样板，约翰逊要求美国在把计划展示给泰国之前美国先厘清思路。约翰逊称，美国应促使泰国继续稳定泰铢，避免过度的通货膨胀和赤字，鼓励私人投资，制定经济规划，强调农业和教育在公共资源分配中的地位，促进旅游业，改革税收和收入分配制度，建立激励机制等建议。

在1961财年的援助中，约翰逊建议美国给泰国1577.5万美元的

① FRUS, 1958–1960, Vol. XV, p. 1145.
② 以美国费城的Pennsalt化学公司董事乔治·贝泽尔（George B. Beitzel）为首共6人组成的美国投资考察团，于1959年11月29日提交的题为"扩大私人投资以实现泰国经济增长"的报告。
③ FRUS, 1958–1960, Vol. XV, p. 1145.
④ Ibid., p. 1165.

经济援助，称给泰国的经济援助应被美国置于最优先的地位①，因为这是获得贷款的关键。约翰逊很强调工程调查，强调加快与军事和经济都密切相关的公路、桥梁和港口等基础设施建设。

以前的研究一般认为，美国的"开发援助"起始于肯尼迪时期，但是从美国外交文件的档案文献中可以看出，在艾森豪威尔政府的后期，美国已经提出开始向开发援助的类型转变。作为美国的驻泰大使，亚历克斯·约翰逊对此提出了诸多建议。因工作出色，在肯尼迪入主白宫后不久，约翰逊成为美国的副国务卿，在对外政策上有了更多的发言权，肯尼迪政府的这种新援助政策，也应该有一些是受到他的影响。

20 世纪 50 年代末，美国对泰国的政治和经济政策作出了新调整。政治上，美国支持沙立建立更加集权的军人政府，压缩泰国左翼和中立主义者的政治空间。经济上，美国鼓励泰国发展私营经济，鼓励利用国内私人资本和外国资本开展工业化；美国改变了之前应急性的、以赠款为主的援助政策，转向发展产业、以贷款和投资为主的对泰援助政策。

美国一直宣称在世界范围内支持"民主事业"，但是在冷战对抗的背景下，美国将反对共产主义作为首要任务，对其盟友的国内政治统治方式持相当宽容的态度，只要有利于美国在全球范围内遏制共产主义发展的政策，美国都会予以考虑。而经济方面，不仅是为了减轻美国的外援负担，也是为了通过改善当地的经济条件，缓解社会不满，消解左翼思想的影响，并希望通过泰国的经济成功向其他亚洲发展中国家展示与美国结盟和采取西方经济发展模式的好处。当然，市场经济作为经济发展的有效工具，其在促进生产力发展上确有优势，因此泰国在这一时期经济也得到了一定的发展。

---

① FRUS, 1958 – 1960, Vol. XV, p. 1166.

第七章　老挝危机与美泰联盟的最终形成

1954年签署的《东南亚集体防御条约》（简称《东南亚条约》），使泰国和美国在多边条约的基础上结为了联盟。《东南亚条约》被缔约国批准生效后，成为美泰联盟的法律依据。但由于该条约的致命缺陷，使其在危机时难以采取实际行动。泰国等亚洲成员国曾早在酝酿成立东南亚条约组织时就要求该组织采取北约的模式，组建盟军司令部指挥联盟军队等建议，但遭到了美国和欧洲缔约国的反对。东南亚条约组织建立后，泰国也曾致力于加强该组织，但由于成员国之间的巨大分歧，使泰国的要求再次落空。老挝危机爆发后，美泰两国在如何解决老挝危机和保证泰国安全等问题上分歧严重。经过长时间的讨价还价，美泰终于在1962年3月达成了妥协，泰国同意放弃修改《东南亚条约》和美泰缔结双边条约的要求，美国则同意与泰国签署联合声明，以书面形式对《东南亚条约》作出"新的解释"。美泰签署联合声明，标志着冷战时期的美泰联盟最终形成。

第一节　老挝危机对美泰关系的冲击

老挝危机是东南亚条约组织成立后面临的第一次严重危机，东南亚条约组织的致命缺陷在老挝危机中暴露无遗。在如何应对老挝危机和解决《东南亚条约》缺陷的问题上，美国和泰国的分歧十分严重。

一　老挝危机对东南亚条约组织的冲击

老挝是越南革命和统一战争的重要侧翼战场，是北越南下推翻西贡政权，统一越南南方的主要通道。此外，在相当一段时间里，越南也曾有意控制整个印度支那地区。[①] 但对泰国来说，老挝相当一部分地区是其曾经被迫割让的"失地"，又是冷战时期重要的前沿防御地带。泰国认为，老挝对泰国的安全防御至关重要。因此，越南在老挝的每一次军事行动都引起了泰国的激烈反应。1953 年，越军进入老挝发动上寮战役就曾引起泰国的严重恐慌。奠边府战役时，泰国愿意配合美国出兵干预。日内瓦会议为东南亚带来了暂时的和平，但美国和南越拒不在该协议上签字，也不遵守该协议，使得该地区的和平难以保障。由于老挝是北越进入南越的重要通道，50 年代末，北越改变统一南方的政策之后，北越绕道老挝进入南越的活动日益频繁起来。[②] 在北越的支持下，巴特寮对老挝王国政府展开了攻势；中国则反对西方支持老挝右翼，反对西方把老挝作为包围和威胁中国的一个基地的企图。在西方阵营里，美国把老挝视为堵住亚洲共产主义向东南亚蔓延的"瓶塞"；泰国则把老挝视为防御的前沿，认为一旦老挝被共产主义"控制"，泰国将面临着严重的危险。因此，围绕着老挝内战如何解决和老挝政府如何组成等问题，西方阵营的美国、泰国及南越政权与社会主义阵营的北越、中国和苏联在老挝的冲突和对峙，酿成了老挝危机。

1954 年 7 月达成的日内瓦协议规定越南以北纬 17 度线停火，构成了南北越的临时分界线。由于南越拒绝签署和遵守《日内瓦协议》，拒绝进行全越南大选实现和平统一，老挝在越南武力统一中的地位骤然上升。美国认为，老挝在阻止北越统一南越和防止共产主义对泰国的影响上具有重要地位，不顾《日内瓦协议》的限制，把老挝、柬埔寨和南越一起纳入了东南亚条约组织的保护范围。美国设立

---

① 范宏贵：《"印度支那联邦"的由来》，《印度支那研究》1980 年第 8 期。

② 潘一宁：《中美在印度支那的对抗（1949—1973）》，中山大学出版社 2011 年版，第 162 页。

东南亚条约组织的主要目的是联合西方和东南亚当地的盟国，阻止共产主义向北越以外的地区发展，阻止北越统一南越，并为美国在该地区的干涉获得法律上的依据。但美国也认为，这样做是十分冒险的，其结果是不确定的，因此无意在该地区承担无限制的责任，无意投入过多的资源、拒绝采纳泰国和菲律宾等国要求的"北约式"的军事同盟的模式，而是采取类似澳新美防御条约的松散联盟的模式。

更为严重的缺陷是，东南亚条约组织是美国一手"拼凑"出来的，其主要成员并不在该地区，欧洲成员国对该地区没有多少兴趣。1960 年 12 月 26 日，美国驻泰大使约翰逊在给国务院的电报中承认，东南亚条约组织理事会的一套活动组织机制，在老挝局势面前被证明是无用的。约翰逊称欧洲成员对该组织并不重视，并举例说，英国的代表驻在新加坡，仅在开会时偶尔到曼谷；法国和英国的态度十分不情愿；该组织的基本政治讨论是美国和英法在华盛顿、伦敦或巴黎进行的。[①] 亚洲成员国在该组织的决策中处于无足轻重的地位。

约翰逊指出，由于地理因素和利益差异，东南亚条约组织只剩下泰国与美国捆绑在一起了。事实上，法国对该组织根本没兴趣，而英国在东南亚的利益不多，除了美泰之外，只有澳大利亚对该组织还有些兴趣。虽然约翰逊认为，过去几年里亚洲国家似乎更能接受该组织了，但也不得不承认，在可见的时期内没有一个国家愿意加入该组织的悲观前景。

泰国对东南亚条约组织的状况很不满，也致力于加强该组织，并指望获得该组织的保护和援助。在和平时期，东南亚条约组织虽受诟病，但尚且能维持其貌似强大的"威慑"。但是当老挝危机爆发之后，该组织的弱点就暴露无遗了，使其受到了十分严重的冲击。

老挝危机爆发后，泰国要求美国和东南亚条约组织采取武力干涉，支持老挝右翼上台，坚决反对任何中立主义领导和巴特寮参加的联合政府。但是，作为东南亚条约组织成员的英法在东南亚没有什么重要的利益，反对在老挝采取军事行动。英国在该地区的殖民

---

① FRUS, 1958 – 1960, Vol. XV, p. 1175.

地大多已经独立或自治，虽然对部分前殖民地国家还签有防务合作条约，负有一定的安全义务，但老挝危机对它们的威胁并不显得迫切。法国在第一次印度支那战争惨败后，事实上就对该地区的政治事务失去了兴趣。并且，英法都不希望美国过度地介入东南亚事务中去，使得西方在欧洲防御上的注意力被分散。因地缘关系，澳大利亚对该地区有一定的兴趣，但作为英联邦国家，其政策又往往受到英国的影响。

东南亚条约组织主要成员国的态度使美国联合西方盟国进行干涉的计划难以实施，这使得美国在处理老挝问题时不得不谨慎行事，但这却引起了泰国的不满。泰国要求修改《东南亚条约》，尤其是要求修改须取得"一致同意"后采取行动的决策程序来加强该组织。美国认为，修改将会使英法等国退出《东南亚条约》。泰国转而要求抛开《东南亚条约》，要求直接与美国签订双边条约。但美国以现实中已有《东南亚条约》的保障，国会不会批准双边条约为由，拒绝了泰国签订双边条约。东南亚条约组织成员国在对待老挝问题上的严重分歧，使得该组织受到严重的冲击，面临着瓦解的危险。

二 老挝危机中美泰在东南亚条约组织问题上的争论

1960年10月7日，老挝与苏联建交。10月12日，美国负责远东事务的助理国务卿帕森斯访问万象。美国要求富马中断与巴特寮谈判，遭到了富马拒绝，美国宣布不承认富马政府并中断了给中立派的援助。为了回应美国的压力，富马于10月27日宣布接受苏联的经济援助。两大阵营在老挝的介入越来越深。

1960年10月28日，美国驻泰大使约翰逊要求得到授权向泰国外长作出以下声明："美国政府向泰国政府保证，如果老挝局势引起可识别的内部共产主义侵略老挝或泰国，美国将视为最严重的情况，美国将按照东南亚条约组织的义务，毫不迟疑地采取适当措施以应对局势。"

11 月 2 日，国务卿赫脱[①]致电大使馆，指示可以向泰国外长作出不超出美国作为东南亚条约组织成员国的义务。但赫脱同时指出，泰国提出任何超出东南亚条约组织义务的双边承诺将是"不合适的"。赫脱指示约翰逊大使，让他告诉他纳，美国大使给泰国外长的书面声明，是重申美国决心"坚定地支持东南亚条约组织（履行）对泰国的义务，并将充分履行它"。赫脱认为，删去"毫不迟疑"字眼，并称如果大使认为有保留的必要，将必须获得白宫的同意。[②]

11 月 3 日，约翰逊大使将该声明告知泰国外长他纳。他纳立即注意到没有"毫不迟疑"一词，但并不纠缠，而是指出，他认为"该声明与美国就金门马祖向国民党当局的声明有某种程度的相似，采取政府行动比马尼拉条约所说的等待国会授权更有意义"。约翰逊称，他认为该信"没有以任何方式修改美国在东南亚条约组织中的义务，只是重申它"；他预测"在所有的情况下都不可能没有国会授权就采取行动，并且，政府将认为国会批准是必要的"。约翰逊指出，该信不是美泰之间的"新条约"，只是重申美国决心坚定地支持东南亚条约组织对泰国的义务，并将充分地承担它。他纳表示接受。[③]

但随着老挝局势的发展，泰国对获得美国的安全保证的要求再次强烈起来。1960 年 11 月 11 日，在会见美国大使约翰逊时，他纳称，尽管他对美国国务卿的信感到满意，但沙立仍然希望得到更多的保证。他纳称，沙立要求作出以下类型的声明，即"美国政府和泰国政府共同认为，目前的老挝局势发展的情况，特别是两国政府若不协调行动以确保老挝局势保持在合理的状态，将可能导致对自由世界安全的威胁"。沙立要求美泰声明采取以下措施：（1）美泰将协调行

---

①　克里斯蒂安·赫脱（1895—1966），生于巴黎，毕业于哈佛大学，参加第一次世界大战后的巴黎和会，1931—1942 年任马萨诸塞州众议院议员；1942—1953 年任美国众议院议员；1953—1956 年任马萨诸塞州州长；1957 年 2 月，被任命为第二届艾森豪威尔政府副国务卿；1959 年 4 月，杜勒斯病重辞职，赫脱接任国务卿；1961—1966 年，任美国贸易谈判特别代表。

②　FRUS, 1958 - 1960, Vol. XV, p. 1149.

③　Ibid., p. 1150.

动，"使老挝不受共产主义的影响和控制"。一方行动之前应与另一方协调并获得同意。泰国将努力提供足够的人员，美国将确保足够的物资和资金支持。（2）若泰国发生类似老挝的情况，美国政府保证将采取一切可能的办法及时地支持泰国。（3）若以上措施引起对泰国的侵略或进攻，美国将视之为对自己的侵略或进攻，并将毫不延迟地采取适当的军事和政治措施予以应对。①

1960 年 11 月 12 日，沙立在会见美国大使时再次提出以上要求。沙立称，上述声明"在《东南亚条约》框架之外，因此声明中就不应该提到《东南亚条约》"。但美国大使约翰逊认为，这将成为美泰卷入老挝的第一步，一旦走出这一步泰国将要求继续走下去，因此表示反对这种行动，并认为美国不应该对此承担责任。②

当天，约翰逊大使正式将艾森豪威尔的信转交给沙立。沙立同意美国暂不公开这封信的要求，但表示强烈希望美国尽快同意公开。沙立称，公开该信对泰美关系有"巨大的价值"，特别是在这种特殊的时候。约翰逊表示，将把他的要求报告给国务院。

约翰逊大使认为，在老挝局势严重和泰国抱怨美国援助中立主义国家的计划时，公布这封信是"及时的"和"完美的"。约翰逊认为，由于泰国在 1961 年援助问题上与其他国家进行比较，在这个特殊的时刻，及时同意沙立公开这封信的内容将会产生"良好的影响"。③

11 月 18 日，国务卿赫脱复电称，美国承认公开信件将对美泰关系有益，但认为公开对美国来说弊大于利，因此不同意公开。赫脱称，在援助问题上，应避免招人怨恨地把泰国和其他国家进行对比，尤其是与东南亚条约组织成员的菲律宾的对比；另外，泰国和柬埔寨在联合国进行会谈，公开信件对会谈来说将是"灾难性的"。因此赫脱要求约翰逊，巧妙地告诉沙立，公布该信将可能引起第三国误会，

---

① FRUS, 1958 - 1960, Vol. XV, p. 1157.

② Ibid. .

③ Ibid. .

要求沙立不公开。①

就两国在老挝协调行动问题，1960 年 11 月 13 日，美国大使约翰逊把准备给泰国的备忘录草案提交给国务院，草案提到泰国总理和美国大使同意美泰两国政府对老挝局势的"共同关注"，并一同"平等地决定将毫无保留地努力"确保老挝"不被共产主义统治"。草案称，为了取得最大的效果，他们同意最大限度地进行协调，"任何一国政府就目前老挝局势采取任何军事性质的措施，都应事先进行充分的协商"。任何涉及泰国人员的行动，美国都将提供物质和资金支持。并且，这些支持都不会减少目前美国对泰国的援助。②

11 月 18 日，美国驻泰大使约翰逊报告称，泰国外长 17 日在与他讨论时提出了泰国的新方案，要求无论是泰国还是美国政府，未经另一方同意不在老挝采取措施和行动，包括与老挝的贸易；美国部分地恢复对富米军队的供应。约翰逊称，美国充分地认识到泰国对老挝的兴趣，但认为这将可能导致对手的强烈反弹。因此，只同意美国与泰国保持协商，保持在老挝日常行动中的自由，以及保持与老挝当局的关系。③

11 月 20 日，国务院对大使提出草案作出了修改。国务卿赫脱将原文修改为"倘若采取此类行动，美国将与泰王国政府就需要的任何额外支持进行协商"。赫脱称，沙立此前"不在东南亚条约组织框架内和不提及该组织"的要求，将被认为是美国承担双边责任，超过了东南亚条约组织的义务，是"不合适的"，因此，这样的修改符合美国现有的承诺。④

尽管东南亚条约组织备受诟病，绝大多数成员国都认为其几乎没有实际的价值，但美国认为该组织对美国仍然是有用的。1960 年 12 月 26 日，约翰逊大使在给国务院的电报中称，该组织仍然是一个有用的"政治框架"，它"将美国军队的影响投射到东南亚去，并实质

---

① FRUS, 1958 - 1960, Vol. XV, p. 1157.

② Ibid. , p. 1160.

③ Ibid. , p. 1162.

④ Ibid. , p. 1163.

性地制止了共产主义集团的公开进攻"①。约翰逊称，尽管该组织不能有效应对目前老挝和南越的局势，但除了东南亚条约组织外，没有任何其他国际组织在阻止局势的恶化。约翰逊称，对该组织的任何重大改变都是"行不通的和不可取的"，美国只能让该组织服务于"有限但又重要的目标，即阻止公开的共产主义入侵，并应对间接和隐蔽的侵略"②。关于后者，约翰逊称提不出更好的办法，只能通过调整美国帮助东南亚国家建立的地面部队以适应形势发展，并向这些国家提供更及时和更灵活的经济援助。③

三 泰国用扩大苏联交往向美国施压

1960 年 11 月 3 日，美国驻泰大使馆给国务院报告，泰国的英语报纸头版报道，沙立在 10 月 31 日会见了新的苏联大使。沙立的助手威驰·威达康声称，苏联大使建议建立两国商业、科技和文化关系，沙立回应道，只要苏联不涉及意识形态或"颠覆活动"泰国将"愉快地同意"。④

美国大使约翰逊认为，泰国此举是一种战术，是在严肃地"警告"美国：（1）泰国对美国在老挝局势中的态度感到不满，它对美国和东南亚条约组织在帮助泰国应对危险方面信心不足；（2）泰国在抱怨中立主义国家不仅两边得到援助，还被美国更好的对待，而泰国"承担责任"却得不到相应的礼遇。⑤

约翰逊认为，泰国将不会落实沙立在对苏联大使所说的话，也不大可能改变对外政策。其刊登沙立与苏联大使的谈话是在英文报《世界》而不是国内读者的泰文报纸，更说明其是向美国传递不满的信号。⑥ 但约翰逊仍然认为，即便如此也是危险的。约翰逊称，沙立自第二次政变上台执政以来，泰国被有效压制下去的左翼和中立主义

---

① FRUS，1958－1960，Vol. XV，p. 1175.

② Ibid..

③ Ibid.，pp. 1175－1176.

④ Ibid.，p. 1151.

⑤ Ibid..

⑥ Ibid..

者，会因政府表明愿意接受苏联援助和安排交流受到鼓励。苏联的积极回应将加强左翼，使其更难以控制。即便泰国政府最终拒绝接受，或根本不打算接受苏联的建议，反共力量也会发现政府的态度是"混乱的"。

约翰逊认为，泰国之所以走这一步，不仅与泰国对美国和东南亚组织在老挝问题上不够"强硬"有关，还与泰国人看到柬埔寨、巴基斯坦获得苏联的援助以及最近美国宣布援助几内亚有关。这些事件为政府中许多人（例如"民族主义者"外长他纳、沙立助手威驰和"左翼"将领）相信泰国应该走向中立主义，至少像柬埔寨一样，可以通过"勒索"从美国得到更多的援助。①

约翰逊大使认为，当前不应该扩大泰国对美国的不满，但建议暂不采取行动，以避免落入泰国的圈套。

第二节　肯尼迪政府应对老挝危机的新政策

美国新总统肯尼迪于 1961 年 1 月上台后，加快了对东南亚的干涉。肯尼迪上台前夕，在与艾森豪威尔总统及其主要阁员就国际事务的重大问题交换意见时，艾森豪威尔向肯尼迪强调老挝的重要性，建议肯尼迪上台后采取强硬措施。② 事实上，肯尼迪也不排除武力干涉的可能，但他很快意识到美国对老挝进行武装干涉的成本太高、风险太大，因此，在进行军事干涉准备的同时，愿意接受在老挝建立联合政府和老挝保持中立的解决办法。

一　肯尼迪政府对老挝的新政策

由于英法在老挝没有重大利益，不愿意参加在老挝的军事行动，美国与泰国对深居内陆的老挝进行武装干涉则面临重大风险。肯尼迪

---

① FRUS, 1958 – 1960, Vol. XV, p. 1152.
② ［美］小阿瑟·施莱辛格：《一千天：约翰·菲·肯尼迪在白宫》，仲宜译，生活·读书·新知三联书店 1981 年版，第 87 页。

政府的国务卿腊斯克认为，老挝不是冷战的主战场，而是泥潭。① 因此，肯尼迪愿意在进行战争准备的同时，尽量争取符合美国利益的政治解决办法。

1961 年 2 月 24 日，国务卿腊斯克在给肯尼迪的备忘录中称，美国应该重申给予"泰国道义上和物质上的支持"，认为这对美国的利益来说是"及时和十分有利的"。

1960 年 12 月 28 日，泰国总理沙立在回复艾森豪威尔总统 11 月 8 日的信中称，他欢迎美国过去在东南亚条约组织之内所承担的义务，称"尽管美国和泰国没有双边条约，但泰国政府倾向于将其理解为这是事实上的双边（条约）"②。

尽管美国不能接受沙立的片面解释，但也需要缓解沙立的担忧。在处理前任政府移交的文件时，国务卿腊斯克致信沙立，重申美国继续"同情和支持泰国"，"保证继续在经济和安全方面支持泰国"。在腊斯克的建议下，1961 年 2 月 28 日，肯尼迪亲自致信沙立，重申美国对泰国的支持。

肯尼迪上台后，老挝形势更为严峻，肯尼迪政府也越来越直接地承担起对泰国的"责任"。1961 年 3 月 21 日，腊斯克在与英法大使会晤后，要求美国驻泰大使继续向沙立和他纳重申，美国总统在密信中以个人名义向泰国作出了保证。由于泰国担心老挝被共产主义控制后，自己也将遭到攻击，泰国向美国提出防空援助的要求。腊斯克指示大使向沙立表示美国关注泰国的防空，如果泰国遭到进攻，美国在远东的军队、包括第七舰队将迅速对北越进行报复行动，称此举在目前"比任何增加泰国空军都来得更有效"，并称如果美军进入老挝，美国准备在泰国部署战斗机，给泰国提供直接的空中防御。③

国务卿腊斯克通知美国驻泰大使约翰逊：（1）美国准备接受老挝中立，巴特寮停止进攻是必不可少的前提，并且"独立的"老挝

---

① 潘一宁：《中美在印度支那的对抗（1949—1973）》，第 164 页。

② United States Department of State. http：//history. state. gov/historicaldocuments/frus 1961 – 63v23/d397.

③ http：//history. state. gov/historicaldocuments/frus1961 – 63v23/d397.

政府能够阻止"共产主义的颠覆和渗透",保证国内安全;(2)美国将提供战斗机和直升机进一步支持老挝;并向苏联明确表示美国准备采取进一步行动保卫老挝,反对共产主义接管老挝;(3)美泰在老挝的共同利益要求继续合作采取必要的新措施防止共产主义统治老挝;(4)目前新的措施是准备明显地提高美泰支持老挝的承诺水平,强调泰国对"自由世界"在该地区利益的重要性,这"自动地意味着我们(美国)有责任保护泰国"。泰国可以指望美国依照泰美合作的责任,得到美国"全面的军事支持"。腊斯克指出,肯尼迪希望沙立知道这一完整的承诺。腊斯克还告诉驻泰大使,为了保持沙立的信心,如果大使认为有必要,可以向沙立表示美国愿意探索技术上切实可行的途径,为泰国的乌隆和塔克里提供防空措施。①

二 老挝危机中泰国与美国的分歧

1961 年 3 月 23 日,美国大使约翰逊建议给沙立备忘录,以获得泰方同意美国的 B-26 飞机能从泰国进入老挝。② 24 日,国务院回复称,若泰国遭到共产主义的武装进攻,而东南亚条约组织的其他国家不准备采取行动,美国将迅速采取行动。但美国不准备给泰国的书面保证,约翰逊大使得到授权是以口头形式向泰国作出上述保证。③

4 月 6 日,泰国大使威苏他·阿差育提向肯尼迪递交了沙立的信。沙立对美国的支持表示感谢,并希望美泰的探索不能停留在口头上,希望有积极的和具体的成果。肯尼迪重申了 2 月 28 日信中给沙立的保证。肯尼迪还向泰国大使询问了老挝和东南亚的情况。泰国大使称,停火和召开会议解决老挝问题是好的,但他担心共产主义将"接管"老挝和南越,并且下一个目标将是泰国。肯尼迪表示同意,

---

① http://history.state.gov/historicaldocuments/frus1961-63v23/d398. 乌隆为泰国东北一个府,位于廊开府之南,孔敬府之北,是泰国曼谷通往老挝万象的要冲。塔克里是泰国中部偏北的那空沙旺(北榄坡)府下属的一个县。塔克里设有泰国皇家空军基地,该基地建成于 1955 年。1961 年老挝危机期间,美国空军进驻塔克里基地。越战时期,该基地在美军中的地位进一步上升。

② 该处有部分文字未解密。

③ http://history.state.gov/historicaldocuments/frus1961-63v23/d399,注释 1。

并称如果可能将在老挝建立强大的军事屏障。肯尼迪请泰国大使转告沙立，表示美国关注和支持泰国，并鼓励泰国作出自己的努力。肯尼迪向泰国大使强调，美国的政策是支持那些渴望并急于自助的国家。①

4 月 11 日，沙立再次致信肯尼迪，称在任何情况下老挝都不能被分割或肢解，泰国不会接受一个共产主义控制老挝的解决方案。沙立称，最佳解决方案是，排除"受外部控制的共产主义者"、由真正中立主义者控制政权。沙立表示泰国准备与美国紧密合作并采取"合适的措施"。②

1961 年 5 月 5 日，国安会召开第 483 次会议。该次会议在讨论完古巴问题后，讨论了东南亚问题。会议同意在泰国部署某种形式的东南亚条约组织的军队，并保证给泰国和南越的代表参加关于老挝问题的日内瓦会议。约翰逊大使认为，当把军队派进泰国时，应该得到泰国的完全赞成；美国必须向沙立保证，尽管可能性很小，但如果发生共产主义接管泰国的情况，美国将派军队支持他。③

此次会议后，肯尼迪批准了国安会行动计划的 2425 号文件。该文件称，应向沙立和吴庭艳保证美国不会放弃东南亚；告诉沙立，美国考虑在东南亚条约组织的名义下向泰国派驻美军部队，派驻时间要看即将开始的日内瓦 14 国会议的发展；美国将派出部队去帮助南越训练军队。④

5 月 9 日，参联会致国防部长麦克拉马拉的备忘录对 4 月 20 日制订的东南亚条约组织第 5 号计划（SEATO 5/61，简称"Plan 5"）进行了讨论。该计划准备向湄公河左岸派遣 2.5 万名东南亚条约组织的军队，以接替老挝王国政府的军队控制湄公河沿岸的主要城镇，使之能腾出手去对付巴特寮。该备忘录称，这支部队将有助于展示一个"看得见的东南亚组织"，表明西方在多边努力下防御共产主义对东南

---

① http：//history. state. gov/historicaldocuments/frus1961 – 63v23/d400.

② http：//history. state. gov/historicaldocuments/frus1961 – 63v23/d402.

③ http：//history. state. gov/historicaldocuments/frus1961 – 63v23/d403.

④ Ibid. .

亚的"入侵",表明美国愿意履行先前的承诺。参联会认为,这种部署不应该被用于"反渗透"的目的,最好是将其作为东南亚条约组织行动的一部分;若不能实现,美国在泰国的军队将被视为美泰双边行动的一部分。这些军队将主要来自隶属于太平洋司令部的部队,部分来自美国本土。这支 5000—6000 人的部队将部署到前沿地区,包括足够的工程人员和民政人员,包括特种部队、公民行动分队、心理战分队、工兵分队等组成。这支部队将在得到命令之后的 7 天内到达。此外,该备忘录还表明,这支部队的部署不仅着眼于应付当前的老挝危机,还包括了美国今后对东南亚地区更广泛的考虑。备忘录称美国或东南亚条约组织驻扎在泰国的部队应该有"双重的使命",一方面作为美国和东南亚条约组织保卫东南亚自由的"可见符号";另一方面是开始发展必要的基地设施,以支持美国或东南亚条约组织接下来在东南亚的重大军队行动。为了使今后美军能自由调遣这支部队,该备忘录强调,在与泰国讨论美国的驻军问题时,应向泰方指出这支驻军不仅被用于保卫泰国,也将可能被用于老挝或南越。①

在南越形势恶化、老挝危机加剧和关于老挝问题的日内瓦会议即将召开②的情况下,肯尼迪派出副总统林登·约翰逊访问亚洲。5 月 16 日晚至 18 日上午,林登·约翰逊在泰国访问。其间,约翰逊副总统与泰国总理沙立和外长他纳等人进行了三次会谈,双方就日内瓦会议和美泰可能在老挝进行军事行动的准备进行了讨论。沙立称,泰美两国值得派出部队去阻止大火的蔓延,他怀疑日内瓦会议能取得具体和有用的成果。沙立在回答约翰逊的问题时称,如果美国采取行动,泰国可马上派出一个团的战斗部队(超过 5000 人),如果实行东南亚条约组织的 5 号计划,泰国可提供两个营(约 3000 人)。约翰逊说,一旦战斗打响将需要七万人的兵力。沙立称,只要美国和东南亚

---

① http://history.state.gov/historicaldocuments/frus1961 – 63v23/d405.

② 1961 年 5 月 16 日,关于老挝问题的第二次日内瓦会议召开。会议的 14 个参会方包括中国、苏联、越南北方、越南南方、柬埔寨、老挝三方代表、英国、法国、印度、波兰、加拿大、泰国、缅甸、美国。

条约组织准备应对局势，泰国准备满足任何数量的需要。①

林登·约翰逊向沙立表示，如果美国在老挝采取行动，中国可能会派出50万军队作出回应，俄国人可能会很高兴地看到美国被拴在老挝，然后在柏林、伊朗、韩国或其他地方采取行动。约翰逊称，这个问题使美国民众想起了朝鲜战争。②

沙立强调，美国人不采取行动，其他国家也不会行动。沙立表示，泰国现在还不需要美国派军驻扎，但需要美国提供设备，并要求美国支持老挝右翼的富米。

林登·约翰逊则表示，必须做停火和谈判失败的最坏打算。他敦促沙立，如果会谈失败，泰国与南越和老挝及其他国家将向美国和东南亚条约组织提出明确的要求。沙立则要求美国作出特别的声明。约翰逊称，美国国内舆论不允许在此时作出决定，国会也不会批准把美军送到老挝，尤其是老挝人自己不够努力的情况下。约翰逊称，他回国之后将向总统汇报，并决定如果会谈失败将提供什么样的援助。约翰逊称，日内瓦会谈将向公众表明和平努力已经做了，如果会谈失败，美国将决定采取新的行动。约翰逊表示，美国国会对政府的决策有制约，称虽然肯尼迪对国会有很大的影响，但是他的话不等于国会的最终决定。约翰逊强调，东南亚当地的反共力量应该更多地自助，称老挝不能甩手一边，虽然美国将继续支持老挝，但不能说美国将采取特别的行动。③

三 老挝危机期间美国对泰国局势的评估

1961年夏，小肯尼思·扬在接替亚历克斯·约翰逊出任美国驻泰大使后，对泰国的形势作出了新的评估。他不认为共产主义将试图复制老挝模式"颠覆"泰国，称泰国与老挝不是同一类国家，泰国是一个统一的、基本上稳定的国家，经济稳定和有活力，民众的福利在缓慢地进步，国家由相对同质的人口组成，大部分人认同国家和国

---

① http：//history. state. gov/historicaldocuments/frus1961－63v23/d408.
② http：//history. state. gov/historicaldocuments/frus1961－63v23/d408.
③ Ibid. .

王，没有严重的民族、经济、社会和文化分裂。

小肯尼思·扬称，不相信泰国有重要的共产党地下组织，虽然有一些不满的居民和机会主义者希望政府被推翻，但他们没有被组织起来。小肯尼思·扬认为，泰国主要的薄弱环节是东北部地区，长期以来该地区是泰国左翼的中心，并且那里的民众与老挝人的生活方式非常相似，尤其是生活在湄公河沿岸地区的泰国居民，与平原地区的泰人相比，更认同老挝人。泰国东北部地区有五六万名同情胡志明的越南难民，小肯尼思·扬称那是"潜在的第五纵队"。北部边界的山地民族，不能说泰语，对国家的认同也不强。在5月下旬，小肯尼思·扬还简短地访问了泰国北部和东北地区，认为该地区的贫穷、偏远和落后使其很容易被渗透和颠覆。小肯尼思·扬认为，与以往泰国人对华人的偏见不同的是，由于泰国禁止与中国往来和对华人的同化政策，使庞大的华人人口不是个大问题，但南部的穆斯林分离主义则可能使共产主义获益。

对泰国的政治制度，小肯尼思·扬认为，泰国缺乏公开的政治表达途径并不构成一个严重的问题，泰国政府的严格控制阻止了不负责任的新闻，禁止政治活动减少了"颠覆"的机会。小肯尼思·扬称，1957年政变之前泰国试图进行民主化的时期，共产主义显著受益了，特别是共产主义扩大了对东北地区和曼谷的底层民众的影响。小肯尼思·扬称，大多数泰国民众仍不对民主抱有幻想，不允许不负责任的机会主义政客获得权力，曼谷一些不满的知识分子，特别是从欧美留学回来的不满知识分子，使政府延迟了起草新宪法和筹划新的选举。小肯尼思·扬认为，泰国民众长期生活在君主制下，构成了一个保守的政治联盟，包括军人、文职人员和亲君主人士，普遍的认识是政府努力改善经济条件并获得了普遍的满意。

小肯尼思·扬强调，泰国是美国在该地区的"一份非常重要的资产"，它基本上是稳定的并真正反对共产主义，并已取得了重要的经济、政治和社会成就，虽然它还称不上是一座堡垒，但能成为一个稳定的区域。① 小肯尼思·扬称，美国最大的优势是"时间"，美国应明智地尽快使用它，"在共产主义之前主动地保护和增强泰国，并使它获得重大的进步"。

最后，小肯尼思·扬指出，必须注意泰国的安全漏洞和弱点，防止曼谷的受教育群体和偏远地区的居民被"渗透"。小肯尼思·扬称，共产主义将可能同时进入该地区，美国必须准备立即应对广泛的问题，拒绝给对手机会并揭露他们。否则，东南亚的"金饭碗"将会迅速变味。②

1961 年 8 月 11 日，国家安全委员会成员罗伯特·约翰逊在给总统国家安全事务助理帮办罗斯托的备忘录也认为，泰国不大可能会因老挝局势而被推翻，外部原因是美国的干预和中立主义国家的反对，内部原因是泰国国内的没有像老挝那样的"严重危险"。该报告认为，泰国没有遭受过被殖民统治的经历，因此，泰国缺乏亚洲国家普遍的反殖民诉求。泰国的现代化是在本土民族主导下进行的，更真实地反映了当地的需求，在社会上不存在与西方的紧张关系，也没有因突然去除异族统治造成社会不连续而产生的混乱。但该备忘录也指出泰国统治集团的脆弱性，称沙立与 1932 年以来的其他通过政变上台的统治者一样，其合法性仅来源于他对军队的控制，所以如果沙立被推翻，也不会在社会上引起大的反对，只是这种力量需要得到精英集团的支持。③ 言外之意是美国要帮助沙立巩固政权，应引导精英集团对其政权的支持。

四　老挝危机与美国对泰国的援助

由于老挝局势日益紧张，以及泰国对美国和东南亚条约组织的表现不满，美国计划增加对泰国的援助。美国副总统约翰逊在访问泰国期间虽没有作出具体的承诺，但他也表示美国将研究增加援助的可能性。6 月 23 日，国安会成员，亚洲问题专家罗伯特·约翰逊在给总

① http：//history. state. gov/historicaldocuments/frus1961 – 63v23/d410.
② http：//history. state. gov/historicaldocuments/frus1961 – 63v23/d410.
③ http：//history. state. gov/historicaldocuments/frus1961 – 63v23/d417.

统国家安全事务特别助理帮办罗斯托的信中提出，提交给国会的
1962财年对泰军事援助将增加3000万美元（该财年对泰直接援助总
额达到4890万美元），这3000万美元将作为计划增加的2.5万部队
的装备费用①。此外，美国计划为增加的部队提供每年约1080万美
元的支持。但美国几乎不提供直接的预算援助，而是以发展援助的形
式间接提供这笔资金。这笔资金计划从国会的5亿美元的应急基金里
获得。

此外，还有一些社会经济项目，如提升大学和职业教育、提高公
务员素质和社区发展项目，相当一部分项目安排在泰国东北地区。赠
款援助的1130万美元主要用来建设三个公路项目。②

国安会的罗伯特·约翰逊提出，解决游击战争困境的办法是通过
新的经济使团与泰国协商制定出在泰国东北地区采取系统的经济、政
治和军事措施。

美国大使小肯尼思·扬给国务院提出的报告包括了三个方面的目
标：（1）"纯粹的政治目标"是让泰国人相信美国决心支持他们，解
决他们的心理恐惧，从而减少泰国走向中立政策的可能性。（2）由
于老挝巴特寮的不断获胜，通过军事、经济和交通建设，加强与老挝
相邻的泰国东北地区的能力，防止该地区被共产主义影响。（3）支
持泰国的经济发展。

但国安会的罗伯特·约翰逊认为，刚到任不久的驻泰大使小肯尼
思·扬的报告由于完成得仓促，忽视了泰国的行动意愿和能力的分
析，报告的第二、三部分的目标没有详细的措施。约翰逊认为，泰国
是一个相对稳定的社会，其社会紧张的来源产生于传统与现代的矛
盾。泰国未遭受过殖民统治使其避免了"情绪化的和意识形态的民
族主义革命后果"。因此，泰国缺乏"意识形态冲突和自大的民族主
义"。精英集团普遍接受高等教育，大多数民众也可以接受到教育，
粮食丰富，国家相对同质化，没有普遍的紧张和持不同政见，这些使

① 根据美国大使小肯尼思·扬的计划，泰国需要增加2.5万人的军队，最初曾计划
增加3万人。见 http：//history. state. gov/historicaldocuments/frus1961 – 63v23/d411。

② http：//history. state. gov/historicaldocuments/frus1961 – 63v23/d411.

得社会缺乏更迭政权的目标和动力。泰国的基本问题是能否产生足够的紧迫感来应对新的潜在威胁,是否能推动和领导发展足够的经济能力来支持安全努力。扬的报告指出,对泰国有效的领导、组织和计划是至关重要的。但罗伯特·约翰逊认为,该报告过度突出了美国的行动,忽视了泰国的主动性。[1]

大使在报告的社会经济部分提出,在东北地区建立类似战略村的"农庄中心"的计划。大使称,这种农庄是由数个由道路连接的村子组成的现代复合社区,将包括市场、公共汽车站、中心学校、诊所和轻型工业,还有机动的村庄防御系统的指挥部。[2] 大使建议建立联合的美泰委员会以援助泰国农业现代化。

1961 年 6 月底至 8 月初,以格林内尔学院的霍华德·博文为首的国际合作署研究小组(又称"博文使团")对增强泰国经济的措施进行了考察。报告认为美国政府过度地强调了泰国的腐败、缺乏社会活力、寡头政治、效率低下、限制私营企业、民众消极等情况,但实际上,在过去三年里,泰国在经济、行政和金融方面取得了进步。研究小组提出了为期两年的综合经济计划,认为泰国未来的发展依赖于农业、工业、教育和经济规划,并且经济计划应与国际银行衔接。研究小组称,扩大和改善教育是经济发展的先决条件。农业作为泰国的经济支柱,应该改善耕作方法。轻工业自战后以来发展迅速,是泰国经济最好的部分。研究小组建议政府减少对工商企业的控制,减少垄断,增加工业融资和国内储蓄。[3] 鉴于人口的急剧增长,泰国的宗教与社会也不限制人口的出生,研究小组还强调自愿限制生育的问题。

在解决老挝问题的日内瓦会议期间的 1961 年 7 月 12 日,苏联驻泰国大使与沙立进行了两个多小时的会谈。苏联大使对泰国追随美国和批评苏联表示强烈不满,要求泰国接受苏联的援助。[4] 美国推测,苏联的施压是为了迫使泰国转向中立主义。但美国认为,

---

① http://history.state.gov/historicaldocuments/frus1961-63v23/d412.

② Ibid..

③ http://history.state.gov/historicaldocuments/frus1961-63v23/d416.

④ http://history.state.gov/historicaldocuments/frus1961-63v23/d415.

美泰在军事和社会经济合作项目的正常推进，美泰关系不会发生大的改变，但苏联也为泰国打开"第二扇门"提供了可能。

为了向美国施压，泰国敦促美国在老挝问题上采取更为强硬的立场，并加大对泰国和老挝右翼的援助。1961 年 7 月 19 日，他纳在美国协会上做了题为《东南亚：自由世界的试验场》的演说，激烈地批评美国对东南亚和泰国的忽视。他纳称，柏林和老挝是世界的两个威胁点，而且后者更为危险。泰国不相信柏林会发生真正的武装冲突，并列出了 6 个原因。他纳称，但是老挝脆弱、缺乏重要性，没有石油、铀矿和其他矿产，没有西方的投资，因此西方没有动力去保卫老挝。西方认为老挝是难以防御的，或是不值得冒险的。他纳称，这种态度鼓励了共产主义在该地区破坏西方的地位，并会给亚洲国家留下共产主义是不可避免的印象。他纳要求，增加集体防御措施的有效性，外部给老挝提供充足的援助，邻近泰国的冲突地区应该得到更多的重视。①

第三节　美泰在东南亚条约组织问题上的谈判和妥协

在老挝危机中，美国曾企图通过派出象征性的训练和工程部队来安抚泰国，并避免刺激社会主义阵营使局势复杂化的危险。但泰国对美国的这个建议并不热心，泰国的主要目的在于，得到明确的法律保障，即要么修改《东南亚条约》，要么与美国缔结双边条约。为此，他纳两次访问美国，与肯尼迪、腊斯克及主要的外交和军事官员谈判；肯尼迪也派出他的弟弟，担任司法部长的罗伯特·肯尼迪在环球访问中到访泰国，与沙立、他纳等泰国主要领导进行会谈。最终，美泰就如何协调在老挝的合作以及保持联盟关系达成了妥协。

---

① http：//history. state. gov/historicaldocuments/frus1961 – 63v23/d415.

一　美国企图以派驻军队换取泰国取消修约和缔约的要求

为了与美国协商如何解决老挝危机的问题，1961 年 10 月，泰国外长他纳访问了美国。国家安全特别助理帮办罗斯托在为总统肯尼迪准备的备忘录中称，泰国认为主要的问题是美国缺乏对泰国安全的承诺。因为东南亚条约组织中的英国和法国不愿意在老挝采取军事行动，而东南亚条约组织要求"一致通过"原则，泰国对该组织十分不满，要求在 1962 年 4 月的条约理事会召开之前，要么修改该组织的缺陷（即投票程序），要么美国对泰国作出双边性质的承诺。罗斯托称，国务卿腊斯克不愿意修改条约，他希望通过某种形式来加强美国对泰国的承诺，包括增加美国在泰国驻军的方式来进行解决。罗斯托建议肯尼迪向他纳表示，如果泰国遭受进攻，无须一致同意，美国将全面履行它在东南亚条约组织下的义务。罗斯托还建议肯尼迪，美国可向泰国提供书面形式的坚定声明。[1]

罗斯托在给肯尼迪的另一个备忘录中，提出了美军进驻泰国可能的几种形式：（1）派遣工程营援助建设双方同意的工程，如修筑曼谷周边的公路；（2）增加对军队和边防警察训练的援助；（3）在泰国基地里一起训练美泰军队。

但罗斯托也指出，他纳认为美军进驻泰国将引起新的难题。一方面，泰国希望美军有"建设性的任务"，不希望美军驻在泰国"等待战争"；另一方面，泰国认为，用于训练和建设工程的军队"不足以威慑侵略"。他纳称美国所增加的这种保证，如同增加一个脆弱的"玻璃窗"。[2]

二　泰国再次向美国施压要求提供安全保证

1961 年 10 月 2 日中午，腊斯克与他纳讨论了老挝危机和东南亚条约组织等问题。腊斯克提出东南亚条约组织在泰国临时驻扎军队的

---

[1]　http：//history. state. gov/historicaldocuments/frus1961 – 63v23/d417.

[2]　http：//history. state. gov/historicaldocuments/frus1961 – 63v23/d418.

问题。他纳称，很明显，泰国不反对外国军队进驻，美国的海军陆战队驻扎在乌隆和其他美国人员在塔克里就是证据，泰国人接受这样的安排。但"训练中心"的建议缺乏吸引力。他纳指出，东南亚条约组织各国拼凑的军队进驻泰国，不会对泰国提供任何保障和采取实际的行动。他纳强调，泰国关心的主要问题是东南亚条约组织是否承担它的责任。他纳称，承担责任也不必驻扎在泰国，来自该组织成员国的军队驻扎在泰国，只会鼓励该组织的某些国家阻挠使用这支军队，因此这支军队没有什么特别的价值。并且，泰国国内也不希望看到一支没有具体使命的外国驻军。①

10月2日下午，他纳和腊斯克在共进午餐后，继续讨论东南亚条约组织问题。他纳强烈表达该组织在老挝问题上不能承担责任，让泰国认识到该组织是无效的和不可靠的。他纳对法国尤为不满，称法国当初建议东南亚条约组织保护印度支那，但现实中法国几乎不会采取行动。他纳称，泰国认为对泰国的保障将与对老挝没什么区别，因此要求得到其他的保障。双方还讨论了美洲国家组织形式，采取多数票原则，不要求所有国家都必须参加集体行动。他纳要求，泰国应得到像美国对西柏林那样类型的"充分保证"。②

腊斯克和他纳还讨论了双边条约问题。腊斯克称，美国在东南亚条约组织基础上履行义务，特别是给泰国的私下解释和秘密保证是必要的，但以另一个条约来公开表达这个义务将是不可接受的，因为那需要新的谈判和国会的批准。

腊斯克转而建议考虑亚洲非共产主义国家自己组织起来的可能性，然后再联合起来与美国谈判，美国可以满足这种要求。他纳称该建议缺乏可操作性，因为很多国家避免任何集体安全协议。

10月3日，美国总统肯尼迪在白宫会见了他纳，他纳递交了沙立给肯尼迪的信（写于9月11日）。针对他纳之前指责美国重视柏林不重视老挝的问题，肯尼迪表示，美国对东南亚安全的关注和对柏

---

① http：//history. state. gov/historicaldocuments/frus1961 – 63v23/d419.

② Ibid. .

林的关注是一样的,但东南亚的实际情况不够清晰和更难处理,美国对柏林的关注不会削弱在东南亚的地位。

肯尼迪称,约翰逊副总统访问亚洲重申了美国对该地区的重视。肯尼迪称,目前还应该寻求和平解决的办法,因为军事冒险的结果是不能确定的。肯尼迪指出,老挝路途遥远,交通困难,没有足够的空军基地,军事干涉只能之作为最后的解决手段。①

肯尼迪承认沙立信中所指出的东南亚条约组织存在的问题,称该组织的结构是不能令人满意的。他纳称,《东南亚条约》在东南亚安全上具有重要意义,但它在老挝危机中的失败表现使其不能兑现期待中的角色,使人怀疑该组织能否承担它的责任。他纳称,如果东南亚条约组织不能满足这些期望和要求,那么它"不仅是无效的,而且是危险的"。他纳称,该组织的章程必须被修改,否则泰国将可能离开该组织。他纳称,泰国政府觉得不能再让民众把希望寄托在该组织身上。他纳指出,并非所有的成员国都在东南亚拥有相同的利益,一些国家也声称它们不应该被要求为该组织作出贡献,泰国政府无法理解为什么要让不愿意承担责任的成员国留在该组织,它们不能仅仅只是来获取一个成员国的名号。

肯尼迪回应称,尽管一些国家不愿意承担责任,但其他成员国还是愿意承担它们的义务。一致同意是不需要的,各个成员决定他们自己的立场。

他纳同意这是一种可能的出路,但还是不能接受一些成员拒绝承担他们的条约义务。肯尼迪强调,不应该重新谈判东南亚条约组织,称那是一个复杂的和没用的工作。他纳称,如果不在 1962 年 3 月的理事会之前进行重新谈判,他认为没有必要用该组织来"欺骗民众"。肯尼迪称,如果泰国受到威胁时,两个国家反对采取行动,五个国家同意,美国不会被两个弃权票所阻止(即动员反对者投弃权票,同意它们不参加集体行动)。肯尼迪称,《东南亚条约》的任何改变都得经过国会批准,他不想那样做。约翰逊也强调,美国无须按

---

① http://history.state.gov/historicaldocuments/frus1961-63v23/d420.

照一致同意原则采取行动，这在此前给泰国备忘录中已经表达过。

他纳提出两个选择，一是无论是否取得一致同意，成员国在防御条约地区的行动将被视为该组织的行动；二是如果发现该组织不能承担它原来的目的，那么应建立新的组织。他纳称，东南亚条约组织从宣传效果看给东南亚"带来了冷战"，并影响到该地区的成员国国家与其他一些国家的关系，如果它能起作用的话也可以算作一种补偿，但如果它不能增加安全，那对如同泰国这样的成员国有何利益？或许泰国应该寻求一些能提供集体安全的其他安排。

面对他纳的在该问题上的步步紧逼，肯尼迪继续为东南亚条约组织辩护，称东南亚条约组织虽未能阻止共产主义在老挝和南越的"渗透和颠覆"，但承担了一个反对"公开入侵"的保障。也许应该采取某种形式的行动方案来控制"渗透和颠覆"，现有的办法是支持当地政府扩大防御和经济发展计划。肯尼迪同意东南亚条约组织成员国考虑和讨论未取得一致情况下的行动。肯尼迪表示，一国反对不能阻止其他国家以该组织名义采取行动，虽然这样的确会产生心理上的不利影响，但不能削弱其他国家采取行动的权利和义务。

就美泰是否缔结双边条约的问题，前驻泰大使、时任负责政治事务的副国务卿亚历克斯·约翰逊声称，双边条约是危险的，因为可能把重要的盟友澳大利亚排除在外。约翰逊称澳大利亚是积极，也是有用的，最好是通过多边安排，因双边安排而失去澳大利亚的贡献将是不幸的。

就亚历克斯·约翰逊所说的双边条约会排除澳大利亚的说法，他纳指出，澳大利亚可以通过澳新美条约的方式与此相连接。他纳称，东南亚条约组织不能革除其基本的弱点是因为一些成员只想获得权力不想承担义务。

肯尼迪称，应该在东南亚条约组织 1962 年春季会议之前进一步讨论该问题，也许能获得整个问题的解决，也可能是重申双边的保证和谅解。①

---

① http://history.state.gov/historicaldocuments/frus1961-63v23/d420.

他纳的这次访问，进一步取得了美国在东南亚条约组织的投票程序上有利于泰国的解释，他纳对其访问的结果感到满意。① 他纳指责英法不承担东南亚条约组织义务，逼迫美国对其提供具体的、公开的安全承诺。

三　美泰继续在老挝和东南亚条约问题上讨价还价

为避免日内瓦谈判失败，美国多次对顽固的老挝右派施压，引起泰国的强烈不满，1962 年 1 月 5 日，美国大使小肯尼思·扬预测泰国政府在老挝问题上的态度时用"暴风雨"一词来概括。大使建议坚定地和直截了当地声明美国的政策。1 月 6 日晚，大使小肯尼思·扬又与他纳就老挝问题进行了长时间的讨论。泰国的态度是美国实现老挝和平解决的一个障碍。国务卿腊斯克在给驻泰大使的电报中称，美国将继续推动日内瓦谈判，达成可接受的和平协议，但同时绝对不能失去泰国这个"宝贵的盟友"。腊斯克要求驻泰大使在这个微妙的时期，尽最大的努力解决好与泰国关系的问题。②

1962 年 1 月 8 日，国务卿腊斯克在给驻泰大使馆的电报中指出，要全面地向泰国重申美国在老挝问题上的立场，全面彻底地与泰国讨论以消除泰国的恐惧，表明美国支持泰国。为此，美国将就在老挝问题上的立场与泰国进行协商。

关于老挝内阁问题，美英法三国外长曾于 1961 年 8 月 7 日在巴黎协调西方在老挝问题上的立场，决定在一定条件下接受梭发那·富马出任首相。1962 年初，美国认为日内瓦谈判的进程已经接近美国预期的条件。美国认为，既然接受富马出任首相，那么只要不是巴特寮控制关键部门，富马领导的中立派出任国防和内政两部的部长是可以接受的。美国认为，这种安排不会对美国的利益造成威胁，也不会威胁到泰国的利益。美国认为，只要老挝不被用作他国的走廊，泰国就应该支持这种解决方案。③

---

① http：//history. state. gov/historicaldocuments/frus1961－63v23/d421.

② http：//history. state. gov/historicaldocuments/frus1961－63v23/d422.

③ Ibid. .

关于富马，腊斯克称，虽然美国知道富马的局限，但泰国严重低估了富马的能力。腊斯克称，相信富马将尽最大的力量保护老挝的独立，富马比泰国所想象的更加反对共产主义和巴特寮，富马将寻求强大的外部支持来维护中立派领导的联合政府。腊斯克表示，美国希望泰国与美国一起支持富马，强迫富马反共只会堵塞富马合法的努力或给他留下美国缺乏诚意的印象。

富米是老挝的右翼势力，他反对梭发那·富马允许巴特寮加入联合政府的方案。富米是泰国总理沙立的远房表亲，其立场曾得到泰国的支持。在美国转而谋求老挝问题和平解决的情况下，富米的强硬立场显然不符合美国的利益，美国希望泰国向富米作出解释，劝说他接受和支持中立派政府，并希望他以后继续在老挝政治生活中发挥重要作用。①

腊斯克指示美国大使向泰国保证，美国没有减少对东南亚的关注，美国将承担在该地区的义务，称美国在南越的行动就是证据。腊斯克称，泰国作为美国最忠实的盟国肯定会得到美国的继续关注，泰国可以继续信赖美国的承诺。

尽管如此，美国还是没能说服泰国。1962 年 1 月 20 日，美国总统肯尼迪亲自致信泰国总理沙立，要求泰国支持老挝中立派的富马出任总理和由中立派担任内政和外交两部部长职务的解决方案。1 月 21 日，美国驻泰大使小肯尼思·扬报告称，他与沙立、文翁、富米的会谈"没有希望"。沙立表示，富马成为首相并控制国防和内政两个部，对老挝的反共势力和泰国来说是一场灾难。文翁和富米不顾此前文翁在日内瓦的签字，不同意同时让出内政和国防两个部。②

鉴于泰国拒不退让的立场，国务院指示驻泰大使，要求按照 1 月 20 日肯尼迪给沙立的信中所指出的那样，与泰国外长他纳就美国的安全保证问题做进一步的探讨。国务院要求驻泰大使告诉沙立，如果

---

① http：//history. state. gov/historicaldocuments/frus1961－63v23/d422.

② http：//history. state. gov/historicaldocuments/frus1961－63v23/d423.

泰国遭到武装进攻，美国将根据《东南亚条约》第四条第一款①规定
承担义务，并且不需要获得全体成员国的同意。国务院指示驻泰大
使，如果需要，美国可以给泰国完整的书面形式的承诺。国务院要求
大使向泰国强调，集体安全必须被缔约国支持和增强而不是损害和削
弱它。②

　　在国务院 1 月 23 日给驻泰大使的电报中指出，参照美韩条约、
"美台条约"、美菲条约和澳新美条约，以及 1961 年 10 月他纳访美
时美国对东南亚条约组织的决策程序的解释，美国将不必等其他缔约
国一致同意才采取行动。该电报指出，美国之所以在日内瓦会议上追
求老挝实现中立，是因为美军在老挝没有优势，出兵老挝可能引起中
国的反应，老挝处于内陆的不利位置，老挝当地的反共势力的意志和
能力"令人怀疑"等原因。电报称，南越政权有战斗意志，美国已
经给了它们大量的人力、物力和资金援助。泰国不应该怀疑美国在泰
国需要时做的会比在南越做的少。③

　　国务院要求驻泰大使向泰国政府特别强调：（1）尽管美国不希
望中立派主导老挝政府，但在现实中富马政府是美泰唯一可做的选
择，所以美国支持日内瓦会议和平解决老挝问题，支持富马领导的民
族团结政府。（2）尽管美国视泰国为盟国，尊重沙立的意见，但美
国和其他大国在日内瓦的代表均相信只有和平解决老挝问题才是行得
通的。泰国不支持美国政策和鼓励老挝右翼破坏中立政府只会使问题
更加困难，并迫使美国作出更强硬的措施去解决问题。（3）美国迫
切要求沙立通知老挝右翼，泰国政府完全支持和平解决老挝的办法，
并按照日内瓦相关协议组成民族联合政府。国务院要求驻泰大使告诉
沙立，在这个问题上的合作能进一步巩固美泰两国的关系。（4）除
非尽快达成日内瓦协议，否则将会有爆发新的敌对冲突的危险

---

　　①　该条款称，对缔约一国的攻击意味着对所有缔约国的攻击，各缔约国将承担它们
的条约义务应对共同的威胁。
　　②　http：//history. state. gov/historicaldocuments/frus1961 – 63v23/d424.
　　③　Ibid. .

后果。①

但问题仍然没有得到解决，1962 年 2 月 4 日，腊斯克在给驻泰大使馆的电报中要求大使向泰国清楚地表明美国的观点，即美国将在《东南亚条约》范围内承担义务，在已经有《东南亚条约》承诺的情况下，向国会要求额外的双边条约是困难的。腊斯克要求大使向泰国指出，泰国通过《东南亚条约》从美国所得到的好处超过双边条约下美国可能给它的好处。②

针对他纳此前威胁泰国将在东南亚条约组织之外寻求某种形式的中立政策，腊斯克表示很不满，称其"无法理解"。腊斯克称，这说明他纳没有了解美国在《东南亚条约》下提供保证的基本事实。腊斯克称，东南亚条约组织是"美国提供正式保证的不可或缺的工具"，并要求驻泰大使用最强硬、最清楚的语气向泰国预先提出警告，称泰国不负责任和未经协商地破坏东南亚条约组织的行动，如发表公开声明或抵制巴黎会议（即 1962 年该组织的理事会年会），将破坏美国对泰国所承担义务的法理基础。

腊斯克称，美国已经证明了保卫泰国的决心，美国曾向泰国提出部署美军到泰国的可能性，只是泰国不接受。腊斯克称，现在美国正在把工程营派往泰国修筑公路，这将使美国军队出现在该地区。③

1962 年 2 月 12 日，美国驻泰大使小肯尼思·扬向沙立和他纳口头表示，《东南亚条约》是美国对泰国承诺"不可或缺的工具"，若发生对泰国的"公开侵略"，美国将"不以成员国事先取得一致为条件"支持泰国；若"非公开地武装入侵"，美国将给泰国"和在南越一样水平的援助"。但沙立回应称，没有修改的《东南亚条约》对泰国安全来说是不能接受的保证，沙立称"美国不等于东南亚条约组织，东南亚条约组织也不等于美国"④。

1962 年 2 月，总统肯尼迪派遣其弟弟、司法部长罗伯特·肯尼

---

① http：//history. state. gov/historicaldocuments/frus1961 – 63v23/d424.

② http：//history. state. gov/historicaldocuments/frus1961 – 63v23/d427.

③ Ibid. .

④ Ibid. .

迪的环球访问，计划 19 日在泰国停留一天。此时正是美泰关于东南亚条约组织问题争论不休的时期，因此，讨论该问题也就成为这次访问的主要议题。为了向美国施压，2 月 8 日，沙立告诉媒体，他计划直接问罗伯特·肯尼迪关于老挝的问题：美国的目的是什么？是不是先允许老挝先走向中立然后再走向共产主义？当老挝被共产主义接管时，谁去帮助老挝"摆脱"？美国认为沙立的态度变得"粗暴"了，肯尼迪总统认为，在不使问题复杂化的情况下可给予适当的"回击"。①

在国务卿腊斯克给即将抵达泰国的罗伯特·肯尼迪准备的材料中指出，泰国对东南亚条约组织的无能感到不满，该组织在老挝问题上的表现使泰国怀疑，若泰国遭到"入侵"时也将面临着被同样的对待。并且，泰国不满该组织缺乏经济援助；不满前殖民帝国英法，尤其是法国破坏泰国寻求在该地区的领导地位和发展与该地区国家紧密关系的努力。

泰国要求东南亚条约组织采取三分之二多数的决策程序，但美国担心这将使英法退出该组织。腊斯克称，鉴于国会的态度以及这将影响到美国与英法的关系，美国不赞成这种建议。美国决心"确保条约的完整"，使其作为"美国国家安全和……（美国）对条约地区安全保证的不可或缺的法律基础"②。

国务院给罗伯特·肯尼迪的电报指出："解决泰国问题的最好办法不是改变投票程序，而是在该组织的法律框架内建立美国与泰国的关系。同时……保持东南亚条约组织的军事联盟性质。"③

腊斯克要求罗伯特·肯尼迪向泰国重申《东南亚条约》是美国向泰国提供安全保证"必不可少的手段"，要求他向泰国表明美国希望泰国外长他纳赴美讨论该问题。

2 月 16 日，美国国务卿腊斯克致信泰国外长他纳。腊斯克称，尽管东南亚条约组织不完美，但其已经成功地阻挡了对条约地区的

---

① http：//history. state. gov/historicaldocuments/frus1961 – 63v23/d430.

② http：//history. state. gov/historicaldocuments/frus1961 – 63v23/d428.

③ Ibid. .

"公开入侵"；尽管不能满足条约地区的所有安全问题，但重要的是保持这种"威慑"。腊斯克声称，像《东南亚条约》这样的集体安全的作用比个体之和更大。因此，美国要求集体安全的安排必须得到各缔约国的支持。

腊斯克要求即将抵达泰国的罗伯特·肯尼迪向泰国清楚地表明，《东南亚条约》是美国在自己的宪法体系内对泰国承担实际义务"唯一有效的法律文件"①。美国愿意在无须缔约国一致同意的情况下承担马尼拉条约第四条第一款所规定的义务。美国认为，这样的义务与泰国所追求的双边条约是一致的。并且，这还保留了东南亚条约其他成员国可能参与行动的优势。

美国不想将美泰及东南亚条约组织内部的严重分歧暴露在国际社会面前，为了安抚泰国，为了防止问题复杂化，腊斯克称，尽管这个阶段的保证还处于保密状态，但愿意与他纳一起考虑在适当的时候予以公开。腊斯克还以美国在南越的行动为例让泰国放心，称美国在南越的行动表明，美国愿意向"有意志和能力抵抗间接侵略的民众和国家"提供有效的支持。腊斯克称，尽管美国没有提议东南亚条约组织在南越采取行动，但美国还是承担了《东南亚条约》"规定地区"的义务。腊斯克再次强调，"没有理由相信美国在泰国需要时做的会比在南越的少"。为了尽快协商美泰的严重分歧，腊斯克正式邀请他纳在 4 月巴黎召开东南亚条约组织理事会会议之前，尽快赴美国讨论该组织的问题。②

2 月 17 日，在巡回大使哈里曼给罗伯特·肯尼迪的电报中指出，此前泰国曾背着美国鼓励富米抵制美国的意见，这是富米拒不接受富马组织联合政府以及阻止和平解决老挝问题的重要原因。沙立应该对富米的态度和目前的僵局承担"部分的责任"。但哈里曼对经过数月谈判后，沙立有保留地同意美国的立场表示欢迎，并要求罗伯特·肯尼迪请沙立劝说富米，使富米支持富马政府。③

---

① http：//history. state. gov/historicaldocuments/frus1961－63v23/d429.
② Ibid. .
③ http：//history. state. gov/historicaldocuments/frus1961－63v23/d430.

罗伯特·肯尼迪抵达泰国后，于2月19日与沙立、他纳等泰国政府要员等进行了会谈。罗伯特·肯尼迪根据大使的建议，主动提起老挝问题，表示美国重视泰国的感受和美国对泰国的明确承诺。经过长时间的交涉，泰国认为已无力阻止美国的政策。因此，沙立回应称，泰国虽然不能完全同意美国的观点，但仍会调整政策以适应美国的战略。但沙立接着要求，如果富马的中立政策失败，希望与美国紧密协商其他应对之策。①

关于泰国国内的问题，沙立称泰国政府正在努力提高生活水平和扫除文盲，称泰国尤其关注毗邻老挝的东北地区。沙立本人就是东北发展委员会的主席，美国的援助部分也用于该地区。

罗伯特·肯尼迪向沙立声称，与共产主义斗争将取决于打非常规战争的能力，并简要地介绍了美国总统约翰·肯尼迪关于游击战和反游击战训练的新政策。在讨论泰国与老挝的情况时，沙立称泰国已加强了对东北边境地区的控制，并与美国特种部队合作在老挝进行反游击活动。罗伯特·肯尼迪向沙立强调边境警察的重要性，表示将敦促美国加快对边境警察的援助，表示双方将加强在军队、民间志愿队、心理战以及开发泰国东北领域的合作。②

沙立利用与罗伯特·肯尼迪会谈的机会向美国施压，会谈时出动了几乎所有的军政大员，从国防部长、陆军司令、情报局长，甚至还包括旅游部长都向美方提出了东南亚条约组织、老挝局势以及美国援助等问题。

在东南亚条约组织问题上，沙立声称，泰国"不是正在威胁退出……而是正在退出"。沙立批评美国在老挝的立场，赞扬美国在南越的行动，并强调老挝作为侧翼的重要性，称北越将继续以此为通道进入南越。要求美国双管齐下，从南越和泰国进入老挝，抱怨美国不支持富米。此外，泰国还抱怨美国的援助速度太慢，抱怨罗伯逊·肯尼迪访问泰国仅安排一天的时间太短。

---

① http：//history. state. gov/historicaldocuments/frus1961 – 63v23/d431.

② Ibid. .

最后，美泰双方达成将派他纳访问美国，继续与美国就老挝危机和东南亚条约组织及美国对泰国的安全保障等问题进行商谈。

四　美泰就对东南亚条约作出新解释达成联合声明

根据 1962 年 2 月 19 日罗伯特·肯尼迪访泰时与沙立达成的意见，他纳于 3 月初赴美访问，与美国商讨东南亚条约组织及美泰关系问题。3 月 2 日，美国国务卿腊斯克与泰国外长他纳进行了会谈。腊斯克称，东南亚条约是"美国与东南亚安全关系的重要基础"，美国在南越的行动就是美国"履行"该条约义务的例证，美国在南越的行动并未寻求其他缔约国的事先同意，仅告知它们美国的意图。腊斯克称，美泰的联合声明将帮助泰国应对直接的入侵，并将安排驻泰大使与泰方讨论采取社会和经济措施来防止"渗透"问题。

他纳称，泰国仍然相信集体安全的原则，但这一信念被东南亚条约组织的表现给削弱了，泰国政府不能继续用该组织欺骗民众。他纳称，"泰国政府被美国告知，美国希望东南亚条约组织继续下去，尽管不是改变条约本身，而是改变对条约的必要'解释'，泰国仍愿意同意（美国的主张）"。对于泰国一直关心的决策程序问题，他纳称："如果条约是保持地区和平的法律依据，泰国相信，美国将同意条约不需要其他成员的一致批准。"[1]

他纳称，"泰国其实更乐意与美国签订类似美国与菲律宾和其他远东国家的双边条约"，"双边协议可以削弱前殖民帝国在东南亚条约组织中所引起的问题"，那些国家使该组织"失去了光泽"，使泰国从其他东南亚国家分离出来，使该地区合作更加困难，但是美国由于明显不愿意缔结双边条约，因此"泰国愿意让东南亚条约组织继续下去"。腊斯克回应称，双边条约会引起美国国内的问题，国会会质疑另签一个条约的必要性。[2]

3 月 2 日和 3 日，巡回大使哈里曼两次会见了他纳。哈里曼称，

---

① 　http：//history. state. gov/historicaldocuments/frus1961 – 63v23/d433.

② 　Ibid. .

肯尼迪不允许富米阻挠老挝中立政府的形成，称富米的做法是在迫使美国干涉老挝。

3 月 5 日下午，腊斯克再次会见了他纳，双方表示愿意发表联合声明，在东南亚条约组织理事会上讨论战略问题，并交换了关于老挝的看法。腊斯克称美国并没有放弃在老挝的利益。他纳表示，泰国的政策与美国并不相同，但仍将支持美国的政策。随后，国防部长麦克拉马拉会见了他纳，讨论了越南局势、美国援助泰国问题，以及泰国东北面临的"威胁"以及情报问题。国际开发署署长也会见了他纳，讨论泰国灌溉工程问题。①

美国总统肯尼迪会见了泰国外长他纳。肯尼迪称，他纳的访问解决了一个国家就能阻止东南亚条约组织行动的问题，并要求他纳在美国认为老挝进程得到很好解决之前，不要公布他为他纳访美所做总结的信②。他纳则递交了沙立给肯尼迪的信③。

肯尼迪再次向他纳强调了和平解决老挝的重要性，称富马组织联合政府是唯一的可以接受的办法。如果联合政府组织失败，停火将会被蚕食，老挝将会被完全陷入混乱，任何干涉的办法都是非常冒险的。肯尼迪称，最不能接受的是巴特寮获得完全的胜利，而在目前的条件下，他们能迅速取胜。那将使他们在东南亚获得巨大的威望，将对泰国产生不利影响。肯尼迪称，美国不能把美军送到没有很好理由的任何地方去。肯尼迪称英法支持富马方案，并劝泰国也这样做。

他纳回应称，泰国不是因为富米是沙立的远房亲戚而支持他，而是因为其强烈反对共产主义。就肯尼迪要求富米交出军权问题，他纳称，如果停火被打破，美泰将难以进行干涉，在这个内陆封闭的地

---

① http：//history. state. gov/historicaldocuments/frus1961 – 63v23/d434.

② 肯尼迪于 1962 年 3 月 8 日，在他纳访美结束后给泰国的一封信。该信的内容是感谢他纳的访问和表达了对泰国的关切，并称《他纳—腊斯克联合声明》表达了双方的立场。

③ 该信写于 2 月 27 日。沙立在信中称，尽管十分疑虑，但为了与美国一致，泰国还是"真诚地努力调整"了在老挝问题上的立场。沙立要求美国单方宣布或与泰国发表联合声明，"如果泰国遭到武装进攻或其他方式的进攻，美国将无须等待东南亚条约组织理事会的一致决定，与泰国合作保卫其自由"。

区，空中和海上力量的优势将不能发挥最大的优势。

肯尼迪则表示，美国不是要富米投降，而是支持富马和参加其政府。他希望沙立说服富米，这不是要他放弃斗争而是要他与美泰合作。如果他拒绝参加联合政府，将使整个计划失去平衡。但他纳还是要求国防和内政这两个关键职位握在"可靠者的手中"。他纳还提出了富米来组织"王室委员会"来监控越南利用老挝通道等建议。但美国没有接受他纳的建议，肯尼迪称 11 个月的日内瓦谈判已经同意由富马组织联合政府。[1] 最后，他纳要求美国不要太过于拖延公布美泰两国政府首脑的来信。

经过长期的激烈交涉，1962 年 3 月 6 日，美泰双方签署了一份联合声明，即《腊斯克—他纳联合声明》[2]。声明宣称美泰两国在《东南亚条约》内的密切联系是防止共产主义对泰国"直接侵略"的有效威慑力量；美国保证若泰国遭到"直接侵略"，美国将充分履行根据《东南亚条约》承担的义务，按照自己的宪法程序采取行动，而不必取得该条约其他成员国的事先同意，并承诺将最大限度地加速向泰提供援助；双方认为，在曼谷成立的泰美联合委员会应继续力求最有效地利用泰国本身及美提供的人力和物力，促进泰国的发展和安全；双方还研究了美国帮助泰国应付"间接侵略"的问题。

联合声明签署后，由于老挝局势再度紧张，美国总统肯尼迪于 5 月 15 日下令派遣 1800 人的美海军陆战队进驻泰国。至 5 月 31 日，驻泰美军达 6400 人。此举一方面是为了配合在日内瓦的谈判，向社会主义阵营施压；另一方面是为了向泰国证明美国在切实履行条约责任，使泰国对继续跟随美国的外交政策有信心。[3] 在各方的努力下，1962 年 6 月 23 日，老挝临时联合政府得以成立。7 月 23 形，14 国代表在日内瓦签署《关于老挝中立宣言》和《关于老挝中立的宣言的议定书》，老挝危机宣告结束，但事实上各方继续围绕着老挝的中立问题的明争暗斗直至越南战争的结束。

[1]　http：//history. state. gov/historicaldocuments/frus1961 – 63v23/d435.
[2]　全称为《泰国外交部长他纳·科曼与美国国务卿迪安·腊斯克的联合声明》。
[3]　刘莲芬：《1960—1962 年老挝危机与美泰关系》，《东南亚研究》2008 年第 1 期。

1962 年 3 月 6 日的美泰联合声明的签署，是美国在不愿修改《东南亚条约》，也不愿签订双边条约的情况下采取的"重新解释"的调和办法。这说明之后的东南亚条约组织除了继续扮演美国干涉该地区的法律工具之外，事实上宣告美国联合欧洲盟国干涉亚洲事务的计划已经破产，标志着美国与欧洲盟国一起武装干涉远东事务的时代已经结束了。随着殖民时代的基本结束，欧洲殖民帝国退出亚洲，美国不得不开始倚重更弱小的亚洲盟国，亚洲冷战进入了一个新的阶段。亚洲冷战不再像最初的十余年，反殖民的民族独立斗争与两大阵营的斗争交织在一起，而是越来越突出地表现为两大阵营分别支持内战中的双方的方向发展。

与此相呼应的是，60 年代初在经历一系列激烈的危机和对抗之后，两大阵营的内部矛盾也越来越尖锐地凸显出来。中苏分歧日益扩大，最终分道扬镳，甚至一度兵戎相见；法国与美国在外交政策上的分歧也越来越大，最后转向自己的独立外交路线，并与中国建交，甚至退出北约军事一体化进程①。这一系列事件预示着，50 年代典型的以意识形态画线的两极格局开始走向拐点，世界权力向更为复杂的多中心方向发展的趋势已初见端倪。

---

① 1963 年，法国政府宣布大西洋舰队不受北约指挥。1964 年，法国召回了在北约海军司令部任职的全体法国军官。1966 年 7 月，法国退出北约组织一体化军事机构。10 月，法国退出了北约军事委员会。北约总部由巴黎迁至布鲁塞尔。但法国退出的只是北约的军事机构，保留在北约的政治机构"北大西洋理事会"的席位和北约的政治成员国地位，缴纳北约成员费用和参加北约的绝大部分活动。从人力和物力投入的程度看，仍然是北约组织的第四大参与国。20 世纪 80 年代后，法国与北约的军事关系回暖，2009 年 3 月，法国国民议会表决通过法国重返北约军事一体化机构的决定。参见东平《法国全面重返北约的背后》，《当代世界》2009 年第 4 期；吴小俊：《法国与北约关系演变探析》，硕士学位论文，外交学院，2011 年。

结　　语

冷战前期，美泰关系之所以快速升温并最终结为联盟，其原因是多方面的，但最根本的原因是冷战向亚洲蔓延后，美国在亚洲推行遏制政策，使泰国在美国外交战略中的地位得到提升；同时，泰国也企图利用美国遏制共产主义在东南亚的发展、抗衡社会主义阵营的中苏越力量对该地区的影响，以谋求获取安全保护和西方援助。

一　地缘因素与泰国在美国遏制战略中的地位

20世纪40年代末，美国认为，整个东南亚大陆，应该由英法等殖民帝国承担"主要责任"。美国认为，英法应该支持当地非共产主义的民族主义者建立稳定的政权，来接管殖民统治结束后的权力，美国至多只是对英法及当地国家政府的"努力"给予鼓励和支持。因此，对地处东南亚大陆地区中心、局势相对和平、经济较为宽裕的泰国，美国只是泛泛地提到，支持其成为动荡的东南亚大陆的"稳定中心"，但尚未计划给予任何具体和实质性的援助。

由于美国在全球政策、特别是欧洲政策需要法国支持，所以美国杜鲁门政府放弃了罗斯福对印度支那地区战后独立的计划，同意法国在印度支那恢复殖民统治，并以冷战的视角来看待该地区占优势的共产党领导的独立力量。从此，埋下了灾难的祸根，以至于使本该果断结束的殖民统治久拖不决，最终酿成了印度支那地区连绵40余年的战争和灾难。

进入50年代后，两大阵营纷纷介入印度支那事务，社会主义阵营支持当地的左翼独立力量，美国则开始为其盟友法国的"肮脏的殖民战争"买单，印度支那开始成为大国冷战角力的竞技场，给当地及相关参与国家都带来了无穷的灾难。

从地缘上看，东南亚大陆紧邻中国，因此美国认为其是遏制中国、遏制共产主义向亚洲其他地区扩张的重要一环。在第一次印度支那战争期间，美国认为，越南北部是东南亚防御的关键，认为该地区国家地理相邻，互为犄角，存在"一守俱守，一失俱失"的危险局面，即后来所说的"多米诺骨牌理论"。美国声称无论该地区哪一个国家"倒下"，均将可能导致东南亚大陆的全部"倒下"，甚至波及整个亚洲、澳洲乃至更广泛的地区。所以随着冷战在亚洲的发展，美国开始关注泰国在该地区的重要地位。披汶在印度支那和朝鲜半岛事务上与美国合作之后，泰国被纳入美国的冷战战略中去。为了推动和鼓励泰国与美国合作，增强泰国参加遏制的决心和能力，大量的美援开始输往泰国。50 年代初，面对坚持中立的缅甸和法国控制的印度支那，泰国也可谓是美国在东南亚大陆可找到的唯一盟友了。

而具体到泰国的地缘上，泰国位于东南亚大陆的中央，其东、北、西三面如同"n"字形一样被印度支那和缅甸所环绕。美国认为，泰国的特殊位置决定了其对缅甸和印度支那产生重要的支撑作用。正是这样的原因，使得美国在该地区的心理战计划中，企图通过在泰心理战活动呈"扇形"地辐射周边地区。同样，泰国紧邻印度支那使其可成为印度支那战场的侧翼战场和前沿基地①，这种陆上包抄与海上行动相结合，可对印度支那形成"U"字形的强制，使其三面受敌。

泰国在地缘上还有特殊的一点，就是其邻近中国却又不直接与中国接壤。这一点很重要，但在以往的研究中往往被忽视了。泰国在地缘上的这个特点使美泰双方在考虑合作、驻军乃至结盟时较少顾忌中国会作出激烈的反应。朝鲜战争期间的中美直接冲突就是因为美国主

---

① 在越南战争期间，美国空军空袭北越的飞机约 80% 从泰国的空军基地起飞。参见 United States Air Force in Thailand. http：//en. academic. ru/dic. nsf/enwiki/2415588。

导的"联合国军"越过三八线，逼近中朝边境造成的。奠边府战役期间美国最终放弃武装干涉，老挝危机期间美国最终选择谈判妥协，越南战争期间美国地面部队没有越过北纬 17 度线都是为了防止中国出兵干预，从而引发"另一次朝鲜战争"。如果中泰地理上直接接壤，泰国和美国在冷战期间就不大可能结为联盟，泰国极有可能选择如缅甸那样的中立不结盟道路。同样是由于泰国的这个地缘特点，使泰国在第二次印度支那战争结束以前极力推动美国确保对更弱小的老挝的影响和控制，使老挝不被纳入社会主义阵营，让老挝成为泰国与社会主义阵营的中国、越南之间的缓冲区和隔离带。而美国则从地缘和历史联系的考虑，希望泰国能在美国的轨道内，对老挝和柬埔寨发挥其特殊的影响。

　　第一次印度支那战争期间，美国认为，泰国面临着"公开侵略"和"渗透颠覆"两种威胁的可能性都比较大。因此，美国一方面强调援助陆军以防止"公开的侵略"，另一方面重视援助武装警察以防范边境的"渗透"和内部的"颠覆"。美国也曾对印度支那完全失守后如何进行遏制做过设想，一方面加强对泰国军警建设的援助，另一方面是进行心理宣传战，结合实施"短、频、快"的援助工程争取民心，动员当地一切可利用因素组织"抵抗力量"，甚至有一旦泰国失守，将在泰展开游击战的准备。美国认为，在"失去"东南亚大陆的情况下，西方将退守更易于控制的克拉地峡或退至马来群岛等岛链地区。

　　第一次印度支那战争后期，由于法国战败，法国退出印度支那将成定局，是否在泰国建设空军基地成为美国内部讨论的重要议题。国务院倾向于获得基地以便对该地区进行威慑和干预，而军方则不主张在该地区建立基地，军方不想在泰国防御前景不明朗时许下承诺，为自己背上不必要的负担，也不想主动刺激中国作出反应，并使当地国家在防御上推卸责任。但随着地区局势趋于平静，国务院一派的观点逐渐占了上风。

　　日内瓦会议在讨论印度支那事务期间，副国务卿史密斯留在日内瓦参加谈判，国务卿杜勒斯则忙着筹划越南停战后如何防御东南亚的问题。1954 年 9 月，在美国的积极推动下，"拼凑"出东南亚条约组织。该组织无视日内瓦协议，通过附加议定书的形式，将除北越以外的印度支那纳入该组织的"保护范围"。泰国由于关注老挝和柬埔寨，支持美国的政策，并要求建立强大的军事政治和经济联盟，但泰国的要求遭到不想承担过多义务的美国和欧洲成员国的反对。

20 世纪 50 年代中期，朝鲜半岛和印度支那实现了停战，国际局势相对缓和，社会主义阵营的中、苏等国大力推动和平共处的外交政策，欧洲和日本也寻求与中国进行非战略物资的贸易。由于东南亚条约组织"没有牙齿"，也由于地区形势较为平静，以及一些西方国家开始放松贸易禁运，泰国出于政治经济等方面的考虑，开始寻求在保持与美国结盟的同时，增加外交上的灵活性，争取与中国实现缓和、进行贸易。美国则认为，缓和将使社会主义阵营受益，不利于孤立和遏制中国，称泰国有走向中立或被"颠覆"的危险，强烈反对泰国与中国进行接触和贸易。

就在坚决反对泰国中立主义的同时，美国对其他国家的中立主义的看法却改变了。此前美国称中立主义是"不道德的"①，但社会主义阵营积极推动和平外交路线之后，与亚非中立主义国家关系发展迅速，美国转而开始与中立主义国家交好，并给予中立主义国家大量援助，企图拉拢这些国家，以防止它们倒向社会主义国家。在东南亚大陆，美国给予奉行中立主义的柬埔寨和缅甸大量援助，使泰国十分不满。由于这一时期泰国与柬埔寨关系不和，泰国对美国援柬政策尤其愤怒。

---

① 1956 年 6 月 9 日，杜勒斯在依阿华州立大学发表《和平的代价》的演说，称"在过去的 10 年内，美国已经以双边形式，同 42 个美洲、欧洲和亚洲国家缔结了条约——这些条约在缔约国之间废除了中立的原则，这种原则妄称一个国家获得自身安全的最好办法是不去关心其他国家的命运。这种看法已经日益成为一个陈旧的概念，除非在非常特别的情况下，它是一种不道德的和近视的概念"。参见世界知识出版社编《杜勒斯言论选辑》，世界知识出版社 1959 年版，第 232 页。关于冷战初期美国对中立主义国家的政策，可参见高志平《20 世纪 50 年代美国对亚非中立主义国家的政策》[《湖北师范学院学报》（哲学社会科学版）2006 年第 1 期]，蔡佳禾《双重的遏制——艾森豪威尔政府的东亚政策》（南京大学出版社 1999 年版）。

美国在防止泰国与中国缓和的同时，又敦促泰国与柬埔寨和南越化解敌意，致力于将该地区国家尽量组织起来，鼓励当地国家展开合作，并为之后建立某种形式的联盟来防止共产主义在该地区的发展做准备。美国还推动泰国利用其独特的条件在老挝发挥作用，支持老挝右翼对该国政权的争夺和控制。

泰国 1957 年的大选酿成了一场严重的政治危机，政局持续动荡。沙立于 1957 年 9 月发动政变，推翻了披汶政府。之后美国积极游说赴美就医的沙立加强对左翼和中立主义的打击。沙立于 1958 年 10 月再次政变后，美国支持沙立建立有某些民主外衣的亲美独裁统治，并积极引导泰国走面向西方市场的私营经济道路，以建立"自我发展能力"，从而能保障内部安全，并能在一定程度上承担起地区安全的"义务"。

由于日内瓦协议得不到执行，使印度支那地区自 50 年代末开始再次陷入危机和战争之中。北越进入老挝支持巴特寮建立解放区，开辟"胡志明小道"，绕道老挝进入南越，从而引发严重的老挝危机。老挝危机使东南亚条约组织的缺陷彻底地暴露出来。泰国要求修改《东南亚条约》或与美国缔结双边条约，但美国既不愿因修约而引起该组织的瓦解，也不愿因缔结新条约而单独承担"义务"。美国坚持重申愿意承担《东南亚条约》框架内的对泰义务。经过长时间的艰难交涉，美泰达成妥协，双方签署《腊斯克—他纳联合声明》，对东南亚条约组织的决策程序作出"新解释"，即不必获得该组织成员国的一致同意，美国愿意以该组织缔约国名义承担条约义务。

应该注意的是，美国在反对修约和缔约的同时，却主动提出派遣东南亚条约组织成员国的一些工程和训练的部队进驻泰国的建议，后也确有一些此类部队入驻泰国。但美国在派遣部分部队进驻泰国的同时，极力避免修约、缔约，甚至对"新解释"也尽量以口头或总统或国务卿的私人信件的形势来表述。这与泰国追求的法律效力的正式条约（或文件）的目标有相当大的差距。双方为此进行了长时间的争论。

由于老挝右翼不堪一击，美国通过援助在老挝建立一个稳固的亲美右翼政府的希望已非常渺茫，肯尼迪政府转变之前艾森豪威尔政府的老挝政策，转而接受一个中立的老挝政府，将遏制的防线转移到南越——老挝南部——泰国一线。在这种背景下，美国最终同意与泰国通过联合声明的形式将东南亚条约组织的"新解释"确定下来。

联合声明是美国在日内瓦谈判有进展、老挝中立政府有望建立的背景下签署的，意在安抚惊恐不安的泰国，防止其脱离美国战略轨道，维持东南亚条约组织的完整，维护亚洲盟友对美国的信心；同时也是为了显示美国遏制的决心，向社会主义阵营施压，以配合在日内瓦的谈判；此外，还有向即将建立的老挝中立政府施加压力，使老挝不被用作北越南下南越的通道。美国不得不单独对泰国作出"新解释"，意味着一直以来美国希望通过联合欧洲盟国干涉远东事务的时代正式结束了。对美国来说，相比之前的西方盟国联合行动，之后其干涉行为越来越依赖亚太地区的盟国，泰国也越来越深地卷入到印度支那的战争中去了。

二 对立的地缘安全观与东南亚冷战："多米诺骨牌"还是"跳板"？

长期以来，东南亚大陆地区并未受到美国的重视。但是从 20 世纪 40 年代末开始，经历 1949 年中国革命取得成功、1950 年初中苏越结盟之后，美国拉拢新中国，防止中苏结盟的企图落空了，东南亚大陆在美国战略中的地位发生了巨大的转变。美国将东南亚大陆视为遏制共产主义的重要一环，给予了特别的关注，极力拉拢该地区的非共产主义政权，企图建立某种遏制阵线，唯恐一国"落入"社会主义阵营而导致其他国家发生连锁反应，产生"多米诺骨牌效应"。但与美国看法恰恰相反的是，中国认为，美国在中国周边建立包围圈的做法是不可接受的，美国在东南亚大陆扩大势力是为了遏制和颠覆中国，是进攻中国的跳板。如果美国逼近中国，中国必然会作出强力反击。因此，这种完全对立的地缘安全观下，东南亚大陆地区的对抗强度极大地加剧了。

印度支那，尤其是越南局势的发展事关中国地缘安全。由于意识形态等原因，中国积极支持胡志明领导的越南民主共和国，而美国则支持反共但缺乏希望的保大政权。在印度支那的对抗中，中国在地缘上也更占优势，中国与越南、老挝山川相连，水陆相接，山高林密，中国占有地理相近且易于隐蔽等有利条件，使支援越南相对容易。而美国远离东南亚大陆，与当地文化迥异，当地国家关系错综复杂，美国在该地区缺乏强大和坚定的盟友，在这场较量中处于地缘上的不利地位。在中、苏等国的大力支持下，印度支那地区左翼力量蓬勃发展，使美国对在东南亚大陆地区进行的遏制感到悲观。正是这种情况下，美国极力避免与该地区国家缔结双边条约，极力避免单独承担责任。①

　　当然，应该注意到的是，整个冷战期间，苏联一直是美国最主要的对手，美国的整个冷战遏制的核心一直是苏联。由于欧洲集中了当时的多数工业发达国家，欧洲国家的政治、外交选择将很大程度上影响到全球冷战态势，所以美国在冷战期间事实上奉行的仍然是"欧洲第一"的政策。在亚洲冷战中，美国最为重视的是日本，这在乔治·凯南制定的遏制政策中有明显的体现。东南亚大陆地区在遏制战略中占有重要地位，但其重要性远不如美国遏制苏联主战场的欧洲、不如蕴藏着大量石油战略资源的中东，也不如太平洋上的日本和第一岛链那么重要。因此，东南亚大陆对美国遏制战略来说是重要的，但其重要性也是有限的，其遏制的某些功能可以被其他地区（如第一岛链）所替代。

　　冷战初期，受"冷战之父"乔治·凯南重点遏制的影响，美国的

① 事实上，美国在结盟中都避免承担过大的责任和受条约的过多束缚。如1948年6月通过的《范登堡决议案》的核心要点之一就是"美国将在自助和互助的基础上参与区域性集体安全协定"，反映了美国既要与西欧结盟，壮大其冷战力量，又想使美国避免直接卷入战争和军事冲突的矛盾心理。因此，美国首推集体防御。包括在西太平洋地区，美国亦策划过亚洲版的北约。但是由于亚洲国家内部差异极大，矛盾重重，美国遂转而在战略支点国家和地区建立双边安全条约关系。参见许海云《"范登堡决议案"及其评价》（《中国社会科学院院报》2006年9月21日）；范丽萍《论美国西太平洋集体防务体系的整体性和矛盾性》[《广西师范大学学报》（哲学社会科学版）2008年第4期]；Kai He, Huiyun Feng: 'Why is there no NATO in Asia?' revisited: Prospect theory, balance of threat, and U. S. alliance strategies. *European Journal of International Relations*, June 2012.

遏制重点主要在欧洲和中东。20 世纪 40 年代末、50 年代初，冷战向亚洲蔓延后，美国提出以第一岛链作为亚洲的主要遏制线。美国认为，利用自身海空优势守住这条防御线成本最小、风险最低，可以将主要战略力量用于在欧洲和中东防御苏联，而不必背上过重的负担。朝鲜战争爆发后，美国将战火烧至鸭绿江边，引发中国强烈反弹，导致中美在朝鲜半岛发生剧烈的军事冲突。之后，美国在亚洲干涉时，都极力避免陷入"另一场朝鲜战争"。东南亚大陆内部情况十分复杂，与中国有漫长的边境，极易引起中国的强烈反应，使得美国在该地区的遏制难度颇大。因此，美国事实上将该地区确定为遏制（防御）的前沿阵地，而不是主阵地。因此，可以这么说，美国认为东南亚大陆是"应争之地"，但不是"必争之地"；是亚太防御的前沿，而不是底线。

基于以上的认识，冷战时期美国在东南亚大陆推行遏制政策时，无论是被美国视为"考验美国意志"的南越，还是该地区较为稳定的泰国，就更不用说其他中立主义国家了，美国都拒绝与该地区的国家签订双边安全条约。也是基于以上的认识，美国在该地区拼凑了一个"看似一头狮子，实际上却是一头绵羊"的多边的、松散的东南亚条约组织。该组织之所以是多边，是因为美国要避免单独承担责任；之所以松散，不仅是因为英法等区域外盟国的要求，也是因为美国基于在形成某种威慑和获得干涉该地区的法律根据的同时，尽量减轻自己的负担，尽量避免被该条约所束缚的考量。

事实上，美国在东南亚的防御是分为两部分的，一部分是海岛地区（包括克拉地峡以南的马来半岛），另一部分是大陆地区。美国愿意与东南亚海岛地区的菲律宾签署双边的共同防御条约，却不答应泰国签署双边的安全条约。这与稍后美国和"台湾当局"签订双边"共同防御条约"来"防御"台湾，却不愿将金门、马祖及浙东岛屿纳入该条约异曲同工。因为，美国认为，将难以防御地区纳入其条约范围，无异于给自己套上枷锁，无论是守还是弃，都面临着巨大的风险。如果选择坚守，美国将陷在次要战场，掣肘美国的战略全局，消耗和损及美国与其主要对手苏联进行全球战争的能力；如果选择弃，将危及美国在国际上，特别是在盟国中的信誉和威望。因此，美国在亚洲的防御重心是西太平洋的离岸岛链，美国在联盟问题上选择了风险规避的政策。[①]

但是，为何在 20 世纪五六十年代美国对该地区的干涉却从未停止，并越来越深地陷入到该地区的事务中呢？这是因为美国认为，在该地区进行美国可承受范围内的干涉是"必要的"。在美国内部，自从杜鲁门政府的中国政策（包括扶持国民党政权及后来的防止新中国与苏联结盟）完全失败之后，美国国内掀起了一场声势浩大的麦卡锡主义运动，使美国政府几乎承受不起任何国家的共产党获得胜利，对共产主义国家的任何妥协将被视为"绥靖"，任何退让与失败将可能引起一场政治"灾难"。在国际上，美国大力鼓吹抵御共产主义的扩张，轻易撤退将动摇到盟国对美国的信任，并会刺激对手进一步"扩张"的信心。因此，美国在东南亚大陆的方针是，既要避免在该地区单独承担条约义务，又不愿轻易退出该地区；所以只能一面宣示美国抵抗共产主义的决心，另一面拉拢相关国家并带头对该地区进行美国可承受范围内的干涉。

当美国在该地区干涉的投入损及美国在全球范围内与苏联竞争的能力时，干涉成本超过了美国"可承受"的程度时，撤出该地区便成为必然的选择。后来美国的越南战争政策轨迹，尤其是尼克松政府时期的战略收缩[②]，很好地印证了美国这种服从于冷战遏制全局的东南亚大陆政策。

第二次世界大战结束后，美国和苏联在中东和欧洲问题上的冲突使得战时合作终结。面对苏联的激烈竞争，美国多次进行类似于"多米诺骨牌理论"的推理，这既是现实主义政治悲观倾向使然，也是进行国内政治动员，包括争取国会拨款的手段。当然，欧洲是冷战的中心，欧洲的冷战是典型意义上的冷战，美苏在欧洲争夺、对峙、

---

① 肖斌：《制衡威胁：大国联盟战略的决策行为》，世界知识出版广东有限公司，第156 页。

② 关于美国的战略收缩，从印度支那地区撤退方面的研究，可参见张海涛《尼克松在白宫：印支退却》（世界知识出版社 1991 年版）一书。

乃至爆发危机，但彼此都没有越雷池一步。相反，处于美苏争夺次要位置的亚洲却充满了热战。这与亚洲地理上更辽阔，经济上更落后，内部矛盾更复杂，民族民主革命要求更强烈等因素紧密相关，也与亚洲在美苏战略中处于相对边缘的地位有关。在《雅尔塔协定》签署数年后，其规定的国际秩序便首先在亚洲大面积坍塌。美国在亚洲政策上的一系列重大失败，在国内激发了诸如麦卡锡主义之类的政治激进运动。共产主义在亚欧大陆连续获得胜利，苏联政治军事影响力的显著加强，社会主义阵营对亚非拉独立和革命运动的大力支持，使得美国陷入严重的战略焦虑之中。在此背景下，东南亚各国的民族解放斗争和左翼运动风起云涌，美国在该地区的防御大有全盘崩溃之势，"多米诺骨牌理论"被艾森豪威尔总统正式抛出，且大行其道。但"多米诺骨牌理论"一经问世，则又成为困住自己行动自由的枷锁。

三 冷战前期地缘政治因素与东南亚大陆国家的外交

地缘因素不仅影响着大国外交，同样也是小国在外交决策中考虑的重要因素。小国在地缘政治中的重要性既是风险，亦是价值之所在，是其与大国讨价还价的重要筹码。自 20 世纪 50 年代初至 70 年代初中美对抗最激烈、亚洲局势最紧张的 20 多年时间里，东南亚大陆国家的外交立场各异。越南与中苏结盟，泰国则倒向美国，缅甸和柬埔寨坚持中立，老挝曾倒向美国，后又一度建立了短暂的中立政府。各国的外交政策是受多种因素影响的结果，但不能忽视的是，地缘因素在外交政策的制定上有着巨大影响。地理位置作为一种客观的、难以改变的、有时甚至是起决定性作用的因素，在各国的外交决策和国家发展道路中占有极为重要的地位，这在东南亚大陆表现尤为明显。

缅甸之所以选择中立，与其担心与西方结盟反对中国，可能刺激到中国而引起严重后果是有关系的。中缅两国有漫长的陆地边界，且当时很多还是有争议的未定界。此外，还有大量的国民党残余部队长期滞留缅甸。缅甸境内，特别是缅北地区有大量的左翼革命力量和民族地方武装与政府进行斗争。如何解决好这些问题，需要取得中国政府的谅解和支持。缅甸与中国在意识形态和社会制度上不同，其对中国也有顾虑，吴努等缅甸领导人到中国访问时也承认这一点①。缅甸希望与中国建立和维持较好的关系，使缅甸利益最大化、安全风险最小化。②

同一时期，缅甸继续与西方保持较好的外交关系，在东西方对抗中保持中立，避免与美国交恶，为自己争取更大的国际空间和经济援助，从而实现安全利益最大化。因此，这一时期的缅甸极力避免卷入两大阵营的斗争而保持中立。③

越南之所以积极要求与中苏结盟，除了意识形态因素外，更因为其独立要求得不到美国及西方的支持。越南独立之初，胡志明等领导人曾多次致信美国，寻求美国的同情和支持。第二次世界大战期间，罗斯福总统本来对越南人民持同情态度，但战后的美国需要法国支持其欧洲政策，故未理睬越南的请求。这些使得越南在国际上除了求助于中苏阵营外，别无他途。

而泰国则不存在以上两种情况。一方面，泰国与中国没有共同的陆地边界，中泰之间有印度支那、缅甸相隔；另一方面，即便此前与法国殖民地有边界争端，但泰国一直维持着国家独立，其反帝反殖民要求不像越南等殖民地国家那样强烈。大量的华人人口使泰国担心与中国建交后，会失去对华人的控制。因此，自19世纪中后期以后，泰国在融入近代国际秩序和建构近代民族国家时期，都不愿与中国建立外交关系。晚清和民国时期，中方曾数次提出愿与泰国建立官方关

---

① 中华人民共和国外交部、中共中央文献研究室编：《毛泽东外交文选》，中央文献出版社、世界知识出版社1994年版，第178页。熊华源：《周恩来初登世界舞台》，辽宁人民出版社1999年版，第136页。

② 在20世纪50年代至60年代初，中缅关系相处较为融洽。1949年12月16日，缅甸宣布承认中华人民共和国政府，1950年6月8日与中国正式建立外交关系，是最早承认并与新中国建交的非社会主义国家之一。1954年6月，缅甸与中国、印度一道提出和平共处五项原则。1954年，中缅签订了贸易协定和换货议定书。1955年，两国签订了邮电协定和航空运输等协定。1960年，中缅签订了《中缅友好和互不侵犯条约》，同年10月又签订了《中缅边界条约》。这是新中国第一次解决从历史上遗留下来的与邻国的边界问题，并与不同社会制度的国家签订《互不侵犯条约》。参见贺圣达《中缅关系60年：发展过程和历史经验》（《东南亚纵横》2010年第11期）。

③ 关于缅甸的中立主义研究，国内最有代表性的为范宏伟《和平共处与中立主义：冷战时期中国与缅甸和平共处的成就与经验》（世界知识出版社2012年版）。

系，但都被泰国拒绝。直到第二次世界大战结束后，中国成为战胜国、联合国常任理事国，泰国为了加入联合国，融入战后国际新秩序，才与当时的中华民国政府建立了外交关系。新中国成立后，中泰政治制度和意识形态迥异，双方缺乏了解与信任。披汶的政敌比里流亡中国，加剧了披汶对新中国的疑惧。邻近的印度支那的局势发展则进一步加剧了泰国的忧虑。在这种情况下，美国的援助和游说拉拢政策得以生效。泰国与中国之间有老挝、缅甸相隔，既不像缅甸那样担心与西方结盟会引起中国强烈反应，也没有越南那样求助于西方大国而不成的困境。因此，泰国权衡利弊得失，选择了其认为利益最大化的与美国结盟的政策。

但由于泰国在地缘上接近社会主义阵营，尤其是紧邻极不稳定的印度支那地区，而且美国在附近地区有可替代其地位的盟友和基地（如第一岛链上菲律宾），为避免风险，美国不愿与泰国结为更紧密的双边联盟。正是这个因素，使得泰国对自己安全上的担忧远大于第一岛链上的菲律宾和日本等国。泰国担心，一旦印度支那革命取得胜利，它将不得不面对与共产主义国家接壤的现实；一旦美国因局势的变化而退出东南亚大陆，泰国将不得不与共产主义阵营和解。因此，在 20 世纪 50 年代至 70 年代初，当中美对抗加剧、印度支那地区局势紧张时，泰国倾向于外交政策更强硬；当中美关系缓和、印度支那紧张局势趋缓时，泰国则不顾美国的反对，与中国进行接触，表现出外交上的灵活性和多变性。可见，泰国地处东南亚大陆、紧邻处于动荡和战争中的印度支那地区、与中国"相邻而又不相连"的地缘特点，进一步增强了这一时期泰国"风中之竹"的外交特点。

而得到美国承认和支持的柬埔寨，为何选择中立？这一方面是由于柬埔寨认为日内瓦协议对其生存有利。日内瓦协议限制了越南控制印度支那的要求，而该协议的维持需要中苏两国的大力支持。柬埔寨认为，越南分治固然可以使柬埔寨防止被北越所控制，但是由于柬埔寨太弱小，历史上越南和泰国在柬埔寨的争夺，以及柬埔寨与泰国和南越的领土争端使其感到了安全上的巨大威胁。而美国在遏制共产主义的战略下，不愿意为柬埔寨的主权而过度影响与南越及泰国的关系。因此，柬埔寨需要寻求一种新的力量来制衡南越和泰国。于是，柬埔寨实行中立主义，使其既得到中苏的支持，又不被美国所忽视。

而冷战期间的东南亚大陆国家中地缘颇为特殊的老挝则更加身不由己地被卷入到历次印度支那战争中去。老挝是该地区面积较小、人口最少，且是东南亚大陆地区唯一的内陆国家，其与中国及该地区所有国家接壤，注定使其成为该地区热战中各方争夺的对象。很大程度上，老挝危机及老挝内战就是国际冷战和地区热战在老挝的投影。由于特殊的地缘关系，老挝被称为东南亚的"瓶塞""门户"，但由于其深处热带丛林密布的内陆，且与中国接壤，为避免另一场朝鲜战争式的高强度的局部战争，美国不得不选择妥协，同意召开日内瓦会议，同意老挝中立，由中立派主导组织联合政府。但老挝与越南南北双方接壤，是越南北方南下统一南方的最主要和最隐蔽的战略通道，使其不可避免地陷入到战争之中。最终，导致1962年日内瓦会议后至越南战争结束、老挝革命胜利前的老挝实行的是形式上的中立政策。①

因此，地缘因素是影响国际关系的重要因素，其深刻地影响着一国采取的是联盟、中立还是敌对的政策。就联盟而言，联盟的等级、联盟的困境和联盟的维持也深受地缘因素的影响。

四　高处不胜寒：美国在冷战中的霸权困境

除了地缘上的"多米诺骨牌效应"外，美国还担心心理上的"多米诺骨牌效应"。美国担心，妥协会鼓励到对手，并引起自己阵营的分裂和瓦解。20世纪30年代，英法向德意妥协，从而刺激后者更大的胃口，也打击了反法西斯联盟的建立，酿成了第二次世界大战在欧洲爆发的巨大灾难。同样是20世纪30年代，美国对日本的妥协，酿成了珍珠港事件和美国在菲律宾的惨败。这些历史的教训被机械地和无限地扩大化，以至于国际关系中向对手妥协常被冠之以

①　关于老挝中立形式化问题，徐蒙《老挝的"中立"与胡志明小道》[《韶关学院学报》（社会科学版）2015年第3期] 有论述。

"绥靖"和"阴谋"的字眼，这种阴影深刻地困扰着冷战时期的美国决策者。马歇尔调停国共内战和艾奇逊的中国政策的彻底失败，更使美国不敢再对共产党领导的革命力量抱有"幻想"，任何妥协都可能被强硬派指责为"绥靖"，从而引发国内的政治灾难。在这种形势下，20 世纪五六十年代美国的外交政策异常僵硬和缺乏想象力。任何冷静与和解的政策都难以产生，即便一方愿意和解，也会被另一方指责为阴谋、陷阱及"和平攻势"。

第二次世界大战使美国彻底告别了孤立主义。战后，很多老兵跻身于美国政坛①，更加深远地影响了战后美国的世界观和安全观。德日的崛起并将美国拖入第二次世界大战的教训使美国对亚欧势力的崛起格外敏感，第二次世界大战时期"民主国家的兵工厂"的经验更助长了美国冷战时期保卫"自由制度"的抱负。相比之前的欧洲霸主，刚刚跻身西方盟主之位的美国在外交上显得更加自负、更加理想主义，也更容易陷入战略焦虑。为了自身安全，美国将自己的安全边界推到了对立阵营控制区的边缘。正如第二次世界大战后期在美国出现的"边缘地带理论"所指出的那样，亚欧大陆的边缘、社会主义阵营周边的国家被赋予了特殊的地缘意义。两大阵营影响力交汇之处成为两大阵营角力的场所，动辄就成为防御的"瓶塞""拱心石"，考验意志的"试金石"。但凡两大阵营染指的地区冲突，美国都不敢妥协，担心对方会得寸进尺，担心被盟国指责和怀疑。那些用来鼓动选民、争取国会和拉拢盟国所用的冷战宣传，往往又使得自己骑虎难下。在"责任""义务""威望""道义"等一连串慷慨承诺之下，美国背上了越来越沉重的"霸权负担"，以"自由世界"领袖自居的美国，在冷战的紧张对峙和激烈争夺下，越来越深地陷入只能进、不能退的死胡同，越来越感到高处不胜寒。

①　二战老兵是一个对美国政坛产生极其深远影响的特殊群体。据统计，1945 年之后，有 115 位二战老兵曾在美国参议院供职。从 1953 年艾森豪威尔当选总统到 1992 年老布什卸任的 40 年间，连续 8 位美国总统都曾在第二次世界大战期间的军队中服役。而开启冷战的杜鲁门总统是一战老兵。因此，冷战期间美国的历任总统皆有参加世界大战的人生经历。参阅参考消息网：http://www.cankaoxiaoxi.com/photo/20150901/924694_ 17. shtml。

20世纪60年代初，面对欧洲、亚洲、非洲和美洲都出现的一系列严峻的挑战，肯尼迪在就职典礼上一连串的反对任何敌人、支持任何朋友的宣誓①，既是对国内选民和国外盟友极富理想主义色彩的许诺，也是向冷战十余年来屡屡挑战美国的对手的宣战。因此，不难理解，为何肯尼迪同意在老挝进行谈判时，却将军队派遣到了南越和泰国；也不难理解，在日内瓦刚刚达成老挝问题的协议后不久，世界就因古巴导弹危机达到了核战争的边缘。

同样，尽管美国在东南亚大陆上的政策显得小心翼翼并早就意识到危险，但在这种冷战意识的推动下，在避免了老挝陷阱之后，在赌注越下越多的情况下，选择的余地越来越少，进而孤注一掷，使美国一脚陷进了越战的泥潭。

五　摆脱冷战下的"安全困境"：建构"共同安全"

在两种意识形态、两种制度、两大阵营相互敌视和激烈竞争的情况下，任何国家都生存在恐惧之中。原子武器释放出来的前所未有的破坏力，既使大国认识到拥有核武器对自身安全的重要性，又使大国意识到使用该武器的毁灭性后果。

结盟是在国际社会无政府状态下各国为了加强自身安全的一种反应。冷战前期，中国曾一边倒向苏联，越南也曾倒向中苏希望得到支持，而泰国则倒向美国，从根本上说，都是为了寻求安全、制衡威胁。但这些结盟也加剧了两大阵营，尤其是加剧了中美的对抗。

当然，大国为了规避风险而约束小国的过激要求和避免对小国承担

---

①　肯尼迪在1961年1月20日的就职演说中宣称："让我们的朋友和敌人同样听见我此时此地的讲话：火炬已经传给新一代美国人。这一代人在本世纪诞生，经受过战争的锻炼，得到过艰难痛苦的和平的磨炼，他们为我国悠久的传统感到自豪——他们不愿目睹或听任我国历来所承诺的、今天仍在国内外作出保证的人权遭到肆意践踏。让每个国家都知道——不论它希望我们繁荣还是希望我们衰亡——为确保自由的存在和自由的胜利，我们将付出任何代价，承受任何负担，应付任何艰难，支持任何朋友，反抗任何敌人。这些就是我们的保证——而且还有更多的保证。"引自崔永禄主编《美国总统演讲集萃》，天津科学技术出版社2005年版，第252页。

过多责任的行为，客观上也有利于避免使地区冲突升级为更大规模战争。冷战与两次规模空前的世界大战相比，是两大阵营在敌对与竞争的同时，试着在一定时期内"共存"的一大进步。但这样的和平是"消极的和平"，长期处在"霍布斯式"恐惧下的"安全困境"之中，仍在不断地酝酿着危机和战争。冷战的教训使各国意识到，追求"片面安全"要么酿成战争，要么导致危机四伏的冷战，唯有朝着"共同安全"目标下学着长期"共处"才是走出"安全困境"的出路。

附　　录

附录一　第二次世界大战至越南战争期间的美泰关系大事记

1937 年 11 月 13 日，美国和暹罗在曼谷签署了《友好通商条约》。

1939 年，披汶政府将暹罗国名改为泰国。

1941 年 12 月 8 日，日本在对美国和英国宣战后入侵泰国。

1942 年 1 月 25 日，披汶与日本签署了共同防御条约，对美国和英国宣战。泰国驻美公使社尼·巴莫拒绝递交披汶政府的宣战命令。美国未向泰国宣战。

1945 年 8 月 15 日，日本向反法西斯同盟国无条件投降。

1945 年 8 月 21 日，美国国务卿詹姆斯·伯恩斯接受泰国的和平宣言。美国主张盟国不把泰国视为敌对国家对待。

1946 年 12 月 16 日，泰国成为联合国成员国。

1947 年 4 月 10 日，埃德温·F. 斯坦顿成为第一位被任命为美国驻泰国大使的美国外交官。

1948 年，吉姆·汤普森创立泰国丝绸公司。

1950 年 2 月 8 日，美国承认法国控制下的印度支那越南、老挝、柬埔寨三国；同月 28 日，泰国在美国的推动下，承认印度支那三国。

1950 年 7 月 1 日，签订《泰美教育和文化交流协议》。

1950 年 9 月 19 日，签订《泰美经济技术合作协定》。

1950 年 10 月 17 日，美国和泰国签署军事援助协议。

1954 年 9 月 6—8 日，美、泰、英、法、澳、新（西兰）、菲和巴基斯坦八国外长在马尼拉举行会议，并于 8 日缔结了地区性军事同盟条约，即《东南亚集体防务条约》。该条约又简称《马尼拉条约》或《东南亚条约》。

1955 年 2 月 19 日，东南亚条约组织（SEATO）在泰国曼谷成立。

1955 年 4 月下旬，万隆会议期间，泰国外长旺·威泰耶康亲王与中国总理兼外长周恩来进行了接触。之后，泰国与中国接触日益增多，泰国中立主义倾向有了明显加强。

1955 年 5 月，泰国总理披汶访问美国。披汶是首位访问美国的泰国政府首脑。

1956 年，美国商会在泰国成立。

1958 年 7 月 10 日，第一段"友谊公路"在美国的援助下建成，使曼谷到呵叻的距离缩短了 150 公里。

1960 年 6 月，泰国普密蓬国王、诗丽吉王后，及其四个子女一起访问美国。

1961 年 3 月，美国总统肯尼迪派遣一个 500 人的海军直升机支队抵达乌隆。

1961 年 3 月，美国战地服务团（AFS）开始在美泰两国的高中生之间进行交流。

1962 年 1 月 1 日，美国和平队志愿者抵达泰国。

1962 年 3 月 6 日，腊斯克和他纳在华盛顿签署联合声明，承诺美国将在《东南亚条约》范围内支持泰国进行防御。

1962 年 5 月 17 日，第三海军陆战队远征部队在泰国登陆。

1962 年 7 月 30 日，5000 名海军陆战队员撤出泰国。

1964 年，第一个美军基地在泰国建立。

1966 年 5 月 29 日，美国驻泰大使格雷厄姆·马丁和泰国外交部部长他纳·科曼在曼谷签署《美泰友好经济关系条约》。

1966 年 10 月 27—30 日，美国总统约翰逊和夫人到泰国进行国事访问。约翰逊是首位访问泰国的美国现任总统。普密蓬国王授予约翰逊总统朱拉隆功大学政治学荣誉博士学位。

1967 年 6 月，泰国普密蓬国王和诗丽吉王后第二次访问美国。6 月 27 日，美国总统约翰逊在白宫宴请普密蓬国王。

1969 年 7 月，尼克松总统访问曼谷，曼谷市长查理·库康佐（Chalit Kulkanthorn）授予尼克松城市钥匙。

1971 年 10 月 14 日，美国加州州长罗纳德·里根作为尼克松总统代表访问曼谷。

1973 年 1 月 27 日，关于越南问题的巴黎会议四方（越南民主共和国、美国、越南南方民族解放阵线、"越南共和国"即南越）在法国首都巴黎正式签署了《关于在越南结束战争、恢复和平的协定》（简称《巴黎和平条约》）。随后两个月内，美军全部撤出越南。

1975 年 3 月 15 日，泰国总理克立·巴莫要求美国从泰国撤出所有部队。

1975 年 4 月 30 日，南越覆灭。1975 年 4 月 17 日，柬埔寨共产党和柬埔寨人民军建立柬埔寨民主共和国。同月，老挝人民革命党建立了社会主义国家——老挝人民民主共和国。

1976 年 7 月 20 日，美国完成从泰国的撤军。

参考美国驻泰大使馆网站：http：//bangkok. usembassy. gov/relation/timeline. html。

附录二

1. 泰国政府和美利坚合众国间关于军事援助的协定

（1950 年 10 月 17 日订于曼谷，同日生效）

泰国政府和美利坚合众国政府
愿意在联合国宪章体制内，通过措施加强国际和平和安全，以此措施足以增进致力于宪章宗旨和原则的国家能力，以便为维护这些宗旨和原则而采取有效地自卫措施；

考虑到：在促进这些原则方面，美利坚合众国政府已制定第八十一届国会第三百二十九号法律，该法律允许美利坚合众国提供援助；

考虑到：泰国政府已向美利坚合众国政府要求援助，并且以此援助将使泰国能够加强为保卫它的自由和独立所需要的治安部队；

愿意对关于美利坚合众国政府根据第八十一届国会第三百二十九号法律提供援助和泰国接受此项援助的条件作出规定；

一致同意下列条约：

第一条

1. 每一方政府在符合于经济稳定是国际和平和安全的要素的原则下，应向另一方提供作出此项援助的政府所认可的和依照该政府同意的条件的装备、物资、服务或其他军事援助。本协定任何一方认可提供的任何上述援助应符合联合国宪章。美利坚合众国依照本协定所提供的上述援助应根据第八十一届国会第三百二十九号法律有关提供此项援助的修正规定和以后可能生效的合众国其他有关法律规定予以提供。两国政府应经常对实行本款规定所必需的详细协议进行谈判。

2. 泰国政府保证有效地使用依照本条第一款所接受的援助以便符合于提供此项援助的目的，并且，未经美利坚合众国事先同意，不将所提供的援助用于非原来提供的目的。

3. 除美利坚合众国政府另有同意外，泰国政府保证对依照第一条款所接受的任何装备、物资或服务保持所有权、占有权和控制权。

4. 泰国政府应采取适当措施以防止将美利坚合众国政府根据本协定所提供的任何装备或可代替的物资或同类的物资运出泰国，包括泰国领水。

第二条

1. 每一方政府应采取符合于安全的适当措施以使根据本协定所进行的活动为大众所知晓，并应在适当时期内同另一方就为此目的所采取的措施进行磋商。

2. 每一方政府应采取为另一方所要求的安全措施，以防止泄露或破坏另一方政府依照本协定所提供的机密性物品、服务和情报的秘密。并为此目的同另一方就所采取的措施进行磋商。

第三条

两缔约政府经其中一方的请求，对于有关依照本协定所提供的装备、物资或服务的发明、工程程序、技术情报或其他法律保护的所有权形式，基于此项使用的专利权或类似要求的责任，彼此间磋商适当的协议。在此项谈判中，应考虑容纳一项保证如下：每一方政府将负责处理此类本国国民和在它管辖下任何非本协定缔约国国民的要求。

第四条

除另有同意外，泰国政府应给予同本协定有关而输入或输出泰国领土的产品、物资或装备以免税待遇。

第五条

泰国政府在双方同意购买的期限、数量和条件下，对于美利坚合众国由于本国资源中缺乏或将来可能缺乏因而需要的并且泰国具有的原料和半加工原料，应促进它们的生产、运输、出口并转让给美利坚合众国政府。此项转让的协议应对于泰国国内使用和出口贸易的合理需要予以应有的注意。

第六条

1. 两国政府，经其中任何一方请求，应就有关适用本协定或依照本协定所进行的活动和协议的任何事项进行磋商。

2. 泰国政府应给予正式授权的合众国代表以自由和充分地观察依照本协定所提供的援助的使用情况的便利。

第七条

1. 每一方政府同意在本国境内接纳另一方政府根据本协定履行

义务所必需的人员。

2. 此项人员同驻在国政府的关系应作为大使馆的一部分，在他们服务的政府的外交使团团长的指导和管辖下进行工作，并将享有同授予该大使馆其他委派人员同样的特权和豁免。

第八条

1. 泰国政府应向美利坚合众国政府提供泰铢，以供美利坚合众国政府在泰国境内对有关根据本协定所提供泰国政府的援助的行政和管理支出的用途。

2. 缔约双方应着手讨论以决定上述泰铢的数目和达成提供上述泰铢的协议，同时考虑到泰国政府提供此项货币的能力。

第九条

1. 本协定经签字后生效，并将在任何一方收到另一方愿意终止本协定的书面通知以后的三个月期满前继续有效。

2. 本协定应依照联合国宪章第一百零二条的规定向联合国秘书处登记。

为上述目的的经正式授权的双方代表在本协定上签字盖章以资证明。

佛历 2493 年 10 月 17 日即公历 1950 年 10 月 17 日在泰国曼谷签订，以泰文和英文制成，共两份，泰文本和英文本具有同等效力，但遇解释发生分歧时，则以英文本为准。

泰国政府代表：
内阁总理兼代理外交部部长　　銮披汶·颂堪
美利坚合众国政府代表：
美利坚合众国大使　　艾德温·斯坦登

（以上条约译文文本引自《国际条约集（1950—1952）》，世界知识出版社 1959 年版，第 119—122 页）

2. 东南亚集体防务条约

（1954 年 9 月 8 日订于马尼拉，1955 年 2 月 19 日生效）

本条约各缔约国，承认所有缔约国主权平等，重申它们对于联合国宪章所规定的宗旨和原则的信念和它们同所有人民和所有政府的和平相处的愿望，重新肯定它们按照联合国宪章和平方法维护各国人民平等权利和自决的原则，并宣布它们将以一切和平方法热诚地努力促进和保证凡其人民希望并有能力担负责任的一切国家的自治和独立，打算公开和正式宣布它们的团结观念，以使任何潜在的使略者认识到各缔约国在本区域内团结一致，并愿进一步统一调度它们谋求集体防务以维护和平和安全的努力，因此达成下列协议：

第一条

各缔约国保证向联合国宪章所规定的那样，以和平方法解决它们可能卷入的任何国际争端，以免危及国际和平、安全和正义，并保证在它们的国际关系上不以同联合国宗旨不符的任何方式进行威胁或使用武力。

第二条

为了更有效地达到本约的目标，各缔约国将分别地和共同地以持续的和有效的自助和互助的办法，维持并发展它们个别的和集体的能力，以抵抗武装进攻，并防止和反对受外界指挥的针对它们的领土完整和政治稳定的颠覆活动。

第三条

各缔约国保证加强它们的自由制度，彼此合作进一步发展包括技术援助在内的经济措施，其目的一方面是促进经济进步和社会福利，另一方面是促进政府为达到这些目的所做的个别的和集体的努力。

第四条

（1）各缔约国都认为，在本条约的区域内用武装进攻的手段对任何缔约国或对各缔约国今后可能经一致协议指定的任何国家或领土进行的侵略，都会危及它自己的和平和安全，并同意在这种情况下它将按照它的宪法程序采取行动来对付这个共同危险。根据本款所采取的措施须立即报告联合国安全理事会。

（2）如果任何缔约国认为，本条约区域内任何缔约国的，或随时适用于本条第一款的规定的任何其他国家或领土的领土、主权或政治独立的不可侵犯性或完整性受到武装进攻以外的任何方式的威胁，或者受到可能危及本区域的和平的任何事实或情势的影响或威胁时，各缔约国须立即磋商，以便在为了共同防御而应当采取的措施上取得协议。

（3）经取得谅解，不得再根据本条第一款经一致协议指定的任何国家的领土上或在这样指定的任何领土上采取行动，除非经有关政府的邀请或得到其同意。

第五条

各缔约国成立一个每一个缔约国都派代表参加的理事会，以考虑同本条约的履行有关的事宜。理事会须随时按照本条约区域情势的需要，进行关于军事策划和任何其他策划的磋商。理事会的组织方式以能够随时开会为准则。

第六条

本条约对任何缔约国根据联合国宪章所拥有的权利和义务，或对联合国维持国际和平和安全的责任，没有，也不应解释为有丝毫影响。每一缔约国声明，它同任何其他缔约国或任何第三方面之间的现行的任何国际协定都同本条约的规定没有抵触，并保证不参加同本条约抵触的任何国际协定。

第七条

任何能促进本条约的目标并能对本区域的安全有所贡献的其他国家，经各缔约国一致同意，得被邀请参加本条约。如此被邀的任何国家，经向菲律宾共和国政府交存加入书，得成为本条约缔约国。菲律宾共和国政府应将每一此种加入书的交存通知每一缔约国。

第八条

照本条约的用法，"条约区域"是东南亚的一般地区，也包括亚洲缔约国的全部领土，以及西南太平洋的一般地区，不包括北纬二十一度三十分以北的太平洋地区。各缔约国一致同意，得修改本条，而把任何按照第七条参加本条约的国家的领土包括在条约区域之内，或对条约区域作其他变更。

第九条

（1）本条约存于菲律宾共和国政府档案库中，本条约的证明无误的副本由该政府转交其他签字国。

（2）本条约和条约的条款由各缔约国按照它们各自的宪法程序予以批准和履行。批准书应尽早交存菲律宾共和国政府，菲律宾共和国政府应将此种交存通知所有其他签字国。

（3）一俟多数签字国的批准书业已交存，条约即在已批准的国家之间生效。对每一其他国家，自该国批准书交存之日起生效。

第十条

本条约无限期有效。但任何缔约国得在向菲律宾共和国政府提出退约通知后一年不复为缔约国，菲律宾共和国政府应将每一退约通知的交存通知其他缔约国政府。

第十一条

本条约英文本对各缔约国具有约束力，但当各缔约国同意本条约法文本，并如此通知菲律宾共和国政府后，法文本应具有同等效力并对各缔约国具有同等约束力。

美利坚合众国的谅解

美利坚合众国代表团在签字于本条约时有下述谅解：它对于侵略

和武装进攻的意义的承认以及它在第四条第一款中与此有关的同意只适用于共产党的侵略，但它申明，一旦发生其他的侵略或武装进攻时，它将根据第四条第二款的规定进行磋商。

下列签署的全权代表在本条约上签字以资证明。1954年9月8日订于马尼拉。

澳大利亚代表：	凯西
法国代表：	拉·香帕尔
新西兰代表：	克利夫顿·韦伯
巴基斯坦代表：	扎弗腊拉·汗
菲律宾共和国代表：	卡洛斯·加西亚
	弗朗西斯寇·台尔卡多
	托马斯·卡皮里
	洛伦索·塔纳大
	科内利尔·维拉里尔
泰国代表：	旺·威泰耶康
	格罗蒙·纳腊希布·蓬斯布拉榜
英国代表：	里丁
美国代表：	约翰·福斯特·杜勒斯
	亚历山大·史密斯
	迈克尔·曼斯斐尔德

一　东南亚集体防务条约议定书

（适用第四条和第三条规定的国家和领土的指定）

东南亚集体防务条约各缔约国为了条约第四条的目的，一致指定柬埔寨国家、老挝国家以及越南国家管辖下的自由领土。

各缔约国还同意：上述国家和领土在第三条所预定的经济措施方面将是合格的。

本议定书将和条约同时生效。

下列签署的全权代表在本东南亚集体防务条约议定书上签字以资
证明。

1954 年 9 月 8 日订于马尼拉。

（签字代表姓名同条约。——编者）

二　太平洋宪章

（1954 年 9 月 8 日宣布于马尼拉）

澳大利亚、法国、新西兰、巴基斯坦、菲律宾、泰国、联合王国
和美国的代表，希望建立一个为了维持东南亚和西南太平洋的和平和
安全而采取的共同行动的稳固基础，坚信为了达到这个目的而采取的
共同行动，要有价值和有效，必须由正义和自由的最高原则所启发，
因此在这里宣布：

第一，按照联合国宪章的条款，它们维护各国人民平等权利和自
决的原则，它们将以一切和平方法热诚地努力促进和保证凡其人民希
望并有能力担负责任的一切国家的自治和独立；

第二，它们都准备继续采取有效的实际措施，以保证新建立有利
于按照它们的宪法程序有条不紊地达到上述目的的条件：

第三，它们将继续在经济、社会和文化方面进行合作，以便促进
本区域更高的生活水准、经济进步和社会福利：

第四，正如在东南亚集体防务条约中所声明的一样，它们决心以
适当的方法阻止或对付在本条约区域内为了想破坏它们的自由或破坏
它们的主权或领土完整而进行的任何努力。

1954 年 9 月 8 日宣布于马尼拉。

（签字代表姓名与东南亚集体防务条约同。——编者）

（以上条约译文引自《国际条约集（1953—1955）》，世界知识出
版社 1960 年版，第 226—230 页）

附录三　世界和地区形势图

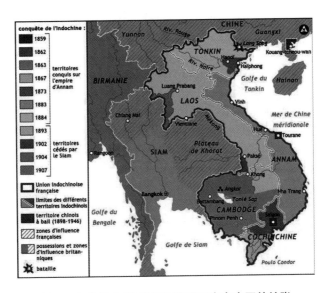

图1　19世纪末20世纪初的法国在东南亚的扩张

注：转引自 http：//wheb. ac-reims. fr/ressourcesdatice/DATICE/hist_ geo_ ed_ civ/dossi-er/site_ indochine/cartesetchrono. html。

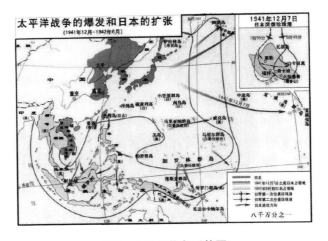

图2　太平洋战争形势图

注：引自张芝联等主编：《世界历史地图集》，中国地图出版社2002年版，第158页。

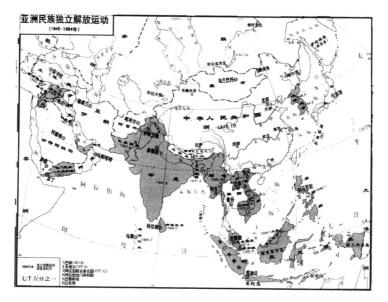

图3　第二次世界大战后亚洲民族独立解放运动

注：引自张芝联等主编：《世界历史地图集》，中国地图出版社2002年版，第166页。

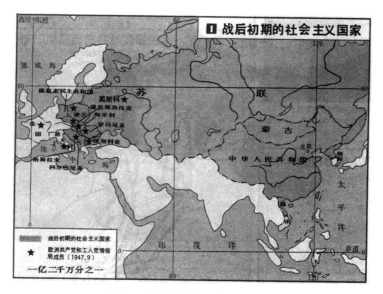

图4　战后初期的社会主义国家

注：引自王春良主编：《世界现代史地图集（1900—1991）》，中国地图学社1992年版，第48页。

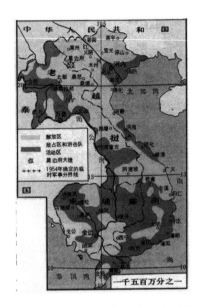

图 5　1954 年印度支那地区形势图

注：引自王春良主编：《世界现代史地图集（1900—1991）》，中国地图学社 1992 年版，第 48 页。

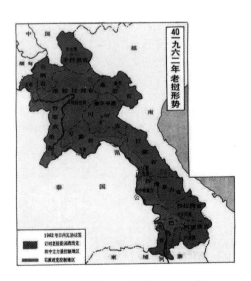

图 6　老挝危机形势图（1962 年）

注：引自张志、李谋源主编：《战后国际关系史地图》（1945—1985 年），中国地图出版社 1997 年版，第 58 页。

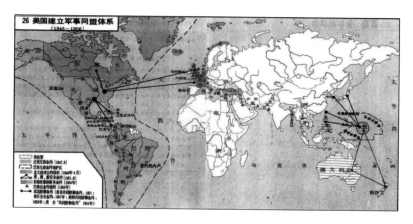

图7 冷战时期美国的政治军事联盟

注：引自张志、李谋源编辑：《战后国际关系史地图》，中国地图出版社1997年版，第41—42页。

冷战时期美国缔结的联盟

1947年9月，美洲国家组织在巴西里约热内卢签订《西半球联防公约》（即《里约热内卢公约》或《泛美互助条约》），这是战后美国策划的第一个地区性政治和军事集团。

1949年，美国建立北大西洋公约组织，至1955年有北美、欧洲和亚洲共15国参加。北约是冷战时期美国缔结的最强大、最重要的政治军事联盟。

1951年9月，美、澳、新西兰在旧金山缔结《太平洋安全保障条约》（即《美澳新条约》）。

1954年9月，美国、英国、法国、澳大利亚、菲律宾、新西兰、泰国和巴基斯坦八国在马尼拉举行外长级会议，签署《东南亚集体防务条约》（又称《东南亚条约》或《马尼拉条约》），并宣布成立东南亚条约组织。

美国同菲律宾（1951年）、日本（1951年）、韩国（1953年）、中国"台湾当局"（1954）等签订了一系列的双边"防御条约"。

附录四　东南亚大陆国家及两次印度支那战争部分相关国家人口（1945—1975）

单位：万人

年份＼国家人口	中国	越南	老挝	柬埔寨	泰国	美国	法国	澳大利亚	缅甸
1945 年	—	—	119	323	1686	14047	3910	739	1756
1950 年	55196	—	185	407	1964	15227	4174	818	1877
1955 年	61465	2557	209	471	2276	16593	4343	920	2039
1960 年	66207	3020	234	544	2639	18068	4568	1028	2236
1965 年	72538	3483	263	614	3103	19430	4876	1139	2473
1970 年	82992	3919	296	706	3637	20488	5077	1251	2703
1975 年	92420	4521	330	811	4187	21356	5279	1377	3017

注：以上数据中国部分来自国家数据中心网站 http://data. stats. gov. cn/ easyquery. htm? cn = C01，其他国家数据来自中国人民大学人口理论研究所林富德等编，《世界人口与经济发展（1950—1978）》人民大学出版社 1980 年版，第 19—21，27，30 页。"—"表示找不到相关统计数据。

附录五　1932—1991 年的泰国历任政府

排序	总理姓名	在职时间	所属政治派别
1	披耶·玛奴巴功（Phraya Manopakorn）	1932 年 6 月 28 日—1933 年 6 月 21 日	无党籍
2	披耶·帕凤（Phot Phahonyothin）	1933 年 6 月 21 日—1938 年 12 月 16 日	人民党（军人，上校）
3	銮披汶·颂堪（Phibun Songkhram）	1938 年 12 月 16 日—1944 年 8 月 1 日	人民党（军人，元帅）
4	宽·阿派旺（Khuang Aphaiwong）	1944 年 8 月 1 日—1945 年 8 月 31 日	人民党（军人，少校）
5	他威·汶耶革（Tawee Boonyaket）	1945 年 8 月 31 日—1945 年 9 月 17 日	自由泰运动

续表

排序	总理姓名	在职时间	所属政治派别
6	社尼·巴莫 （Seni Pramoj）	1945 年 9 月 17 日—1946 年 1 月 31 日	自由泰运动
7	宽·阿派旺 （Khuang Aphaiwong）	1946 年 1 月 31 日—1946 年 3 月 24 日	民主党（军人）
8	比里·帕侬荣 （Pridi Banomyong）	1946 年 3 月 24 日—1946 年 8 月 23 日	自由泰运动
9	探隆·那瓦沙瓦 （Thawan Thamrongnawasawat）	1946 年 8 月 23 日—1947 年 11 月 8 日	宪法阵线（军人，海军少将）
10	宽·阿派旺 （Khuang Aphaiwong）	1947 年 11 月 10 日—1948 年 4 月 8 日	民主党（军人，少将）
11	披汶·颂堪 （Phibun Songkhram）	1948 年 4 月 8 日—1957 年 9 月 16 日	军人（元帅）
12	朴·沙拉辛 （Pote Sarasin）	1957 年 9 月 21 日—1958 年 1 月 1 日	无党籍
13	他侬·吉滴卡宗 （Thanom Kittikachorn）	1958 年 1 月 1 日—1958 年 10 月 20 日	军人（上将）
14	沙立·他那叻 （Sarit Thanarat）	1958 年 10 月 20 日—1963 年 12 月 8 日	军人（元帅）
15	他侬·吉滴卡宗 （ThanomKittikachorn）	1963 年 12 月 9 日—1973 年 10 月 14 日	军人（上将）
16	讪耶·探玛塞 （Sanya Dharmasakti）	1973 年 10 月 14 日—1975 年 2 月 15 日	无党籍
17	社尼·巴莫 （Seni Pramoj）	1975 年 2 月 15 日—1975 年 3 月 14 日	民主党
18	克立·巴莫 （Kukrit Pramoj）	1975 年 3 月 14 日—1976 年 4 月 20 日	社会行动党
19	社尼·巴莫 （Seni Pramoj）	1976 年 4 月 20 日—1976 年 10 月 6 日	民主党
20	他宁·盖威迁 （Thanin Kraivichien）	1976 年 10 月 6 日—1977 年 10 月 20 日	无党籍
21	江萨·差玛南 （Kriangsak Chomanan）	1977 年 10 月 20 日—1980 年 3 月 3 日	军人（上将）
22	炳·廷素拉暖 （Prem Tinsulanonda）	1980 年 3 月 3 日—1988 年 8 月 4 日	军人（上将）
23	差猜·春哈旺 （Suchinda Kraprayoon）	1988 年 8 月 4 日—1991 年 2 月 23 日	国民党（军人）

注：以上资料来源于 https：//en. wikipedia. org/wiki/Prime_ Minister_ of_ Thailand。

附录六　第二次世界大战及冷战时期美泰外交使节

1. 美国驻泰使节列表

姓　名	任命时间	到任（递交国书）时间	离任时间	备　注
埃德温·内维尔（Edwin L. Neville）	1937 年 5 月 28 日	1937 年 10 月 2 日	1940 年 5 月 1 日	1882 年美国向泰国派出了第一位公使后，美驻泰最高外交使节一直为公使，直至 1947 年升格为大使
休·格兰特（Hugh Grant）	1940 年 4 月 3 日	1940 年 8 月 20 日	1941 年 8 月 30 日	公使
维利斯·派克（Willys R. Peck）	1941 年 8 月 19 日	1941 年 9 月 16 日		1941 年 12 月 8 日珍珠港事件后，日军进占曼谷。泰国于 1942 年 1 月 25 日对美宣战。美公使派克被拘禁，后被释放，并于 1942 年 6 月 29 日离开泰国
查尔斯·扬思特 Charles W. Yost	1945 年 10 月 16 日	1945 年 10 月 16 日	1946 年 7 月 4 日	美泰于 1945 年 10 月恢复正常外交关系，国务院致电扬思特出任代办。1954 年 11 月—1956 年 4 月，扬思特任美驻老挝大使
埃德温·斯坦顿（Edwin F. Stanton）	1946 年 4 月 27 日	1946 年 7 月 4 日	1953 年 6 月 30 日	1947 年 4 月 10 日美驻泰国公使馆升格为大使馆，公使晋升为大使
威廉·多诺万（William J. Donovan）	1953 年 8 月 3 日	1953 年 9 月 4 日	1954 年 8 月 21 日	多诺万和富兰克林·罗斯福是哥伦比亚大学法学院的同班同学。曾参加第一次世界大战，1924 年出任柯立芝政府的司法部长助理，后来的联邦调查局局长埃德加·胡佛当时是他的上司——司法部长；1942 年 6 月，成为美国战略情报局（OSS）首任局长，并为 1947 年成立的中央情报局献策
约翰·佩里弗伊（John E. Peurifoy）	1954 年 9 月 15 日	1954 年 12 月 3 日		1950—1953 任美驻希腊大使，1953—1954 年任美驻危地马拉大使。1955 年 8 月 12 日在泰国华欣附近因车祸去世
马克斯·毕晓普（Max W. Bishop）	1955 年 12 月 3 日	1955 年 1 月 9 日	1958 年 1 月 6 日	

姓　名	任命时间	到任（递交国书）时间	离任时间	备　注
亚历克斯·约翰逊（Kenneth T. Young）	1958 年 1 月 30 日	1958 年 2 月 14 日	1961 年 4 月 10 日	1935 年起先后在东京、首尔、沈阳从事外交工作。1949—1953 年在国务院远东司工作。1953—1958 年任美驻捷克斯洛伐克大使，其间为中美大使级会谈的美方代表。1964—1965 任美驻南越副大使。1966—1969 任美驻日本大使
肯尼思·扬（Kenneth T. Young）	1961 年 3 月 29 日	1961 年 6 月 22 日	1963 年 8 月 19 日	即小肯尼思·扬，1952 年 3 月—1954 年 9 月任国务院东北亚事务办公室主任；1954 年 9 月—1956 年 3 月任国务院菲律宾和东南亚事务办公室主任；1956—1961 年任国务院主任、东南亚事务办公室主任
格雷厄姆·马丁（Graham A. Martin）	1963 年 9 月 10 日	1963 年 11 月 7 日	1967 年 9 月 9 日	
伦纳德·昂格尔（Leonard S. Unger）	1967 年 8 月 11 日	1967 年 10 月 4 日	1973 年 11 月 19 日	
威廉·金特纳（William R. Kintner）	1973 年 9 月 28 日	1973 年 11 月 29 日	1975 年 3 月 15 日	
查尔斯·怀特豪斯（Charles S. Whitehouse）	1975 年 5 月 8 日	1975 年 5 月 30 日	1978 年 6 月 19 日	
莫顿·阿布拉莫维茨（Morton I. Abramowitz）	1978 年 6 月 27 日	1978 年 8 月 9 日	1981 年 7 月 31 日	
约翰·迪安（John G. Dean）	1981 年 10 月 1 日	1981 年 10 月 26 日	1985 年 6 月 6 日	
威廉·布朗（William A. Brown）	1985 年 6 月 6 日	1985 年 7 月 5 日	1988 年 8 月 5 日	
丹尼尔·奥多诺霍（Daniel A. O'Donohue）	1988 年 8 月 13 日	1988 年 8 月 13 日	1991 年 8 月 10 日	

资料来源：美国国务院网站及维基百科网站：

https：//history. state. gov/departmenthistory/people/chiefsofmission/thailand.

https：//en. wikipedia. org/wiki/List_ of_ ambassadors_ of_ the_ United_ States_ to_ Thailand.

2. 泰国驻美外交使节

姓　名	任命时间	到任时间	离任时间	备　注
阿比巴·拉贾麦提 （Abhibal Rajamaitri）	1935 年 8 月 15 日	1935 年 8 月 21 日	1940 年 6 月	
社尼·巴莫 （Seni Pramoj）	1940 年 6 月 18 日	1940 年 6 月 24 日	1942 年	在驻美大使任内，发生了珍珠港事件，太平洋战争爆发，泰国披汶政府在日本的裹挟利诱下对美宣战。社尼·巴英反对泰国对美宣战，拒绝递交宣战书，并组织了自由泰运动。二战后，于 1949 年 9 月、1975 年、1976 年他三次出任总理，但每次执政都不足半年
旺·威泰耶康亲王 （Wan Waithayakon）	1947 年 4 月 14 日	1947 年 4 月 18 日	1952 年	回国后任泰国外交部部长（1952—1957 年，1958 年），在万隆会议期间曾与周恩来会晤。曾任第 11 届联合国大会主席（1956—1957 年）
朴·沙拉信 （Pote Sarasin）	1952 年 6 月 5 日	1952 年 6 月 12 日	1957 年	1949—1951 年任泰国外交部部长，1957 年 9 月曾任泰国临时政府总理，1957—1964 年任东南亚条约组织首任秘书长
他纳·科曼 （Thanat Khoman）	1957 年 9 月 10 日	1957 年 10 月 14 日	1959 年	1979—1982 年曾任泰国民主党主席，1980—1982 年曾任泰国副总理
威苏他·阿差育提 （Visutr Arthayukti）	1959 年 5 月 12 日	1959 年 6 月 1 日	1963 年	
素吉·尼曼明达 （Sukich Nimmanheminda）	1963 年 10 月 29 日	1963 年 12 月 19 日	1967 年	
巴差纳·阿塔克 （Bunchana Atthakor）	1967 年 12 月 20 日	1968 年 1 月 19 日	1969 年	
桑荣·洪拉达荣 （Sunthorn Hongladarom）	1969 年 9 月 16 日	1969 年 10 月 10 日	1972 年	

姓　名	任命时间	到任时间	离任时间	备　注
阿南德·帕亚拉春 （Anand Panyarachun）	1972 年 9 月 13 日	1972 年 10 月 2 日	1976 年	
阿帕迪·帕差亚坤 （Upadit Pachariyangkun）	1976 年 1 月 19 日	1976 年 2 月 9 日	1977 年	
阿伦·帕努彭 （Arun Panupong）	1977 年 4 月 26 日	1977 年 5 月 13 日	1978 年	
克罗斯·威素拉卡 （Klos Visessurakarn）	1978 年 7 月 24 日	1978 年 8 月 2 日	1980 年	
坡·阿玛兰德 （Prok Amaranand）	1980 年 6 月 26 日	1980 年 8 月 22 日	1986 年	
阿萨·沙拉信 （Arsa Sarasin）	1986 年 9 月 30 日	1986 年 11 月 24 日	1988 年	
威蒂亚·维乍集瓦 （Vitthya Vejjajiva）	1988 年 4 月 13 日	1988 年 7 月 5 日	1991 年	

资料来源：维基百科网站及泰国驻美大使馆网站：https：//en. wikipedia. org/wiki/List_ of_ ambassadors_ of_ Thailand_ to_ the_ United_ States。

http：//www. thaiembassy. com/？ s = list + ofThai + Ambassador + to + the + United + States.

参考资料

一 档案文献

主要使用美国国务院历史办公室整理出版的美国外交文件（FRUS），
　同时参考和部分使用解密文件参考系统（DDRS）数据库，解密后
　的数字化美国国家安全档案数据库（DNSA），中国外交部档案馆
　开放资料，《人民日报》《参考消息》数据库等。

陶文钊主编：《美国对华政策文件集（1949—1972）》（第二卷），世
　界知识出版社2004年版。

陶文钊主编：《美国对华政策文件集（1949—1972）》（第三卷），世
　界知识出版社2005年版。

中华人民共和国外交部档案馆编：《中华人民共和国外交部档案选编
　（第一集）：1954年日内瓦会议》，世界知识出版社2006年版。

中华人民共和国外交部档案馆编：《中华人民共和国外交部档案选编
　（第二集）：中国代表团出席1955年亚非会议》，世界知识出版社
　2007年版。

世界知识出版社编辑：《世界条约集（1950—1952）》，世界知识出版
　社1959年版。

世界知识出版社编辑：《世界条约集（1953—1955）》，世界知识出版
　社1960年版。

世界知识出版社编辑：《世界条约集（1960—1962）》，世界知识出版
　社1975年版。

中华人民共和国外交部、中共中央文献研究室编：《毛泽东外交文选》，中央文献出版社、世界知识出版社 1994 年版。

中华人民共和国外交部、中共中央文献研究室编：《周恩来外交文选》，中央文献出版社 1990 年版。

中华人民共和国外交部外交史研究室编：《周恩来外交活动大事记：1949—1975》，世界知识出版社 1993 年版。

周建明等主编：《美国国家安全战略解密文献选编（1945—1972）》（全三册），社会科学文献出版社 2010 年版。

生活·读书·新知三联书店编：《关于美国国防部侵越秘密报告材料汇编》，生活·读书·新知三联书店 1973 年版。

中国人民大学人口理论研究所林富德等编：《世界人口与经济发展（1950—1978）》，中国人民大学出版社 1980 年版。

二　参考书目

1. 外文书目

Corrine Phuangkasem, *Determinants of Thailand's foreign policy behavior.* Bangkok, Thailand: Research Center, Faculty of Political Science, Thammasat University, 1986.

Anuson Chinvanno, *Thailand's policies towards China, 1949 – 1954*, Basingstoke: Macmillan Academic and Professional Ltd. , 1992.

Evelyn Colbert, *Southeast Asia in international politics, 1941 – 1956*. N. Y. : Cornell University Press, 1977.

Robert Jervis & Jack Snyder, *Dominoes and bandwagons: strategic beliefs and great power competition in the Eurasian rimland*, New York : Oxford University Press, 1991.

Ganganath Jha, *Foreign policy of Thailand*, New Delhi: Radiant Publishers, 1979.

Corrine Phuangkasem, *Thailand's foreign relations, 1964 – 1980*. Singapore Institute of Southeast Asian Studies, 1984.

Nigel J. Brailey, *Thailand and the fall of Singapore : a frustrated Asian revolution*, Boulder : Westview Press, 1986.

Thamsook Numnonda, *Thailand and the Japanese presence, 1941 – 45*. Singapore: Institute of Southeast Asian Studies, 1977.

R. K. Jain, *China and Thailand, 1949 – 1983*, New Delhi, Radiant Publishers, 1984.

Frank C. Darling, *Thailand and the United States*, Washington, D. C. : Public Affairs Press, 1965.

Andrew Turton, Jonathan Fast, Malcolm Caldwell, *Thailand, roots of conflict*, Nottingham: Spokesman Books, 1978.

Evelyn Colbert, *Southeast Asia in international politics, 1941 – 1956*. N. Y. : Cornell University Press, 1977.

Christopher E. Goscha: *Thailand and the southeast Asian networks of the Vietnamese revolution, 1885 – 1954*. Surrey: Curzon, 1999.

Louis E. Lomax, *Thailand; the war that is, the war that will be*, New York : Random House, 1967.

Oxnam, Robert B, *Dragon and eagle: United States-China relations : past and future*, New York : Basic Books, 1978.

Daniel Fineman, *A special relationship : the United States and military government in Thailand, 1947 – 1958*, Honolulu : University of Hawaii Press, 1997.

Edwin W. Martin, *Southeast Asia and China: the end of containment*, Boulder, Colorado: Westview Press, 1977.

John F. Cady, *Thailand, Burma, Laos & Cambodia*, Englewood Cliffs, N. J. : Prentice-Hall, 1966.

Attar Chand, *Southeast Asia and the Pacific: a select bibliography, 1947 – 1977*, New Delhi: Sterling, 1979.

Alan J. Levine, *The United States and the struggle for Southeast Asia, 1945 – 1975*, Westport, Connecticut: Praeger, 1995.

Chak Wing David Tsui, *China and the communist armed struggle in*

Thailand, New Delhi: Radiant Publishers, 1995.

Noel F. Busch, *Thailand: an introduction to modern Siam*, Princeton, N. J.: Van Nostrand, 1959.

Wendell Blanchard, Henry C. *Ahalt*, *Thailand : its people, its society, its culture*, New Haven: HRAF Press, 1958.

E. Bruce Reynolds, *Thailand's secret war: the Free Thai, OSS, and SOE during World War II*, New York: Cambridge University Press, 2005.

Insor, D., *Thailand: a political, social, and economic analysis.* New York: Praeger, 1963.

Robert C. North, *The foreign relations of China*, Belmont, California: Dickenson Pub. Company, 1969.

Dean Rusk, *As I Saw It*, W. W. Norton & Company, New York, 1990.

Rusk Dean, *The winds of freedom*; : *selections from the speeches and statements of Secretary of State Dean Rusk, January 1961 – August 1962*, Boston: Beacon Press, 1963.

Arthur J. Dommen, *Laos : keystone of Indochina*, Boulder : Westview Press, 1985.

Phoumi Vongvichit, *Laos and the victorious struggle of the Lao people against U. S. neo-colonialism*, Hanoi: Neo Lao Haksat Publications, 1969.

Toye, Hugh, *Laos: buffer state or battleground*, London: Oxford university Press, 1968.

Alan Collins, *The Security Dilemmas of Southeast Asia*, London: Macmillan Press LTD. .

Caldwell, Malcolm. Tan, Lek. *Cambodia in the Southeast Asian war*, New York: Monthly Review Press, 1973.

Charles Edward Morrison, Astri Suhrke, *Strategies of Survival: the foreign policy dilemmas of smaller Asian states.* University of Queensland Press, 1978.

Christopher E. Goscha, Christian F. Ostermann, *Connecting Histories: Decolonization and the Cold War in Southeast Asia, 1945 – 1962.* Woodrow

Wilson Center Press. 2009.

W. Scott Thompson, *Unequal Parters: Philippine and Thai Relations with the United States 1965 – 1975.* Lexingtong Books, 1975.

Akira Iriye, *The Cold War in Asia*, *The cold war in Asia; a historical introduction.* New jersey: Englewood Cliffs, N. J. , Prentice-Hall Inc. , 1974.

Charles Edward Morrison, Astri Suhrke: *Strategies of Survival: the Foreign Policy Dilemmas of Smaller Asian States.* University of Queensland Press, 1978.

2. 中文书目

［美］斯蒂芬·沃尔特:《联盟的起源》,周丕启译,北京大学出版社 2007 年版。

［美］迈克尔·亨特:《意识形态与美国外交政策》,褚律元译,世界知识出版社 1999 年版。

［美］斯皮克曼:《和平地理学》,刘愈之译,商务印书馆 1965 年版。

［英］哈·麦金德: 《历史的地理枢纽》,林而蔚译,商务印书馆 1985 年版。

［美］罗伯特·D. 卡普兰:《即将到来的地缘战争》,涵朴译,广东人民出版社 2013 年版。

［美］约翰·米尔斯海默:《大国政治的悲剧》,王义桅、唐小松译,上海人民出版社 2003 年版。

［美］汉斯·摩根索:《国家间政治:权力斗争与和平》,徐昕等译,北京大学出版社 2006 年版。

［美］小约瑟夫·奈:《理解国际冲突:理论与历史》,张小明译,上海人民出版社 2005 年版。

［美］戴维·莱克:《国际关系中的等级制》,高婉妮译,上海人民出版社 2013 年版。

［美］兹比格涅夫·布热津斯基:《竞争方案:进行美苏竞争的地缘战略纲领》,刘晓明译,中国对外翻译出版公司 1988 年版。

［英］理查德·克罗卡特:《50 年战争》,王振西等译,新华出版社

2003 年版。

[美] 塞缪尔·P. 亨廷顿：《变化社会中的政治秩序》，王冠华等译，上海人民出版社 2008 年版。

[美] 雷蒙德·加特霍夫：《冷战史：遏制与共存备忘录》，伍牛等译，新华出版社 2003 年版。

[美] 约翰·刘易斯·加迪斯：《长和平：冷战史考察》，潘亚玲译，上海人民出版社 2011 年版。

[加] 阿米塔·阿查亚：《东盟与地区秩序》，王正毅译，上海人民出版社 2004 年版。

[新西兰] 尼古拉斯·塔林：《剑桥东南亚史》，贺圣达等译，云南人民出版社 2003 年版。

[美] 孔华润：《剑桥美国对外关系史》，王琛等译，新华出版社 2004 年版。

[美] 入江昭、孔华润编：《巨大的转变：美国与东亚》，复旦大学出版社 1991 年版。

[美] 孔华润：《美国对中国的反应：中美关系的历史剖析》，张静尔等译，复旦大学出版社 1997 年版。

[美] 乔治·凯南：《当前美国对外政策的现实——危险的阴云》，紫金如等译，商务印书馆 1980 年版。

[美] 布鲁斯特·丹尼：《从整体考察美国对外政策》，范守义等译，世界知识出版社 1988 年版。

[美] 戴维·霍洛威茨：《美国冷战时期的外交政策——从雅尔塔到越南》，上海市"五·七"干校六连翻译组译，上海人民出版社 1974 年版。

[美] 诺曼·里奇：《大国外交：从第一次世界大战至今》，时殷弘译，中国人民大学出版社 2015 年版。

[英] 科拉尔·贝尔著，贝纳姆编：《国际事务概览：1954 年》，云汀等译，上海译文出版社 1984 年版。

[英] 瓦特：《国际事务概览：1962 年》，上海市政协编译工作委员会译，上海译文出版社 1983 年版。

［泰］姆・耳・马尼奇・琼赛：《泰国与柬埔寨史》，厦门大学外文系
　　翻译小组译，福建人民出版社 1976 年版。

［美］法菲尔德：《美国政策中的东南亚》，群力译，世界知识出版社
　　1965 年版。

［美］哈里・杜鲁门：《杜鲁门回忆录》，李石译，生活・读书・新知
　　三联书店 1974 年版。

［美］哈罗德・史塔生：《艾森豪威尔：推动和平》，王威等译，世界
　　知识出版社 1992 年版。

［美］艾森豪威尔：《艾森豪威尔回忆录》（上下册），复旦大学资本
　　主义国家经济研究所译，生活・读书・新知三联书店 1977 年版、
　　1978 年版。

［美］小阿瑟・施莱辛格：《一千天：约翰・菲・肯尼迪在白宫》，仲
　　宜译，生活・读书・新知三联书店 1981 年版。

［美］迪安・艾奇逊：《艾奇逊回忆录》，上海《国际问题资料》编
　　辑组、伍协力合译，上海译文出版社 1978 年版。

［美］世界知识出版社编：《杜勒斯言论选辑》，世界知识出版社
　　1959 年版。

［美］W. W. 罗斯托：《经济增长的阶段：非共产党宣言》，郭熙保等
　　译，中国社会科学出版社 2001 年版。

［美］克里斯托弗・莱恩：《和平的幻想：1940 年以来的美国大战
　　略》，孙建中译，上海人民出版社 2009 年版。

［法］夏尔－菲利普・戴维：《美国对外政策：基础、主体与形成》，
　　钟震宇译，社会科学文献出版社 2011 年版。

［美］马克斯韦尔・泰勒：《剑与犁——泰勒回忆录》，伍文雄等译，
　　商务印书馆 1981 年版。

［美］马克斯韦尔・泰勒：《不定的号角》，中国人民解放军总参谋部
　　情报部译，中国人民解放军总参谋部出版局，1963 年。

［美］查尔斯・波伦：《历史的见证》，刘裘等译，商务印书馆 1975
　　年版。

［美］施坚雅等：《泰国华人社会：历史的分析》，许丽译，厦门大学

出版社 2010 年版。

［美］戴维·怀亚特：《泰国史》，郭继光译，东方出版中心 2009
　　年版。

［美］鲍大可：《周恩来在万隆：美记者鲍大可记亚非会议》，弓乃文
　　译，中国社会科学出版社 1985 年版。

［挪］文安立：《全球冷战：美苏对第三世界的干涉与当代世界的形
　　成》，牛可等译，世界图书出版公司北京公司 2012 年版。

［苏］葛罗米柯：《永志不忘：葛罗米柯回忆录》，伊吾译，世界知识
　　出版社 1989 年版。

［泰］常媛：《龙之珠》，袁瑾等译，上海远东出版社 1996 年版。

［泰］常媛：《红墙内的泰国公主》，袁瑾译，上海远东出版社 2000
　　年版。

［越］越南外文出版社：《八月革命史》，越南外文出版社 1972 年版。

［越］越南外文出版社：《越南劳动党的四十五年活动》，越南外文出
　　版社 1976 年版。

［越］黄文欢：《沧海一粟：黄文欢革命回忆录》，文庄、侯寒江译，
　　解放军出版社 1987 年版。

陈鸿瑜：《东南亚各国的政治与外交政策》，渤海堂，1992 年。

时殷弘：《敌对与冲突的由来——美国对新中国的政策与中美关系
　　（1949—1950）》，南京大学出版社 1995 年版。

时殷弘：《美国在越南的干涉和战争（1954—1968）》，世界知识出版
　　社 1993 年版。

蔡佳禾：《双重的遏制：艾森豪威尔政府的东亚政策》，南京大学出
　　版社 1999 年版。

潘一宁：《中美在印度支那的对抗：越南战争的国际关系史（1949—
　　1973）》，中山大学出版社 2011 年版。

潘一宁等：《国际因素与当代东南亚国家政治发展》，中国社会科学
　　出版社 2004 年版。

王立新：《意识形态与美国外交政策：以 20 世纪美国对华政策为个
　　案的研究》，北京大学出版社 2007 年版。

袁明、［美］哈利·哈丁：《中美关系史上沉重的一页》，北京大学出版社 1989 年版。

姜长斌、［美］罗伯特·罗斯：《1955—1971 年的中美关系：缓和之前：冷战冲突与克制的再探讨》，世界知识出版社 1998 年版。

杨奎松：《冷战时期的中国对外关系》，北京大学出版社 2006 年版。

陶文钊主编：《中美关系与东亚国际格局》，中国社会科学出版社 2003 年版。

陶文钊主编：《中美关系史》（中卷），上海人民出版社 2004 年版。

牛大勇、沈志华主编：《冷战与中国的周边关系》，世界知识出版社 2004 年版。

周建明：《美国国家安全战略的基本逻辑》，社会科学文献出版社 2009 年版。

刘雄：《艾森豪威尔政府亚洲政策研究》，岳麓书社 2009 年版。

温强：《肯尼迪政府与中国："遏制但不孤立"政策的缘起》，天津古籍出版社 2005 年版。

张海涛：《尼克松在白宫——印支退却》，世界知识出版社 1990 年版。

安田：《现代有限战争的理论与战略》，解放军出版社 1987 年版。

刘金质：《冷战史（1945—1991）》，世界知识出版社 2003 年版。

刘子奎：《肯尼迪、约翰逊时期的美国对华政策》，社会科学文献出版社 2011 年版。

王慧英：《肯尼迪与美国对外经济援助》，中国社会科学出版社 2007 年版。

杨冬燕：《罗斯托：越南战争的幕后推手》，北京大学出版社 2014 年版。

张曙光：《美国遏制战略与冷战起源再探》，上海外语教育出版社 2002 年版。

吕桂霞：《遏制与对抗：越南战争期间的中美关系（1961—1973）》，社会科学文献出版社 2007 年版。

于群主编：《新冷战史研究：美国的心理宣称战和情报战》，上海三联书店 2009 年版。

中山大学东南亚历史研究所编：《泰国史》，广东人民出版社 1987
年版。

华东师范大学国际冷战史研究中心：《冷战国际史研究（Ⅳ）》，世界
知识出版社 2007 年版。

崔丕：《美国冷战战略与巴黎统筹委员会、中国委员会（1945—
1994）》，东北师范大学出版社 2000 年版。

崔丕主编：《冷战时期美国对外政策史探微》，中华书局 2002 年版。

资中筠：《追根溯源：战后美国对华政策的缘起和发展（1945—
1950）》，重庆出版社 1987 年版。

戴超武：《敌对与危机的年代：1954—1958 年的中美关系》，社会科
学文献出版社 2003 年版。

牛军：《冷战与新中国外交的缘起（1949—1955）》，社会科学文献出
版社 2012 年版。

李丹慧编：《中国与印度支那战争》，香港天地图书有限公司 2000
年版。

秦亚青：《霸权体系与国际冲突：美国在国际武装冲突中的支持行
为：1945—1988》，上海人民出版社 1999 年版。

韦宗友：《霸权阴影下的对外政策》，上海人民出版社 2010 年版。

王正毅：《边缘地带发展论——世界体系与东南亚的发展》，上海人
民出版社 1997 年版。

吴征宇：《霸权的逻辑：地理政治与战后美国大战略》，中国人民大
学出版社 2010 年版。

陆俊元：《地缘政治的本质与规律》，时事出版社 2005 年版。

尼古拉·查强、沈伟烈等：《地缘战略与大国安全》，解放军出版社
2012 年版。

楼耀亮：《地缘政治与中国国防战略》，天津人民出版社 2002 年版。

叶自成主编：《地缘政治与中国外交》，北京出版社 1998 年版。

丛鹏主编：《大国安全感比较》，时事出版社 2004 年版。

刘鸣：《国际体系：历史研究与理论的解读》，中共中央党校出版社

2006 年版。

陈效卫主编：《合作与冲突：战后美国军事联盟的系统考察》，军事
　　科学出版社 2001 年版。

肖斌：《制衡威胁——大国联盟战略的决策行为》，世界图书出版广
　　州有限公司 2013 年版。

田野：《国际关系中的制度选择：一种交易成本的视角》，上海人民
　　出版社 2006 年版。

尹继武：《社会认知与联盟信任形成》，上海人民出版社 2009 年版。

王辑思、牛军主编：《缔造霸权：冷战时期的美国战略与决策》，上
　　海人民出版社 2013 年版。

王帆：《美国对华中长期战略研究》，世界知识出版社 2012 年版。

王帆：《美国的亚太联盟》，世界知识出版社 2007 年版。

张小明：《美国与东亚关系导论》，北京大学出版社 2011 年版。

代兵：《挫败中立：1954—1964 年的老挝与冷战》，江苏人民出版社
　　2017 年版。

谷雪梅：《冷战时期美澳同盟的形成与发展（1945—1973）》，中国社
　　科出版社 2013 年版。

刘得手：《柏林危机（1958—1963）与美欧同盟》，中国社会科学出
　　版社 2012 年版。

王延庆：《冷战在刚果——美国对刚果危机（1960—1963）决策研
　　究》，中国社会科学出版社 2017 年版。

赵毅达：《冷战时期的日泰关系》，上海交通大学出版社 2014 年版。

费昭珣：《大盟友与小伙伴：美菲与美泰同盟研究》，世界知识出版
　　社 2014 年版。

谢华：《冷战时期美国对第三世界国家经济外交研究（1947—
　　1969）》，人民出版社 2013 年版。

陈忠经：《国际战略问题》，时事出版社 1987 年版。

袁明主编：《国际关系史》，北京大学出版社 1994 年版。

［美］阿伦·米利特等：《美国军事史（1607—2012）》，张淑静等译，
　　解放军出版社 2014 年版。

余定邦等:《中泰关系史》,中华书局 2009 年版。

陈辉燎:《越南人民抗法八十年史:从印度支那共产党成立(1930年)到人民阵线运动(1936—1939 年)》,生活·读书·新知三联书店 1973 年版。

中国军事顾问团历史编写组:《中国军事顾问团援越抗法实录:当事人的回忆》,中共党史出版社 2002 年版。

钱江:《越南密战:1950—1954 中国援越战争纪实》,四川人民出版社 2015 年版。

宫力:《毛泽东外交风云录》,中原农民出版社 1996 年版。

韦祖松、高爱红:《环球同此凉热:毛泽东的社会主义观》,陕西师范大学出版社 1993 年版。

吴冷西:《十年论战》,中央文献出版社 1999 年版。

文星星:《亚非会议纪实》,上海外语教育出版社 1993 年版。

任一雄:《东亚模式中的威权政治:泰国个案研究》,北京大学出版社 2002 年版。

李一平、庄国土主编:《冷战以来的东南亚国际关系》,厦门大学出版社 2005 年版。

新华通讯社国际部编:《亚洲国家(地区)与中国的关系》,新华社通讯社国际部 1965 年版。

梁源灵:《泰国对外关系》,广西人民出版社 1998 年版。

范宏伟:《和平共处与中立主义:冷战时期中国与缅甸和平共处成就与经验》,世界知识出版社 2012 年版。

贺圣达等:《战后东南亚历史发展》,云南大学出版社 1995 年版。

朱振明主编:《当代泰国》,四川人民出版社 1992 年版。

张锡镇:《当代东南亚政治》,广西人民出版社 1994 年版。

汪新生:《现代东南亚政治与外交》,广西人民出版社 1998 年版。

谢益显:《中国外交史(1949—1979)》,河南人民出版社 1988 年版。

韦民:《小国与国际关系》,北京大学出版社 2014 年版。

韦民:《小国与国际安全》,北京大学出版社 2016 年版。

周方冶:《王权·威权·金权:泰国政治现代化进程》,社会科学文献出版社 2011 年版。

3. 学位论文

Dhanasarit Satawedin, *Thai-American Alliance During the Laotian Crisis*, *1959 - 1962: A Case Study of the Bargaining Power of a Small State*. D. Ph. , Northern Ilinois University. 1984.

Fineman Daniel, *The United States and military government in Thailand*, *1947 - 1958*. D. Ph. , Yalu University. 1993.

Watts, John W. , Jr. , M. A. , *The U. S. counterinsurgency doctrine in Thailand during the Vietnam War.* University of Louisville, 1988.

Arne Kislenko, D. Ph. , *Bamboo in the wind: United States foreign policy and Thailand during the Kennedy and Johnson administrations*, *1961—1969*. University of Toronto, 2000.

Njai Kamau, MA. , *Geopolitics A Metaphysical View of International Relations.* Webster University, 2010.

［泰］黄瑞真:《中泰关系发展史上的重大波折及其成因——侧重泰国对华政策的考量》,博士学位论文,北京大学,2009 年。

［泰］林金珊:《泰中建交问题研究:论影响泰中重大因素与敏感问题》,博士学位论文,南京大学,2006 年。

［越］丁进孝:《1950 年至 1975 年的中越关系研究》,博士学位论文,湖南师范大学,2014 年。

［泰］刘琪:《1949 年—1975 年的泰中关系》,硕士学位论文,北京语言大学,2004 年。

刘莲芬:《冷战时期的美泰关系》,博士学位论文,云南大学,2005 年。

李有江:《泰国现代化进程研究》,博士学位论文,云南大学,2010 年。

吴春丽:《美国对大陆东南亚援助研究（1950—1968）》,博士学位论文,北京大学,2007 年。

方军祥:《论泰国的弹性外交》,博士学位论文,北京大学,2006 年。

向丽华：《经济援助外交"杠杆"建构研究》，博士学位论文，上海外国语大学，2010 年。

史澎海：《美国心理战略委员会研究（1951—1953）》，博士学位论文，陕西师范大学，2012 年。

崔建立：《冷战时期富布莱特项目与美国文化外交》，博士学位论文，东北师范大学，2011 年。

郭培清：《艾森豪威尔政府国家安全政策研究》，博士学位论文，东北师范大学，2003 年。

孙阳华：《越南战争与美国老挝政策研究》，博士学位论文，东北师范大学，2015 年。

薛冬霞：《1945—1954 年美国对泰国的政策》，硕士学位论文，陕西师范大学，2005 年。

涂晓敏：《泰国军人政权研究》，硕士学位论文，云南师范大学，2000 年。

秦立功：《后东南亚国家对中国的认知变化与策略选择》，硕士学位论文，外交学院，2010 年。

罗文春：《中泰政治关系：1949—1975》，硕士学位论文，厦门大学，2009 年。

高嘉懿：《第一次印度支那战争与亚洲冷战》，硕士学位论文，华东师范大学，2010 年。

姜海明：《冷战与东南亚条约组织》，硕士学位论文，华东师范大学，2008 年。

梁大宗：《二战后老泰关系研究》，硕士学位论文，广西民族大学，2008 年。

于臻：《试论柬埔寨独立后的政局演变与政权更迭》，硕士学位论文，云南师范大学，2002 年。

姚懿：《小国对外战略选择特性研究》，硕士学位论文，外交学院，2012 年。

秦艳峰：《外交政策的超意识形态性》，硕士学位论文，中山大学，2006 年。

张艳杰：《试论二战以来美国东南亚政策中的大国关系因素》，硕士学位论文，暨南大学，2008 年。

卢秀娥：《杜鲁门政府时期"遏制"战略下的美国东南亚政策研究》，硕士学位论文，兰州大学，2008 年。

周毅：《遏制战略下的美国对外援助：1947—1974》，硕士学位论文，上海社会科学院，2009 年。

杨晓成：《第二届杜鲁门政府对东南亚的援助政策》，硕士学位论文，广西师范大学，2007 年。

刘子义：《从"印支共"到"印支联邦"——试析越南在印支地区的扩张政策》，硕士学位论文，上海师范大学，2014 年。

黄文磊：《地缘政治下的强势遏制：杜勒斯与东南亚条约组织（1954—1959）》，硕士学位论文，浙江师范大学，2015 年。

彭三婷：《1945—1975 年美泰同盟研究》，硕士学位论文，华中师范大学，2017 年。

贾勇：《肯尼迪—约翰逊时期美国对泰援助研究》，硕士学位论文，辽宁大学，2017 年。

孙娅：《从地缘政治看中泰关系》，硕士学位论文，中共中央党校，2014 年。

陆明生：《中国对老挝的援助研究（1960—1965）》，硕士学位论文，外交学院，2010 年。

付奋奎：《1961—1975 年美国对老挝政策研究》，硕士学位论文，陕西师范大学，2005 年。

彭彬：《论老挝中立的演变（1962—1973）》，硕士学位论文，四川师范大学，2012 年。

杨洋：《冷战时期老挝政治格局研究》，硕士学位论文，云南师范大学，2007 年。

后　记

　　"驽马十驾，功在不舍。"回首十余年的艰辛历程，唯有走过方能体会。有幸在中山先生创办的大学里学习，中山大学的严谨和开放的校风给我留下了深刻的烙印，对我的学习和工作产生了深远的影响。

　　本书是在博士论文的基础上，吸收和借鉴国内外该领域学者的大量研究成果修改完善而成的。本书的写作和出版，凝聚着我的博士研究生导师袁丁教授的大量心血。袁老师有敏锐的学术视野，饱满的学术热情，洞察国内外研究最新动态，鼓励我发掘和使用一手资料，拓展国内外研究相对薄弱的东南亚冷战史，使我通过发掘新材料、使用新理论，得出了一些新的观点。从论文选题到国外收集资料，到论文答辩，再到修改完善和出版，袁老师一直给予了莫大的支持和鼓励，在本书即将出版之际，向恩师深深地道一声谢谢！

　　本书的写作还得到了国际关系史专家潘一宁教授的大力鼓励和帮助。潘老师一直关心我论文的进展，她的课程和指点给了我很大的启发。牛军凯教授幽默风趣，亦师亦友。梁碧莹教授、刘文立教授、汪新生教授、余定邦教授、温广益教授、朱卫斌教授、肖瑜副教授对我的学习给予很多鼓励和帮助，中大历史系办公室的徐泽红老师对我的学习和生活很是关心。

　　感谢朱拉隆功大学亚洲研究所、图书馆，法政大学图书馆的老师们，他们的热情帮助使我在泰国收集了大量宝贵的资料。感谢泰国的王伟民老师、乌吉教授、欧阳嘉运先生、段家寿先生，并能实地到访泰北金三角地区和泰老边境，使我对研究对象有了更多直观的了解。泰国中华会馆、云南会馆的诸位先生，中国外交部档案馆和北京图书馆的工作人员在我收集资料时给了我很多帮助，泰国同学封雅萍女士为本书中的泰国地名人名的翻译校对提供了帮助，在此一并感谢！

在此，我还要感谢云南大学和云南师范大学历史系的诸位老师，特别是何平教授和何跃教授对我的专业学习提供了很多帮助，周倩教授、刘桂华副教授、张永明副教授、李有江副教授、于臻副教授等师长对我的学习和工作很是关心，邹建达院长对本书的出版给予了大力支持。邹伟华和叶顺燊等同学也帮忙为本书资料收录提供帮助。在此表示感谢！

另外，诸位师兄师姐、师弟师妹和同学舍友在生活和学习上给了我很多帮助，使我在中大紧张的学习过程中，收获了友谊，得到了成长，留下了对中大的美好回忆；感谢早年教过我的老师们，同窗共处的同学们，困难时对我伸出援手的挚友们。因为太多，原谅我不能一一道谢，但我相信他们都已感知。

还要感谢我的妻子，以及我们双方的父母、兄弟姊妹。他们总是给我支持、总是替我分忧，为了我的学习和工作，他们无私地付出了很多。也要感谢我们的儿子和女儿，他们的到来，让我累并快乐着。

最后，感谢中国社会科学出版社和中山大学南海战略研究院对本书出版给予的大力支持，特别是中国社科出版社的宋燕鹏老师为本书的修改、南海研究院的杨天虹老师为本书出版做了大量细致的工作，在此深表感谢。

当然，由于本人学养不足和时间仓促，本书仍有诸多不足，与导师和我本人的期望还有很大的差距，这也是今后还需进一步努力完善的地方。

展望未来，路漫漫其修远兮，吾将上下而求索……

2018.9.25 于昆明